AF385067

# LES
# PARLERS PARISIENS

# LES
# PARLERS PARISIENS

d'après les témoignages
de MM. de Bornier, Coppée, A. Daudet, P. Desjardins, Got,
Mgr. d'Hulst, le P. Hyacinthe, Leconte de Lisle, G. Paris, Renan,
Rod, Sully-Prudhomme, Zola, et autres.

## ANTHOLOGIE PHONÉTIQUE

PAR

## EDUARD KOSCHWITZ

Professeur à l'Université de Marbourg.

Deuxième édition, revue et augmentée.

## PARIS
LIBRAIRIE UNIVERSITAIRE
## H. WELTER
59, RUE BONAPARTE, 59
ET A LEIPZIG, SALOMONSTRASSE, 16

———

1896

# TABLE DES MATIÉRES.

# Explication des Signes.

ū = *ou* fermé long : d*ou*ze.
u           moyen : d*ou*x.
ṷ = *ou* mi-ouvert (moyen).
û = *ou* ouvert long.
ṳ           moyen.
ŭ           bref.
ō = *o* fermé long : r*o*se.
o           moyen : b*eau*.
ǫ = *o* mi-ouvert (moyen).
ô = *o* ouvert long : m*o*rt.
ǫ           moyen : h*o*mme.
ŏ           bref : h*o*tte.
ā = *a* fermé long : p*â*te.
a           moyen : p*a*s.
ạ = *a* mi-ouvert (moyen).
â = *a* ouvert long.
ạ           moyen : *a*cte.
ă           bref : p*a*tte.
ê = *e* ouvert long : *ê*tre.
ę           moyen : proc*è*s.
ĕ           bref : br*e*f.
ẹ = *e* mi-ouvert (moyen).
e = *e* fermé moyen : abb*é*.
ē           long.
ĭ = *i* ouvert bref.
ị           moyen.

ị = *i* mi-ouvert (moyen).
i = *i* fermé moyen : d*i*t.
ī           long : d*i*sc.
œ̣ = *eu* ouvert (moyen).
œ:           long : n*eu*ve.
ə = *eu* mi-ouvert atone : *e* sourd.
ᵊ = *e* sourd très faible.
œ = *eu* fermé moyen : hid*eu*x.
œ:           long : hid*eu*se.
ṳ = *u* ouvert : d*u*c.
ṳ           mi-ouvert (moyen).
ü           fermé moyen : d*u*.
ü:           long : d*u*re.
õ (= *on*), nasale de l'*o* ouvert,
          moyen : b*on*.
õ:           long : t*om*be.
ã (= *an*), nasale de l'*a* fermé,
          moyen : *an*.
ã:           long : ch*am*bre.
ă, nasale très faible de l'*a* : *en*-
          nuyer.
ẽ (= *in*), nasale de l'*e* ouvert,
          moyen : v*in*.
ẽ:           long : l*im*be.
œ̃ (= *un*), nasale de l'*œ* ouvert,
          moyen : j*eun*.

œ̃:, nasale de l'*eu* ouvert, long : h*u*mble.

œ̃ = œ ouvert nasalisé faiblement.

ui̯, diphtongue forte, composée d'*u* (*ou* français) et d'*i*.

ai̯, a̯i, diphtongue forte, composée d'*a* (a̧, ă) et d'*i*.

oa, o̧a, oa̯, o̧a̯, diphtongues faibles composées d'*o* (o̧, ŏ) et d'*a* (a̧, ă).

i̯, *i* demi-consonne (le *y* dans *y*acht).

u̯, *ou* demi-consonne (le *ou* dans *ou*ate).

ü̯, *u* demi-consonne (le *u* dans h*u*ile).

h, *h* allemand : allem. *h*och.

'k' etc., *k* implosif et explosif.

š, chuintante sourde : *cher*.

ž sonore : *j'*ai.

ϑ, th anglais sourd : *th*ing.

s̄, *s* (sourde) longue ou segmentée.

l̄, *l* longue ou segmentée.

ˡ, *l* sourde.

l̃, *l* mouillée.

r̄, *r* (vélaire) longue ou segmentée.

ʳ, *r* sourde.

ɹ, *r* grasseyée : cercle (prononciation parisienne).

m̄, *m* longue ou segmentée.

n̄, *n* longue ou segmentée.

ñ, *n* mouillée : ga*g*ner.

η, *n* vélaire : allem. ba*ng*e.

', petite pause remplaçant un *e* sourd.

( ), parenthèses exprimant qu'une lettre prononcée pendant une lecture a été muette dans une lecture plus rapide.

∞, signe indiquant qu'il ne faut pas faire de pause à la fin des vers.

Faute de caractères typographiques suffisants, j'ai été obligé de me servir d'expédients. Les œ:, œ̧:, ü:, ŏ:, ã:, c̆:, œ:, où le signe (:) indique la longueur, jurent avec les ū, ō, ā, c̄, ī et les û, ô, â, ĉ de notre système, où le signe ( ) veut dire qu'une voyelle est longue et fermée, et le signe (^) qu'elle est longue et ouverte. — Le signe (˘) indique toujours qu'une voyelle est brève et ouverte, le signe (˳) qu'elle est ouverte et moyenne de quantité, le signe (.) qu'elle est mi-ouverte et également moyenne de quantité, le signe (_) qu'elle est devenue consonne ou demi-consonne, le signe (˜) qu'elle est nasalisée, le signe (ˇ) qu'elle est nasalisée faiblement. Le signe (‿) au dessous de deux voyelles voisines veut dire que ces voyelles se prononcent avec une seule émission de voix, c'est-à-dire qu'elles forment une diphtongue. Le signe (¯) au dessus des consonnes indique qu'elles sont longues ou segmentées, le signe (˷) qu'elles sont mouillées. — Ne pas confondre notre *u* (= *ou* français) avec *ü* (= *u* français).

$E$n France, on a toujours eu soin de bien prononcer et de suivre, dans la prononciation comme dans la syntaxe et dans le lexique, ce qu'on appelait et ce qu'on appelle encore: le *bon usage*. Dès le 12ᵉ siècle, les Français de l'Ile de France étaient persuadés qu'ils possédaient le monopole du beau langage et déjà les provinciaux d'alors admettaient cette prétention, non, toutefois, sans résister et sans défendre les droits de leurs dialectes locaux qui, on le sait, furent cultivés littérairement encore au 14ᵉ et même au 15ᵉ siècle. Tout le monde connaît les vers de Quene de Béthune, trouvère du 12ᵉ siècle: .

> Por çou j'ai mais mon chanter en defois,
> Que mon langage ont blasmé li François,
> Et mes chançons, oiant les Champenois
> Et la coutesse, encor dont plus me poise.
> La roïne ne fist pas ke courtoise,
> Qui me reprist, elle et ses fius li rois[1]):
> Encor ne soit ma parole françoise,
> Si la puet on bien entendre en françois.
> Ne cil ne sont bien apris ne cortois
> Qui m'ont repris, se j'ai dit mot d'Artois,
> Car je ne fui pas norriz a Pontoise.

[1]) Le roi Philippe Auguste (vers 1180) et sa mère Alix de Champagne, veuve de Louis VII.

Le poëte ne veut pas encore convenir de l'infériorité
de son parler artésien. Mais les choses allèrent leur train.
Aux 13e et 14e siècles, l'idiome de l'Ile de France va
se propageant de plus en plus, favorisé par les circonstances
politiques; au 15e siècle, il est, sans conteste, la langue
nationale, et les anciens dialectes sont rélégués au rang
d'incultes patois, dédaignés par tous ceux qui s'élevaient,
par leur instruction ou par leur position sociale, au-dessus
de la *misera plebs.* Cependant, déjà à cette époque, on
ne pouvait manquer d'observer que les Français de l'Ile
de France étaient bien loin de s'exprimer et de prononcer
tous de la même manière: donc il fallait, dès ce temps,
aller à la recherche de ce *bon usage,* que se sont acharnés
à poursuivre, depuis, tous les grammairiens français, sans
jamais pouvoir saisir cette fée Morgane qui, nécessairement,
se dissout en nuées, quand on s'en approche de trop
près. Dès qu'il y a des grammairiens, il y a des con-
troverses sur les modèles à suivre. Au 16e siècle[1]), Tory
(1529) affirme «que le stile de Parlement et de langage
de court sont très bons»; Palsgrave (1530), «Angloys, natyf
de Londres et gradué de Paris», suit dans son *Esclarcisse-*
*ment de la langue françoyse* l'usage de Paris et des pays
qui sont situés entre la Seine et la Loire, parce que c'est là
que la langue française est le plus parfaite; Pelletier (1549)
est «de l'opinion de ceus qui ont dit qu'an notre France
n'i a androèt ou l'on parle pur françoès, fors la ou èt la
court»; Guillaume des Autels (1548) dit, au contraire:
«onques ne me plut l'excuse d'vn langage corrompu, pour

---

[1]) Nous suivons ici l'excellent exposé que Ch. Thurot a donné
sur ce sujet: De la prononciation française etc., Paris 1881, I,
LXXXVII, ss.

dire que l'on parle ainsi à la court»; et il trouve que ses labeurs et ceux de Meigret et de Dolet «seroient . . . autant inutiles que si nous auions basti sur le sable: quand nous ne voudrons autrement establir et confirmer nostre langue, qu'à l'appetit des courtisans: veu leur estrange et variable mutation: ioint que la court est vn monstre de plusieurs testes, et consequemment de plusieurs langues, et plusieurs voix», observation juste et bien fondée. R. Estienne (1549) est d'avis que «le langage s'escrit et se prononce en plus grande pureté» aux cours de France «tant du Roy que de son Parlement à Paris, aussi sa Chancellerie et Chambre des comptes», et Matthieu, en 1559, s'exprime à peu près de même.

Sous Catherine de Médicis, l'usage de la cour perd de son prestige. Ronsard (1565) ne méprisait même pas les patois et recommandait l'emploi de mots «gascons, poiteuins, normans, manceaux, lyonnois, ou d'autre païs» pourvu qu'ils fussent bons et qu'ils signifiassent ce qu'on voulait dire, «sans affecter par trop le parler de la cour, lequel est quelques fois très-mauuais, pour estre langage de damoiselles, et ieunes gentils-hommes qui font plus profession de bien combattre que de bien parler». H. Estienne (1582) déclare: «De dix courtisans (en exceptant ceux qui ont quelques lettres) vous n'y en orriez pas huict parler vint mots (de ceux qui ne sont pas des plus ordinaires et vulgaires) sains et entiers, et sans aucune deprauation». On voit percer l'orgueil du savant qui, dans son domaine, ne veut reconnaître d'autre autorité que la sienne ou celle de ses confrères. C'est pour la même raison qu'il donne au parlement la prééminence sur la cour: «Si le meilleur français se parle encore à Paris . . . c'est parce que Paris possède la cour dite de Parlement, où les licences de

langage s'entendent aussi rarement qu'elles sont fréquentes
à la cour, et sont sifflées, tandis qu'à la cour elles sont
applaudies.» D'après Bèze (1584) qui, en bon protestant,
dédaigne également la langue de la cour, la contagion d'une
prononciation incorrecte gagne même le parlement de Paris.
Delamothe (en 1592) tolère les courtisans, qui partagent
le privilège de posséder la bonne langue avec ceux «qui
font profession des lettres, comme aux courts de Parlement et Universitez»; en dehors de ce cercle restreint
«il n'y a ny province, ny ville, ny place en France où
l'on parle le uray et parfaict françois.» L'usage de la
cour est entièrement condamné par Palliot (1608) qui
dit que «la droicturiére prolation des motz ne seroit du
gibier des courtisans», et par Maupas (1625) qui comme
R. Estienne, Bèze, Delamothe, etc. oppose à l'usage des
«courtisans, singes de nouveautez», celui «des doctes et
bien disans és cours de parlement et ailleurs.»

On sait quelle importance souveraine prit la royauté,
à partir du ministère de Richelieu. Naturellement les hon-
neurs de la bonne prononciation revenaient à la cour.
Vaugelas (1647) recommande «la façon de parler de la
plus saine partie de la cour» et la définit ainsi: «quand je
dis *la cour*, j'y comprens les femmes comme les hommes,
et *plusieurs personnes de la ville où le prince réside, qui par
la communication qu'elles ont auec les gens de la cour par-
ticipent à sa politesse.*»

Mais déjà Sorel, en 1654, proteste contre cette
définition aristocratique: «Le bon usage des mots ne sera-t-il
point connu ailleurs que parmi les gens d'épée pour la plupart? Ne s'observera-t-il point dans les synodes des pré-
lats et dans les conférences ordinaires de quelques ecclésiastiques ou dans les sermons des prédicateurs? Ne se

trouvera-t-il point dans les assemblées des parlements et autres juridictions, où il se fait tant de harangues et de remontrances? . . . Le bon usage ne se rencontrera-t-il point aussi dans les conversations de tant d'officiers ou de notables bourgeois et de tant d'honnêtes gens qui habitent aux villes? Quoi, le plus grand nombre ne doit-il pas l'emporter sur le moindre?» Mais cette opinion trop démocratique n'était pas de son temps. Hindret, en 1687, revint au jugement de Vaugelas: «Le bel usage des manières de parler et d'écrire se forme pour la plûpart à la cour et à Paris, et de là se va répandre dans les provinces», pour deux raisons: «la première, c'est parce que (le langage de la cour) est l'idiome de notre prince; et l'autre, parce que c'est le lieu où s'assemble tout ce qu'il y a de personnes illustres et considerables des provinces, dont les manières de parler sont plus épurées que celles des autres gens de leur païs, et qui les rectifient et polissent encore par la fréquentation de tous ceux qui approchent le plus de la personne du prince.» Mais cette théorie qui, en fin de compte, ne reconnaît comme bon que le langage du roi seul, n'empêcha pas Hindret d'ajouter: «Il est certain qu'on parle aussi mal à la cour qu'en aucun endroit du royaume, et qu'on parle encore plus mal à Paris; mais ce n'est pas parmi les honnêtes gens.» Plus loin, il soutient que «Paris est le centre de la perfection . . . du langage, qui, sans contredit, est le plus idiotique et le plus épuré de tous les autres du royaume . . . Il y a très-peu de différence entre le langage de Paris et celui de la cour. Celui de la cour pourroit avoir un peu plus de politesse, et celui de Paris tant soit peu plus de régularité: car j'ose dire que, sans la pratique des gens de lettres qui fréquentent la plûpart du tems les gens de la cour, il ne laisseroit pas de se glisser quelques abus dans le langage.»

Ce sont les savants et les lettrés qui ont forcé Hindret à rebrousser chemin et à se démentir, en partie, lui-même. Leur autorité qui s'était déjà affirmée au siècle précédent allait augmentant depuis la fondation de l'Académie française. Delatouche (1696), dans son avertissement, dit qu'il a fait consulter plusieurs des plus habiles académiciens, et Buffier (1709), tout en reconnaissant l'autorité «du plus grand nombre des personnes de la cour» estime que «les témoins les plus sûrs (du bon usage)» sont «les livres des auteurs qui passent communément pour bien écrire, et particuliérement ceux où l'on a fait des recherches sur la langue». Mais, tout le monde n'est pas de cet avis. Grimarest (1712) proteste: «ces messieurs (les savans) n'ont point le privilege de prononcer des arrests; . . . ils devroient s'acorder mieux qu'ils ne le font avec eux mêmes, s'ils veulent qu'on les suive», et Girard (1716) exprime l'avis que l'autorité des dames, surtout de celles de la cour, «n'est pas au dessous de celle des savants». Plus hérétique que tous, Saint-Réal émit, déjà en 1691, l'idée tout à fait moderne: «que les comédiens sont, à tout prendre, le meilleur modéle» sur lequel on puisse se régler.

La régence du duc d'Orléans rendit à Paris, à la *ville*, comme on disait du temps de Louis XIV par opposition à la cour, une autorité que le retour de Louis XV à Versailles ne put lui faire perdre, et qui ne fit même que s'accroître par le développement de la philosophie du XVIIIe siècle et par l'importance que prirent les gens de lettres dans la société parisienne.

Suivant Durand (1748), la vraie prosodie «est à Paris,

au centre de la lumière et du bon goût, parmi les dames qui se picquent de génie et d'élocution, parmi les savans et les ecclesiastiques de la cour, parmi les académiciens et les avocats du premier ordre». Dumarsais (1751) dit que, «pour bien parler une langue vivante, il faudroit avoir le même accent, la même inflexion de voix qu'ont les honnêtes gens de la capitale». Et il définit le bon usage «la manière ordinaire de parler des honnêtes gens de la nation . . . j'entends les personnes que la condition, la fortune ou le mérite élèvent au dessus du vulgaire, et qui ont l'esprit cultivé par la lecture, par la réflexion et par le commerce avec d'autres personnes qui ont ces mêmes avantages». Antonini (1753) déclare qu'il a cru devoir s'en rapporter aux «avis de ceux qui parlent le plus purement; de gens de lettres sans accent; de dames de la cour et de Paris le mieux élevées». Suivant Duclos (1754), «tout grammairien qui n'est pas né dans la capitale, ou qui n'y a pas été élevé dès l'enfance devroit s'abstenir de parler des sons de la langue». Il dit ailleurs: «Ce qu'on apèle parmi nous *la société*, et ce que les anciens n'auroient apelé que coterie, décide aujourd'hui de la langue et des mœurs». Moulis (1761) donne les préceptes suivants: «Parlez dans la conversation comme on parle à la cour et dans la bonne compagnie de la capitale; parlez comme parlent nos dames bien élevées; ce sont nos meilleurs maîtres en fait de ton par rapport au langage. Parlez dans le discours soutenu comme on parle à l'Académie, dans la chaire, dans le barreau, dans les spectacles.»

L'autorité de la cour demeura pourtant fort grande jusqu'à la Révolution, puisqu'en 1785 Moutmignon s'exprime ainsi: «Entre mille usages vicieux ou incertains, comment discerner le seul qui soit bon et authentique? C'est à la cour qu'il établit son tribunal, qu'il rend ses oracles. Le petit nombre de ceux qui la fréquentent apporte à la capitale ses décisions et sa manière de prononcer; qui de la capitale passent ensuite successivement de bouche en bouche dans les provinces et chez l'étranger.» Et on ne peut l'accuser de prévention, car il dit ailleurs: «C'est à la cour qu'il faut chercher les modèles d'une prononciation régulière. Je l'avoue; mais où trouve-t-on aussi plus souvent qu'à la cour, et dans tous les genres, le foyer de la corruption et de l'instabilité?»

Depuis la révolution de 1789 et surtout depuis celle de 1848, il est devenu encore plus difficile de déterminer ce qu'il faut entendre par le bon usage, particulièrement en matière de prononciation. Feline (1851) dit: «Ce qui m'a déterminé, c'est l'usage le plus général, celui de la bonne compagnie, qui devait prévaloir.» «Mais», ajoute Thurot (1881), «que faut-il entendre par la *bonne compagnie?* Ce mot avait un sens précis du temps du premier Empire et même de la Restauration. La révolution de 1830 a divisé profondément la *bonne compagnie*, et, depuis 1848, la *bonne compagnie* a été noyée dans le flot croissant de la population parisienne. Aujourd'hui les *honnêtes gens* de la capitale, à définir le mot comme l'a fait Dumarsais, sont tellement nombreux et partagés en groupes si isolés entre eux, qu'il ne peut pas se former un usage commun qui serve de type.»[1])

Thurot termine donc par une négation. Seulement, en bon Parisien, il ne doute pas un moment que ce ne soit uniquement à Paris qu'il faille chercher le bel usage

---

[1]) Thurot, *l. c.*, p. CII—CIV.

et la bonne prononciation. En cela, il suit l'ancienne
tradition et est d'accord avec la plupart des lexicographes et des grammairiens de nos jours. L'Académie,
il est vrai, se montre énigmatique sur ce point. Dans la
préface de sa dernière édition (1877), elle nous dit bien: „il
y a un bon et un mauvais usage: c'est un fait que personne ne conteste. Les uns parlent et écrivent bien, les
autres écrivent et parlent mal. Chaque profession a son
jargon, chaque famille, et presque chaque individu, ce
qu'avec un peu d'exagération on pourrait appeler son
patois. En réalité, le bon usage est l'usage véritable
puisque le mauvais n'est que la corruption de celui qui
est bon. C'est donc au bon usage que s'arrête l'Académie,
soit qu'elle l'observe et le saisisse dans les conversations
et dans le commerce ordinaire da la vie, soit qu'elle le
constate et le prenne dans les livres" (p. V s.). Avec
cela, nous n'apprenons pas, si l'Académie d'aujourd'hui admet
un bon usage aussi en province, en tant que la province
n'est pas simplement l'écho de la capitale, ni non plus,
comment il faut faire et comment elle a fait elle-même
pour distinguer le bon et le mauvais usage. D'ailleurs, elle
se trompe si elle affirme que le mauvais usage (ou ce
qu'elle croit l'être) soit toujours la corruption du bon usage.
Au contaire, le *bon usage* n'est souvent qu'une corruption mise
à la mode. Nous ne sommes guère plus avancés, quand,
un peu plus bas, l'Académie nous dit: „La bonne
prononciation, c'est dans la compagnie des gens bien
élevés, des honnêtes gens, comme on disait autrefois, qu'il
faut s'y façonner et s'en faire une habitude. Quant aux
étrangers, ils ne l'apprendront qu'en parlant la langue
dont ils veulent se rendre l'usage familier avec ceux
qui la parlent de naissance et qui la parlent bien (p. VII s.).

Les professeurs de français, de nationalité étrangère, n'ont donc qu'à prendre leur retraite. Mais à quoi reconnaît-on les personnes qui parlent bien? Est-ce que véritablement tous les gens bien élevés sont en possession d'une bonne prononciation, ou faut-il en excepter les provinciaux? Et à Paris même, faut-il s'adresser aux Parisiens de naissance ou peut-on se contenter de provinciaux qui y ont établi leur domicile? Littré, dans la préface de son dictionnaire, n'est pas plus explicite. Il nous dit bien, en parlant de la prononciation française, qu'elle est sujette à des variations, et il nous raconte qu'un vieillard „qui avait été toute sa vie un habitué de la Comédie française, avait noté la prononciation et l'avait vu se modifier notablement dans le cours de sa longue carrière» (p. XII. s.). Mais ni ce récit ni sa conclusion («Ainsi le théatre qu'on donne comme une bonne école *et qui l'a été en effet longtemps*, subit lui-même les influences de l'usage courant à fur et à mesure qu'il change») ne nous disent, où il faut chercher la bonne prononciation et sur quoi se fondent ses propres décisions. Il est à croire que Littré a figuré tout simplement la propre prononciation, non pas telle qu'il l'avait reçue da la bouche de ses ancêtres, mais modifiée d'après des théories personnelles, qui, on le sait, l'ont mis souvent en opposition avec l'usage presque universel. En somme, ce serait donc la prononciation d'un Parisien qu'il aurait donnée pour modèle. Le dernier dictionnaire français qui fasse autorité, le dictionnaire général de Darmesteter et de M. Hatzfeld, lequel est en cours de publication, a adopté la règle «de noter *de préférence*» la prononciation en usage à Paris. C'est M. Hatzfeld, Parisien de naissance, (mais non d'origine), qui s'est chargé de cette partie de l'ouvrage: il y figure la prononciation qu'il emploie lui-même et qu'il croit employée par les gens bien élevés de Paris.

Écoutons maintenant les orthoépistes! Nous n'en citerons que trois. Sophie Dupuis[1] dit: «Qu'on aille à cinquante lieues de Paris, on trouvera déjà la langue corrompue d'une manière sensible, et plus on s'éloignera du centre, plus cette corruption sera frappante; elle ne s'étend pas seulement aux gens du peuple, elle atteint même les classes les plus élevées de la société», et plus loin: «Nous proposerons une question à ceux de nos compatriotes que la prééminence de Paris blesse toujours: De quel point de la France partira la véritable prononciation française? Sera-ce de Bordeaux, ou de Marseille, de Lyon ou de Rouen? Dans ce conflit de prétentions urbaines, faudra-t-il que Paris cède le pas à ses rivales, ou à quelque autre ville moins importante encore, telle que Blois, par exemple, que le préjugé et la jalousie de province vont citant comme un modèle de bonne prononciation, parce qu'autrefois nos rois y faisaient quelque séjour? Mais alors pourquoi pas Rambouillet, Versailles, Fontainebleau, Compiègne? Pourquoi pas Paris enfin, Paris depuis longtemps le siège du gouvernement, le foyer des lumières, le centre des académies, etc.» Lesaint[2] s'exprime un peu moins énergiquement: «La prononciation indiquée et recommandée dans ce Traité est celle de Paris. Non que la prononciation parisienne soit absolument exempte de défauts, puisque d'abord on peut lui reprocher son grasseyement; mais comparée à la prononciation de toutes les autres parties de la France, c'est celle qui a le plus l'accent français,

---

[1] Traité de prononciation. Paris 1836. Introduction.
[2] Traité complet de la prononciation française. Halle 1890. 3e éd. p. XV.

proprement dit, c'est-à-dire qui est la plus harmonieuse,
la moins affectée, la plus naturelle enfin . . . Que doit
faire toute personne qui veut parler purement le français?
Éviter avec soin l'accent provincial. L'un est traînant,
l'autre précipité: tous sont défectueux, parce que la prononciation de la langue française n'est ni traînante ni pré-
cipitée.»   L'orthoépiste allemand, Plœtz[1]), cite comme autorités: les dictionnaires de l'Académie, de Nodier, de Boiste,
de Bescherelle, de Poitevin, de Larousse, et de Littré, les
traités de prononciation écrits par des Français (Dubroca,
Dupuis, Malvin Cazal, Maigne et Lesaint) et, en général,
les Français bien instruits. Mais il en excepte les méridionaux qui n'ont pas habité longtemps le Nord de la
France, les Alsaciens et une partie des Suisses français.
Il ne croit pas non plus à la prééminence d'Orléans, de
Blois, de Tours, etc., et se décide enfin pour la prononciation des Parisiens bien élevés.

Les phonéticiens jugent comme les orthoépistes. Mais
aucun de ceux qui ont fait des études spéciales sur la
prononciation française, n'a pris la peine de nous instruire
*exactement* où il faut chercher et où il a cherché lui-
même l'usage qu'il enseigne. Seuls MM. Passy, de Neuilly,
nous disent qu'ils donnent la prononciation qui leur est
propre ou qu'ils ont entendue dans leur entourage et
citent quelquefois les personnes dont ils ont noté les arti-
culations; mais eux aussi ne nous indiquent pas clairement
les sources où il faut puiser pour trouver la prononciation
modèle. En effet, ce n'est pas aux phonéticiens de chercher
et de définir le bon usage: leur tâche est plutôt de con-

---

[1]) Systematische Darstellung der französischen Aussprache.
12e éd. Berlin 1889.

stater et de bien examiner toutes les prononciations existant
dans les différentes classes et les différentes régions, et
comme les parlers familiers ou populaires avec leurs nom-
breuses évolutions phoniques ont beaucoup plus d'intérêt
pour la vie des langues que les parlers plus ou moins
artificiels de la bonne compagnie, il est naturel que les
phonéticiens préfèrent l'étude de la langue familière à celle
du soi-disant bon usage. Ce n'est pas leur faute, si,
ensuite, il se trouve des étrangers qui prennent leurs
observations pour une révélation de la seule prononciation
à suivre et adoptent ainsi la prononciation des voyous
parisiens combinée, peut-être, avec le lexique des roman-
ciers naturalistes les plus avancés.

En somme, l'immense majorité des lexicographes,
orthoépistes et phonéticiens français et étrangers, ainsi
que presque tous les Français de la province qui tiennent
à avoir une bonne prononciation, sont d'avis que l'usage
modèle doit être cherché uniquement dans la bouche des
Parisiens bien élevés. En dehors des quelques partisans
de la langue des anciennes petites résidences de la France,
je n'ai trouvé que peu de dissidents. L'un est M. J. P.
A. Martin, le seul phonéticien provincial que possède la
France. Dans sa petite brochure: Parole et Pensée [1]),
il s'exclame: „Mais nous nous demandons quel intérêt nous
pourrions bien avoir à forcer une partie de la population
à prononcer . . . .: *râge, pâge, râtion, pâille*, quand elle
prononce: *rage, page, ration, paille*, en donnant aux *a* la
même valeur que dans *panade*. À quoi bon cette uni-
formité de prononciation? Pourquoi vouloir établir une
tyrannie phonétique? . . . Les habitants du Midi préfèrent

---

[1]) Pontoise 1889, p. 10 s.

aux sons sourds *â, ô, eu, é* les sons clairs *a, o, eu, è;* dans le Nord de la France, c'est précisément le contraire, et nous ne voyons pas que, pour être plus harmonieux et plus sonore, le français du Midi soit moins intelligible, moins correct que celui du Nord.‟ M. Martin a raison, sans doute, bien que nous sachions qu'au Midi la langue (et la prononciation) française ne sont qu'une importation exotique; mais la voix de M. Martin est celle du prophète dans le désert. — Les autres dissidents que nous avons trouvés, estiment que la meilleure prononciation est celle des méridionaux qui ont émigré à Paris et y ont perdu leurs provincialismes. On assure que les chanteurs et les acteurs les plus célèbres des grandes scènes de Paris ont eu leur berceau sur les bords du Rhône ou de la Garonne ou, du moins, sont originaires de la province. Je n'ai pas eu l'occasion de vérifier cette assertion, qui, en elle même, n'a rien d'improbable.

Il est donc entendu que, pour connaître le *bon usage*, il faut aller à Paris et y écouter les gens bien élevés, natifs de Paris même et aussi de la province, pourvu que ces provinciaux se soient corrigés de leurs imperfections dialectales, qu'ils portent avec eux comme les limaçons leur coquille et dont ils ne peuvent se débarrasser que dans la capitale. Et si nous suivons les conseils des grammairiens anciens et modernes, nous nous y attacherons, faute d'une cour, surtout aux gens de lettres, aux savants, aux grammairiens, aux avocats, aux orateurs laïques et ecclésiastiques et aux comédiens.

Malheureusement tout cela ne nous tire pas entièrement d'embarras. D'abord, il est très difficile de définir qui appartient aujourd'hui aux gens bien élevés et surtout qui n'y appartient pas. Faut-il y ranger seulement ceux qui ont leur baccalauréat? Mais alors il faut exclure presque tout le sexe féminin et même des personnes qui font la gloire de la littérature française. Ou bien suffit-il d'avoir reçu une bonne éducation primaire? Alors tout le monde est bien élevé et peut prétendre à posséder la bonne prononciation. L'opinion générale est qu'il faut resserrer le cercle des autorités de langue. Mais même en nous bornant aux groupes que nous venons d'énumérer, il n'en est pas un seul dont l'autorité ne soit contestée. Personne ne croit plus aux lexicographes et aux grammairiens. On connaît les reproches qu'on a adressés à Littré d'avoir violenté la langue et d'avoir voulu lui imposer une prononciation qui ou avait fait son temps ou n'avait jamais été employée par personne. Les orthoépistes et les grammairiens se contredisent et se reprochent mutuellement leurs erreurs. Quant aux phonéticiens, il ne faut pas penser à les prendre pour guides. Ils aiment trop le langage familier, et cela les égare. De plus, nous l'avons vu, ils ne savent même pas, si la prononciation des provinces ne vaut pas celle de Paris. D'autres, après avoir disputé longtemps pour décider si les mots dissyllabiques de la langue française ont l'accent sur la première ou la dernière syllabe, sont arrivés à ce résultat surprenant et incroyable qu'ils n'en ont pas du tout. M. Legouvé[1] nous édifie sur les avocats et les prédicateurs. «Allez au Palais, dit-il, dans la salle des Pas Perdus; abordez un avocat de vos amis et causez avec lui. Son débit sera naturel et simple. Suivez-le dans la salle d'audience; écoutez-le dire: «Messieurs les juges» et commencer sa plaidoirie; ce n'est plus le même homme, toutes ces qualités disparaissent; il était naturel, il devient

[1] L'Art de la lecture. 21e éd. Paris, p. 76 ss.

emphatique; il causait juste, il parle faux, car on parle
faux comme on chante faux . . . Il ne faut pas être injuste pour les avocats; les prédicateurs sont absolument
pareils. J'ai entendu bien des prédicateurs, je n'en ai entendu qu'un seul qui parlât complétement juste. Je ne
le nommerai pas pour ne pas me brouiller avec tous les
autres.» A l'entendre, on croirait que M. Legouvé, aca-
démicien, conférencier, et auteur de plusieurs traités sur la
lecture, possède le monopole de la bonne prononciation.
Malheureusement ses confrères n'en croient rien; un célèbre
théoricien et praticien, que je ne nommerai pas, pour ne
pas le brouiller avec M. Legouvé, m'assure expressément
qu'il faut se méfier de ses décisions. Il nous reste les
comédiens et leurs professeurs au Conservatoire. Il est
vrai qu'au dire de Littré le bon temps du théâtre est
passé (v. ci-dessus p. X). Voyons néanmoins quels sont
leurs principes! M. Dupont-Vernon, de la Comédie française, officier de l'instruction publique, professeur agrégé
au Conservatoire, les fait connaître dans un livre[1]) dont
on me vantait beaucoup le bon sens. J'ai étudié ce
livre: le bon sens y est, mais aussi une ignorance complète de la science phonétique dont la connaissance ren-
drait pourtant de grands services aux professeurs et aux
élèves du Conservatoire. Les prescriptions pratiques de
M. Dupont-Vernon, dans son chapitre sur la prononciation,
ne brillent ni par leur clarté ni par leur précision. Il
demande qu'on prononce purement: «il faut se soumettre,
sans tenir compte de son goût personnel, aux règles
établies en matière de prononciation, *mais en rapprochant
ces règles de l'usage,* et préférer, en cas de doute, ne pas

---

[1]) L'Art de bien dire. 4ᵉ éd. Paris 1891.

choquer avec une prononciation qui ne serait pas tout
à fait selon les règles, que de faire sourire avec une
prononciation d'une trop rigoureuse exactitude». Il y a
donc des règles théoriques, faites, sans doute, par les
orthoépistes et grammairiens, et un usage qui les contredit, et on peut même devenir ridicule quand on se fie
trop aux théoriciens. M. Dupont ajoute: «Je viens de
prononcer le mot d'usage et j'insiste sur ce point, car, en
effet, l'usage est souvent plus fort que toutes les règles.»
Toujours la même distinction: l'auteur ne sait pas que
de bonnes règles ne doivent que constater l'usage courant.
M. Dupont - Vernon continue: «Nous rapprocherons donc
toujours la règle de l'usage. Mais encore, faut-il s'entendre sur ce mot. — De quel usage faudra-t-il rapprocher
la règle? Je réponds: de *l'usage accepté comme bon à Paris,
par le plus grand nombre des gens bien élevés*, des honnêtes
gens comme on disait au grand siècle. Remarquez que
je n'ai pas dit: l'usage de Paris, mais *l'usage accepté
à Paris*. Lorsqu'on est né à Paris, même dans un rang
élevé de la société, on parle souvent mal, aussi mal quelquefois, qu'à Marseille ou à Bordeaux. Quand, par grand
hasard, j'ai entendu une prononciation presque irréprochable
chez un homme qui n'avait jamais pris de leçons de
diction, j'ai dit à mon élève: «Monsieur, vous êtes né à
Tours ou à Blois, mais vous avez étudié à Paris?» —
C'est qu'en effet on parle naturellement bien le français
dans les deux pays, mais, pour avoir une prononciation
vraiment irréprochable et distinguée, il est nécessaire
d'avoir respiré quelque temps l'air de Paris. — «Etudier
à Paris, c'est naître à Paris,» a dit Victor Hugo. Vous
arrivez de certaines provinces avec une prononciation très
régulière, mais légèrement guindée; il en est un peu de

votre langage comme de la coupe de vos habits; cela est raide, cela n'est pas élégant. À Paris, vous apprenez à jeter dans votre prononciation un certain abandon, *une foule de négligences préméditées qui font le charme de la bonne prononciation.* Vous apprenez, en un mot, à ne pas être esclaves de la règle. Voilà donc quel sera votre usage.» Il y a du nouveau dans cette définition; le bon usage est celui du *plus grand nombre des gens bien élevés de Paris* (v. ci-dessus) agrémenté et égayé par une *foule de négligences préméditées.* Et si on a bien observé la prononciation de ce plus grand nombre et leurs négligences et qu'on ait donné à ces observations la forme de règles, il faut, paraît-il, se méfier de ces mêmes règles pour ne pas tomber dans le ridicule.

Nous nous méfions donc aussi des règles de l'auteur. Nous ne pouvons les réproduire ici; disons seulement que, d'accord avec tous ses collègues, il demande aux acteurs une *r* dentale et les mots *les, des, ces, ses, mes, tes* avec un *e* ouvert, et que ses autres prescriptions, si elles ne répètent pas des lieux communs, sont incomplètes, mal formulées et contestables. Elles n'ont de la valeur que pour qui veut connaître les idées personelles à M. Dupont-Vernon, qui, certes, ne sont pas sans intérêt.

On donne donc aux acteurs des règles à part qu'ils sont libres d'observer ou de ne pas observer, et on leur recommande un *bon usage* vaguement défini. Par conséquent, ce n'est pas chez eux qu'il faut le chercher, et nous ferons bien de les récuser, eux aussi, avec d'autant moins de scrupule que les poètes lyriques nous assurent presque unanimément que les acteurs ne savent pas lire ou déclamer des vers.[1] Il est vrai qu'en revanche, les acteurs sont

---

[1] Voir les jugements de Th. de Banville et de Leconte de Lisle dans Lubarsch, 1. c., pp. 25 et 28.

souvent d'avis que les auteurs ne savent pas lire leurs
pièces, et il se trouve aussi des poètes modestes qui,
comme M. Sully-Prudhomme, ont peur de ne pas bien inter-
préter, par la parole, les pensées qu'ils ont développées
dans leurs poésies. Il y a même des poètes qui affirment
que les vers ne doivent pas être lus du tout, que les
poésies ne sont que des rêves dont on s'éveille, dès que
s'en approche la réalité, c'est-à-dire la lecture avec son
interprétation toujours individuelle.

En somme, Thurot a raison: il n'y a pas actuellement
à Paris un groupe de gens bien élevés qui puisse prétendre
au droit de servir de type de la bonne prononciation. Le
bon usage existe partout et nulle part. Il est d'autant
plus difficile à trouver qu'en réalité il n'y a pas deux individus qui prononcent absolument de la même manière,
et que le même individu prononce différemment en faisant
un discours public, en déclamant des vers ou de la prose,
„en parlant“ et „en causant“ (pour répéter la distinction
faite par M. Legouvé). La prononciation diffère même selon
qu'on déclame ou qu'on récite des vers héroiques ou lyriques (ou badins), et selon le genre de la prose qu'on lit.
Les impressions et les sentiments qu'on éprouve ou qu'on
veut exprimer, l'état de santé, les sensations du moment
influent également sur la prononciation. Pour toutes ces
raisons, il faut ne pas chercher *un* bon usage, mais *plusieurs*,
suivant les situations différentes dans lesquelles on peut
se trouver, ou il faut chercher, comme le proposait déjà
Saint-Réal, «une prononciation *moyenne* qui n'est pas tout
à fait si licencieuse que celle de la conversation, ni tout
à fait si régulière (il vaudrait mieux dire: artificielle) que
celle du barreau et de la chaire.» Saint-Réal trouve
cette prononciation moyenne chez les comédiens (ce qui

est juste, à peu près, quand on ne pense qu'à leur manière de parler dans la haute comédie) et chez ceux «qui lisent bien quand ils lisent haut». En tout cas, la prononciation moyenne ainsi que le bon usage ou les bons usages ne sont et n'ont jamais été que des *abstractions* plus ou moins arbitraires, et si les grammairiens et les orthoépistes ne se sont jamais accordés, c'est qu'ils n'ont pas songé à s'entendre sur la méthode à suivre pour *construire* ce qu'on pourrait appeler le bel usage, c'est-à-dire l'usage le plus répandu pour les différents genres de style dans les groupes de la société qui, par la profession et la position de leurs membres, jouissent d'une certaine autorité en matière de langue.

On pourra se demander s'il vaut la peine de faire cette construction artificielle du bon usage. Il y a des nations qui se trouvent parfaitement bien sans qu'on y ait jamais pensé à chercher ce qu'il faut juger bon ou mauvais dans la prononciation. Les gens instruits ne s'en élèvent pas moins par une prononciation plus distinguée au-dessus du gros du peuple, et il y a même, pour chaque province, une convention tacite qui détermine ce qu'il faut éviter comme dialectal et ce qui est tolérable. Les théâtres, les discours publics, les sermons, l'orthographe, le commerce incessant des personnes instruites de tout le pays, les mille occasions de se rapprocher et de se parler qu'offrent les assemblées politiques, les villégiatures, les relations mondaines ou officielles, les rapports d'affaires et d'intérêts, tout cela exerce une influence égalisatrice dont les moyens de communication actuels augmentent l'action d'année en année. On y rencontre partout des personnes exemptes presque de tout accent local. Dans la France d'aujourd'hui, la situation n'est pas très différente.

Les Parisiens de Paris se trouvent dans un contact perpétuel avec la majorité de ces Parisiens qui ont passé leur jeunesse en province: ces deux groupes échangent journellement, avec leurs idées, leur manière de prononcer. Ces deux catégories, à leur tour, se trouvent, dans leurs voyages ou à Paris même, dans un commerce incessant avec de véritables provinciaux, et là encore s'opèrent des échanges. De plus, dans les provinces françaises aussi, il ne manque pas de personnes, qui, sans avoir jamais vu Paris, sont néanmoins pures de ce qu'on nomme accent provincial; et par cela même qu'elles ne sont pas sous l'influence de la mode parisienne qui existe pour la prononciation comme pour tout le reste, elles peuvent passer sinon pour des modèles, du moins pour de bons types de la prononciation actuelle de la bonne compagnie.

S'il est vrai qu'ainsi la vie pratique crée spontanément une sorte d'usage normal ou conventionnel pour la prononciation, il n'est pas moins vrai que cet usage laisse une assez grande liberté et ne règle pas tous les détails. La théorie grammaticale ne peut que suivre ces mouvements. Néanmoins elle est indispensable. Les personnes isolées, tous ceux qui désirent s'instruire des détails de l'usage que suivent les classes élevées, surtout les étrangers qui veulent apprendre la bonne langue et le bel usage, demandent au grammairien de les éclairer et de leur dire comment on cause, on parle, on lit, et on déclame dans la bonne compagnie. Le grammairien ou orthoépiste, qui, pour savoir bien remplir son devoir, doit être phonétiste, fera donc *systématiquement* et *pour le détail* ce que la vie fait inconsciemment et pour l'ensemble. Il constatera, pour tous les sons et pour tous les styles, l'usage le plus répandu chez les gens du

monde, et surtout chez les gens de lettres, les savants,
les orateurs politiques et ecclésiastiques, les acteurs,
les professeurs et les théoriciens de la langue, qui
aujourd'hui remplacent les cours du temps jadis, et
c'est celui qu'il donnera comme bon ou normal. Il n'étu-
diera pas seulement le mot isolé qui, somme toute, ne
s'emploie que rarement, mais surtout la prononciation employée dans les phrases. En outre, il ne se contentera
pas d'observer la prononciation des personnes qui doivent
être regardées comme des autorités de langue, il descendra
aussi dans cette grande masse du peuple qui ne possède
qu'une éducation élémentaire: c'est là que bat le cœur des
langues modernes. Le simple maître d'école qui, par
pédanterie bien intentionnée mais mal avisée, fait sentir une
foule de consonnes qui n'avaient jamais été prononcées aupa-
ravant, exerce aujourd'hui une plus grande influence que
tous les professeurs de diction. Les gens de lettres, les
acteurs et les orateurs ne peuvent se soustraire, à la
longue, aux évolutions de la langue, nées au cœur de
la nation, dans les masses profondes de la bourgeosie.
Le théâtre, surtout, qui reproduit les scènes de la vie réelle,
subit cette influence; il est assujetti à cet usage véritablement commun qu'il est bien loin de créer. Enfin partout
où le langage employé dans les hautes classes et dans les
classes moyennes de Paris est flottant, il ne reste qu'à
recourir à l'étude de la langue des provinciaux, parmi
lesquels les habitants de l'ancienne Ile de France ont,
par l'histoire, droit à être entendus les premiers. Il n'y a
pas de place ici pour la spéculation théorique comme
l'aimaient les grammairiens des siècles passés; la grammaire moderne a renoncé une fois pour toutes à la prétention néfaste et stérile qu'avait celle du 16e et du 17e siècle

de vouloir imposer des lois à la langue; elle se contente de constater, avec le plus grand soin possible, ce qui est, elle cherche à expliquer l'état actuel et à découvrir les facteurs ou les lois qui régissent et qui ont régi le développement de langue.

L'œuvre du grammairien qui veut fixer la prononciation de ses contemporains n'est, du reste, rien moins que facile. Nous ne voulons pas parler de la préparation scientifique qui lui est nécessaire, s'il veut mener ses recherches à bonne fin. Mais de tous les côtés se présentent des difficultés d'une nature plutôt technique. Il est assez facile de trouver des gens bien élevés et de bonne volonté qui se prêtent même à des expériences phonographiques faites avec les appareils qu'on vient d'introduire dans la science phonétique. Mais l'application de ces instruments qui leur donne l'air de martyrs les décontenance et leur fait perdre l'équilibre lingual. Malgré eux, ils égarent ou trompent souvent leur examinateur. Celui-ci, quand même, après coup, il s'aperçoit de ses erreurs, a en tout cas perdu son temps. En outre, il ne faut pas trop compter sur la patience des personnes de bonne volonté. Ceux dont le concours est salarié souvent ne comprennent pas les expériences qu'il s'agit de faire, souvent ne s'y intéressent pas: leur indifférence induit en de nouvelles erreurs. Les gens les plus instruits sont toujours embarassés par les questions qu'on leur fait sur des détails de leur prononciation, et s'ils ne sont pas grammairiens et ne savent pas s'observer, ils donneront, pour la plupart, des réponses qui ne méritent qu'une foi très limitée. Qui se sent observé, est toujours enclin à poser, pour ainsi dire: pour beaucoup, l'aspect d'un phonétiste qui les examine fait l'effet d'un espion contre lequel il faut se tenir sur ses gardes. Les meilleures observations phonétiques sont faites sur des personnes qui ne se savent pas observées. Mais on ne peut observer personne à son insu quand il faut employer des appareils; même quand on veut seulement entendre le même individu s'exprimer dans les différents genres de style, on ne peut pas lui cacher son projet: les notes qu'il prend, trahissent l'examinateur. On ne peut pas même s'examiner soi-même sans courir risque de se tromper: la réflexion nous fait perdre l'ingénuité. Il n'y a que les acteurs, les conférenciers, les prédicateurs et les lecteurs publics qu'on peut observer sans qu'ils le sachent. Mais là aussi, les inconvénients sont nombreux. Rien de plus facile, en effet, que de fréquenter les théâtres, d'y entendre les mêmes acteurs, soit dans les mêmes rôles, soit dans des rôles différents, et d'y prendre autant de notes qu'on veut. Mais d'abord cette étude est très coûteuse, même pour la minorité des grammairiens et des phonétistes qui n'est pas astreinte à une sage économie. Ensuite, pour savoir ce qui est artificiel dans la prononciation des acteurs sur la scène, il faudrait pouvoir les observer aussi dans leur vie privée, quand ils parlent sans contrainte. Même inconvénient pour les conférenciers de toutes les catégories; et justement les acteurs, les conférenciers et les gens de lettres les plus en vue sont les moins accessibles dans la vie privée. On ne peut vraiment pas leur demander de perdre leur temps en de longues interviews et d'ennuyeux examens faits par des grammairiens ou des phonétistes dont ils ne savent pas apprécier la compétence et dont les études ne leur inspirent souvent qu'un médiocre intérêt. Toutes ces difficultés ont eu pour effet que, tout en prétendant enseigner le bon usage, les orthoépistes et lexicographes de tous les temps, quand ils ne se sont pas contentés de répéter les règles de leurs prédécesseurs, ont enseigné simplement leur propre prononciation. Ils faisaient beaucoup s'ils normalisaient ce qu'ils croyaient être le bon usage ou s'ils profitaient des quelques observations que le hasard de leur entourage leur avait fait faire. Assez fréquemment ils altéraient même la vérité par des assertions hasardées, nées de quelque théorie qui leur tenait à cœur.

A côté des difficultés que nous venons d'énumérer il y en a d'autres: celles de bien entendre et de bien noter ce qu'on a entendu. Comme il n'y a pas deux individus qui prononcent exactement de même, ainsi il n'y en a pas deux non plus qui entendent exactement de la même manière, eussent-ils reçu une éducation phonétique égale. Car il faut une préparation spéciale pour bien entendre les sons de la langue comme pour bien entendre ceux de la musique. Des habitudes individuelles ou nationales, des idées préconçues ou des préjugés enracinés, des influences orthographiques dont on ne se rend pas compte, conduisent involontairement à des erreurs d'acoustique. Toutes les observations faites sur les fonctions des organes vocaux sans l'aide de bons appareils phonographiques doivent être acceptées avec le plus grand scepticisme. Mais quand même le phonétiste a bien entendu, comment doit-il figurer les sons entendus? Il y a presque autant de systèmes de transcriptions phonétiques que de phonétistes; ces systemes doivent leur existence ou à des principes ou à des besoins différents, quelquefois seulement à la vanité puérile de leurs inventeurs. Le meilleur système serait peut-être celui qui figurerait non les sons, mais leurs parties constitutives; on l'a entrepris, mais il est tellement compliqué qu'il devient illisible, sans atteindre pour cela l'exactitude idéale qu'il faudrait lui demander. En général, on s'est contenté d'employer l'alphabet latin, auquel on ajoutait quelques lettres spéciales, et qu'on affublait de signes diacritiques destinés à rendre les nuances dont les sons exprimés par une même lettre sont susceptibles. Plus ces alphabets phonétiques (qui, naturellement, ne connaissent qu'un signe pour chaque son) sont exacts, plus ils sont surchargés de signes diacritiques, plus aussi les textes transcrits offrent de difficulté au lecteur et plus il s'y glisse d'erreurs. Et, dans ces notations figurées, les erreurs typographiques deviennent, pour ainsi dire, des erreurs de prononciation. Enfin, la transcription phonétique la plus scrupuleuse ne parvient jamais à rendre exactement la prononciation entendue; elle lui ôte son individualité, elle ne rend pas le timbre personnel de la voix, elle néglige plus ou moins les sons transitoires et les intonations. Il faudrait toujours ajouter une notation musicale avec des indications scrupuleuses des andante, des crescendo, des decrescendo, en un mot, de l'expression linguale ou acoustique des mouvements de l'âme, et un commentaire dans le genre de ceux que donnent les Coquelin dans leur Art de dire le monologue.[1]) L'idéal serait d'examiner toujours à l'aide d'un bon phonautographe et de faire multiplier les inscriptions de l'appareil; mais là encore surgissent une foule de difficultés dont une des plus grandes est de savoir lire les courbes faites par l'inscripteur de la parole. On ne pourra jamais espérer de faire accepter leur lecture à un public qui ne ce compose pas exclusivement de phonétistes bien expérimentés, et il n'est pas même pro-

---

[1]) 6e éd. Paris 1889. Ollendorff.

bable que ceux-ci s'accorderent toujours sur l'interprétation des tracés que leur ont donnés leurs appareils.

Mais ne nous perdons pas dans des problèmes qui appartiennent à l'avenir! Ce que nous venons de dire suffira pour excuser les imperfections de notre petite étude. En allant à Paris, en 1891, j'ai voulu voir si, dans les classes élevées, il y a une telle conformité de prononciation, même dans le détail, qu'elle permette de fixer une sorte de bon usage; en quoi l'usage reçu à Paris est conforme à celui des gens bien élévés des différentes provinces; s'il faut faire des distinctions de prononciation et pour les différents genres de style et pour les différents groupes de la bonne compagnie, et quelles sont ces distinctions à faire; quelles sont les particularités de la prononciation des Parisiens de Paris, et comment les provinciaux de la bonne société immigrés à Paris s'arrangent avec elles; enfin, quelle est la prononciation des classes moyennes et quelle influence elle exerce sur celle des hautes classes. Je n'ai pas eu l'illusion de pouvoir trouver, en quelques mois, la réponse à toutes ces questions qui demandent de longues études, cependant j'ai voulu et j'ai pu m'orienter au milieu de ces problèmes et collectioner quelques matériaux qui permettront de jeter un coup d'œil dans le laboratoire de la prononciation vivante. C'est une partie de ces matériaux que je publie dans les pages qui suivent. Ils se composent de quelques échantillons de la «prononciation moyenne» de personnes «qui lisent bien quand ils lisent haut» (voy. p. XIX), et veulent contribuer à éclairer la question compliquée du *bon usage.* Muni des recommandations de MM. Rod, Rousselot, Mgr. d'Hulst et M. d'Arbois de Jubainville, je me suis présenté chez les *honnêtes gens* dont on a lu les noms sur le titre de cette brochure et qui n'ont pas besoin d'être recommandés aux lecteurs comme témoins dignes de foi de la prononciation de *la bonne compagnie*. Tous ces messieurs m'ont accueilli avec bienveillance et se sont exécutés avec la meilleure grâce du monde en me lisant, récitant ou déclamant des pièces de leur composition et choisies par eux ou proposées par moi. En les écoutant, j'ai inscrit sur mes textes préparés d'avance les particularités que j'ai pu saisir dans leur prononciation; des échanges d'idées sur des détails de prononciation et sur la meilleure manière de lire ou de déclamer des vers accompagnaient la lecture. Il va sans dire que, si l'occasion se présentait, j'ai observé mes *sujets* quand ils parlaient en public, ignorant la présence d'un espion de leur prononciation. M. Silvain et M^{me} Bartet n'ont été entendus par moi qu'au théâtre. M. G. Paris qui comme M. Daudet me lisait un texte transcrit déjà par M. P. Passy, a bien voulu lire l'épreuve de son texte de sorte que, pour sa part, on a la prononciation telle qu'il veut l'avoir ou qu'elle lui paraît recommandable. Tous les textes sont accompagnés de variantes qui représentant la prononciation de M. Omer Jacob, alors élève de l'École des Chartes et licencié ès lettres, type d'un Parisien de Paris et qui m'avait été présenté comme tel par MM. G. Paris et Morel-Fatio, juges dont on connaît la compétence. Les autres variantes, ajoutées dans cette seconde édition d'après des lectures qui m'ont été faites en 1894, indiquent la prononciation de M. Ritter *(Ri)*, professeur à la Faculté des Lettres de Genève, Genevois d'origine, de M. l'abbé Rousselot, de Saint Claud (Charente) *(Ro)*, et de M. Bleton *(Bl)*, licencié ès lettres, de Lyon. Ces variantes nous montrent comment les mêmes individus, instruits et *bien élevés*, Parisiens ou provinciaux, lisent et récitent des textes des styles les plus différents. Il est inutile de donner des renseignements sur MM. Ritter et Rousselot, connus de tous les romanistes. M. Bleton et les personnes nommées dans la notice sur M. Daudet, qui ne m'ont lu que la *Chasse à Tarascon*, sont originaires des lieux indiqués qu'ils n'avaient jamais quittés pour longtemps jusqu'au moment de la lecture (en 1890/91). Je les ai présentés à mes lecteurs dans mon étude: *Zur Aussprache des Französischen in Genf und in Frankreich.* Berlin 1892, p. 3 ss. J'ai tenu à avoir des échantillons de tous les genres de style et je les ai ordonnés, en commençant par un simple récit et en finissant par une pièce du lyrisme le plus élevé. Malheureusement, en commençant la collection qui suit, j'avais mal choisi mon temps: une partie des auteurs dont j'aurais voulu fixer, autant que possible, la prononciation, était déjà à la campagne. C'est pourquoi je n'ai pas pu donner par ex. un dialogue familier en prose dit par un auteur de comédies, ni la prononciation d'un avocat ou d'un orateur politique, dignes de prendre place à côté de nos témoins de langue. M. le comte de Mun qui avait bien voulu me promettre son concours a dû, au dernier moment, se soustraire à mon inquisition phonétique.

Faut-il ajouter que toutes les personnes qui ont eu la bonté de m'accorder une audition ont lu ou déclamé selon ce qu'on appelle les règles de l'art? Certes, ils n'ont jamais manqué de mettre l'accent logique sur les dernières syllabes sonores d'une phrase ou d'un membre de phrase après lequel il fallait ponctuer. La régularité de leur ponctuation ou de leur accentuation qui variait naturellement dans le même texte selon la rapidité de la lecture ou de la récitation, m'a permis de renoncer à indiquer les repos par d'autres moyens que les signes de ponctuation ordinaires. Je n'ai donc marqué que les

accents oratoires, par des ´ ou des `, selon l'intensité
de l'accent. Je n'ai pas tenté d'indiquer les différentes
intonations, d'abord parce qu'il m'a été impossible de
prendre tant de notes en même temps, puis, parce que les
essais qu'on a faits jusqu'à présent pour figurer, dans
des transcriptions phonétiques, les modulations de la voix,
sont tellement imparfaits qu'ils ne m'ont pas encouragé
à les suivre. Enfin, j'ai peur de ne pas avoir toujours
été assez conséquent; par ex. je n'ai pas toujours eu égard
à la distinction des voyelles brèves et des moyennes.
J'ai cherché, surtout, à constater le plus scrupuleusement
possible le timbre (la qualité) des sons et je n'ai noté que
ce que j'ai entendu sans me soucier d'aucune théorie
phonéticienne. Les observations que j'ai pu faire avec les
appareils phonographiques de M. l'abbé Rousselot et sous sa
direction m'ont fortement convaincu du peu de confiance
que méritent ces théories. On ne s'étonnera donc pas de
me voir figurer souvent de *oa* et des *ǫa*, des *i*, *u* et *ü*
ouverts ou mi-ouverts, où l'on s'attend aux *ẙa* et aux *i*, *u*,
*ü* fermés, préconisés par les «jeunes phonéticiens», de simples
*ǫ* ou *œ̨* où l'on s'attend à des *ã* et des *æ̃* qui existent
intentionellement, mais ne réussissent souvent pas à se
faire entendre. Les traits les plus intéressants de mes autorités sont relevés dans les notices qui précèdent les
textes. J'ai renoncé à noter ce qui, dans la prononciation
de MM. Ritter, Rousselot, Jacob, Bleton et des autres
personnes dont nous n'indiquons que les variantes, est
caractéristique et digne d'être remarqué. Les lecteurs
désireux de s'instruire ne manqueront pas de faire eux-
mêmes le dépouillement intéressant que permettent ces
variantes; variantes dues tantôt à des particularités dialectales tantôt à une lecture plus ou moins rapide ou encore

plus ou moins soignée. Je suppose connues les articu-
lations ordinaires de la prononciation française; pour
faciliter la lecture, je n'ai pas groupé les lettres d'après
les mesures de la langue parlée: la ponctuation, les
*sandhis* marqués et le sens des phrases n'admettent guère
d'erreur sur la place des repos.

Il me reste à exprimer mes remerciements les plus
empressés à tous ceux qui m'ont secondé dans cette étude
et qui me l'ont rendue possible.

# ALPHONSE DAUDET.

M. A. Daudet (né à Nîmes, le 13 mai 1840, élevé en Provence, à Paris depuis 1857) a bien voulu me lire le passage suivant tiré de son Tartarin de Tarascon, avec une vitesse moyenne d'abord, puis il en a répété le commencement avec un peu plus de rapidité. Dans cette seconde lecture, il y avait quelques *e* sourds de moins; *də se (de ses,* p. 3, l. 7) fut transformé en *t se.* On doit regarder comme traces de la provenance méridionale de M. Daudet: la conservation assez fréquente d'un *e* féminin final [dans *merle* (p. 3, l. 14), *vile* (p. 3, l. 4), *route* (p. 5, l. 5), *gite* (p. 5, l. 14), *locale* (p. 7, l. 2), *daube* (p. 7, l. 10), etc.]; *e* ouvert dans *sait* (p. 5, l. 14); *œ* ouvert dans *vieux* (p. 7, l. 13). L'*r* de M. Daudet n'a rien de particulier; il prononce les mots *les, des* etc. généralement avec un *e* fermé; sa prononciation irrégulière de *milieu* (comme *miǯœ*, p. 9, l. 3] est due probablement à une petite inadvertance qui l'a laissé tomber ici dans un parler un peu trop familier. L'organe de M. Daudet est clair et sympathique, son articulation distincte et énergique, le timbre de sa voix moyen, sa diction élégante et soignée.

Les variantes données en bas indiquent les prononciations divergentes de: M. P. Passy, Français parlé[3], p. 11 ss *(P)*; M. Jacob, de Paris *(J)*; M^lle Boulet, Parisienne *(B)*; M. Zbinden, professeur au lycée de Genève *(G)*; MM. Mital *(L^m)*, Raffin *(L^r)* et Vernier *(L^v)*, Lyonnais, élèves du lycée de Lyon *(L)*; M^me Lachaud, native de la Bastide (Vaucluse) *(V)*; M^me Cardonnet, Montpelliéraine *(M)*; M. Mondin, Tourangeau *(T)*; M. Rivière, Caennais *(C)*, et M. Delarue, Amiennois *(A)*. On reconnaîtra facilement les coïncidences répétées de la prononciation de M. Daudet avec celle de ses compatriotes du midi, dont M^me Cardonnet surtout représente bien l'accent. — Les variantes mises entre parenthèses ne sont pas entièrement assurées.

La chasse à Tarascon.

La chasse est la passion des Tarasconnais, et cela depuis les temps mythologiques où la Tarasque faisait les cent coups dans les marais de la ville et où les Tarasconnais d'alors organisaient des battues contre elle. Il y a beau jour, comme vous voyez.

Donc, tous les dimanche matin, Tarascon prend les armes et sort de ses murs, le sac au dos, le fusil sur l'épaule, avec un tremblement de chiens, de furets, de trompes, de cors de chasse. C'est superbe à voir! Par malheur, le gibier manque, il manque absolument.

Si bêtes que soient les bêtes, vous pensez bien qu'à la longue elles ont fini par se méfier.

A cinq lieues autour de Tarascon, les terriers sont vides, les nids abandonnés. Pas un merle, pas le moindre lapereau, pas le plus petit cul-blanc.

Elles sont cependant bien tentantes ces jolies colinettes tarasconnaises, toutes parfumées de myrte, de lavande, de romarin; et ces beaux raisins


apsœlümä P. — 11. betə M. suai P. betə M. lõ:g PJBGLVTCA. — 12. ez õ P; eləz õ A. sə PVMTA. méfie C; mefie VMT. — 13. seŋk M; sĕk A. liiœ M; liœz A. terie P. vid PJBGVT (vid) L. — 14. pa P; paz B. mèrl PJBGLVT'A. 1 muĕdrə PT; lə muĕdrə BVA; 1 muĕdr G; lə moeŋdrə M. lapro PJBGL VTA; lapəro M; lapro C. — 15. 1 PJG̃L. pəti VM. külblä M. — 16. e P; elə M. səpädä C; səpandaŋ M. tantantə M. žœli PL. kolinetə M. taräskonêzə MC. — 17. tut PJ; tutə M. d mirt PGLT; də mirtə M; mirtə CA. lavandə M; lavä:də C; lavä:də A. romareŋ M. se PJBGLVMTA. rēzĕ P.

la šạs a tạrạskõ.

la šạs e la pạsiõ de tạrạskọnę, e səla dəpüi le
tä mitọlọžik u la tạrạskə fəzę le sä ku dä le mạ`rę
də la vilə, ç u lę tạrạskọnę dạlôr ọrgạnizę de bạ`tü
5. kõtr ęl(ə). — il i ạ bó žūr, kọm vu vọạie.

dõ:k, tu le dimä:š mạtẽ, tạrạskõ prä lez ạrm e sôr
də se (tse) mü:r, lə sạk o do, lə füzi sür lepõl, ạvęk
œ̃ trābləmä də šiẽ, də fürę, də trõ:p, də kọr də šạs.
— se süpęrb ạ vuār! par mạlœ:r, lę žibie mä:k, il
10. mäk ạpsọlümä.

si bêt kə sụạ le bêt, vu päse biẽ kạ la lõ:gə,
ęlz õ fini par s mefie.

ạ sẽ' liœ otūr də tạrạskõ, le tęrie sõ vid(ə), le
ni ạbādọne. páz œ̃ męrlə, pa lə mụẽdr lạpəro, pa
15. lə plü pti küblä.

ęl sõ spädä biẽ tätä:t, se žọli kọlinẽt tạrạskọnêz,
tụt pạrfüme də mịrt, də la'vä:d, də rọ'mạrẽ; e sę bo ręzẽ

---


2. la *A.* ę *PG.* la *A.* păsiõ *V*; pasiõ *P*; pāsiõ *C*;
pásiõ *J.* tạrăskọne *A.* səla *JLMA*; sla *PBGT.* tpüi *P*; depüi *V.*
le] lę *C.* — 3. tạrạsk *PJGLVTA*; tarăsk *BC*; tạrạskə *M.*
marę *A.* — 4. d *PJBGL.* vil *PJBĠLAMT* (vil) *C.* le
*PJBGLVMTA.* tạrạskọne *A.* dạlŏrs *A.* ọrgạnizę *P.* — 5. ęl
*PJBGLVT* (ĕl) *CA.* il i a *MTA*; i i ạ *P.* voạié *JC*; vụạie
*PBGLVMTA.* — 6. lę *C.* mátè *A*; mạtęη *M.* ạrmə *M.* sŏr *J.*
— 7. t se *GL.* füzil *M.* ępōl *C*; epọlə *M*; epŏl *A.* — 8. œ̨u
trạmbləmạη *M.* t šiẽ *PL*; de šiẽ *A.* füre *A.* də trõpə *C*;
de trõpə *A*; də trõb *J*; de trọmpə *M.* de kọr *A.* də šạs
*PBGVTA* (də šăs) *C*; t šăs *L*; də šạϑə *M.* — 9. sę *P(BG
LVMTA).* vụâr *P*; voăr *T.* mạlœr *JA.* mäkə *M.* i *P.* — 10.

muscats gonflés de sucre qui s'échelonnent au bord du Rhône, sont diablement appétissants aussi! Oui, mais il y a Tarascon derrière, et dans le petit monde du poil et de la plume, Tarascon est très mal noté. Les oiseaux de passage eux-mêmes l'ont marqué d'une grande croix sur leur feuille de route, et quand les canards sauvages, descendant vers la Camargue en long triangle, aperçoivent de loin les clochers de la ville, celui qui est en tête se met à crier bien fort: „Voilà Tarascon! voilà Tarascon!" et toute la bande fait un crochet.

Bref, en fait de gibier, il ne reste plus dans le pays qu'un vieux coquin de lièvre, échappé comme par miracle aux septembrisades tarasconnaises et qui s'entête à vivre là. A Tarascon, ce lièvre est très connu. On lui a donné un nom: il s'appelle le Rapide. On sait qu'il a son gîte dans la terre de monsieur Bompard, — ce qui, par parenthèse, a doublé et même triplé le prix de cette terre, — mais on n'a pas encore pu l'atteindre.

A l'heure qu'il est même, il n'y a plus que deux ou trois enragés qui s'acharnent après lui.

<hr>

— 10. fɛt *A.* də žibie *JVMA.* il nə *JBG VMTCA*; i n *P*; il n *L.* rɛst *JA.* dã lə *VM.* pei *PLA (BGVMT).* viɔɛ *M.* — 11. kokĕ *A.* d *P(JLTC).* liɛvr *A.* ešape *PBG LVTA.* kɔm *M.* sĕptãbrizạd *T*; sĕptãbrīzạd *P*; sĕptãbrizạd *L*; sĕptã-brizadə *VC*; sĕptạmbrizadə *M.* — 12 tạrãskɔnêzə *M*; taraskɔnêz *A.* ạntɛt *M.* a *J.* vivrə *PBGLVM.* lạ *P.* liɛ̯êvrə *V.* — 13. ɛ *P(BGLVMA).* ạ *P.* il sạpĕl *JBGLVMA.* rạpīdə *MC*; rạpīdə *A.* — 14. se *PJLBVMTCA.* žit *PJBGLVTA(C).* mɔsi̯ɔɛ *M*; mɔsi̯œ *C.* bŏpâr *P*; bŏ'par *A.* s *PL.* — 15. pạrạntêzə *M.* ạ *P.* dúble *J.* tríple *J*; trible *M.* 1 pri *P (G).* t sɛt *PJBGLT*; də sɛtə *VM.* — 16. tɛrə *M.* mɛ *P.* ạ *P.* pa *P*; paz *B.* ãkôrə *M.* ãtɛndrə *M.* — 17. lœrə *M.* ɛ *P (BG etc.)* i ạ *P*; il ni̯a *BGLVMTCA.* k *BGLVT*; g *P.* dœ *PB.* trʏaz *P*; troạ *M.* — 18. ạšạrn *P.*

müska gŏfle t sükr ki sešlǫnt o bôr dü ron(ə) sõ
djabləmãt ạpetisãz osi! ụi, mę, ịl ị ạ tạrạskõ
dẹrịêr, e dãl pti mõdə dü pụạl e də lạ plüm, tạrạskõ
e trę mạl·nŏte. lez ụạzo t pạsãz œ mêmə, lõ mạrke

5.  dün grãd krụạ sür lœr fœị də rutə, e kã le kạnãr
sovãz desãdã vẹr lạ kạmạrg ã lõ triã:gl, ạpẹrsoạv də
lụẽ le klǫše də lạ vilə, səlịị ki ẹt ã têt sə mẹt ạ
krịịẹ bịẽ fôr: „vǫạlạ tạrạskõ!" vǫạlạ tạrạskõ!" e tụt
lạ bạ:d fẹt œ krǫšẹ.

10.  Brĕf, ã fę d žibịe, ị nə rĕstə plü dãl pẹi kœ vịœ
kǫkẽ də lịêvr, ešạpe kǫm pạr mirãkl o sĕptãbrizad
tạrạskǫnêz e ki sãtẹt ạ vīvr la. ạ tạrạskõ, sə lịêvr
e trę kǫnü. õ lịi a dǫne œ̃ nŏ: ị sạpĕl lə rạpid.
õ sę kịl ạ sõ žitə dã lạ têr də msịœ bŏpār — sə

15.  ki, pạr pạrãtêz, a duble, e męm triple lə pri də sẹt
têr, męz õ na paz ãkôr pü lãtẽ:dr.

ạ lœ:r kịl e mêm, ị nị a plü kə dœz u trụạz
ãrạže ki sạšạrnt ạprę lịi.

---

1. müskạ *P*; mịiskạ *B*; mụ̈ska *TA*. də sükr *MA*. ešlǫn *PBGLT*; ešəlǫnə *M*. rõn *PJBGLTC*; rǫnə *M*; rŏn *A*; rôn *V*. — 2. djabləmã *BGLVMT*; dịãbləmä *P*. ạpetisã *PJBGLM TC*; ạpətisã *V*. ǫsi *V*. męz *JBGVTCA*. ị ạ *P*; ịl ị a *CA*. — 3. dẹrịêrə *M*. dã lə *JBVM*. pəti *VMC*. mõ:d *PJBGL VTCA*; mǫndə *M*. pụạl *P*. d lạ *PBGLVTA*. plüm *JA*; plüm *C*; plümə *M*. — 4. ę *P(BGLVMTA)*. lęz *TC*. oazo *T*. d pasâž *P*; d pạsaž *T*; də pạsažə *MA*. mêm *PBLV̆MTA*; męm *J*. — 5. dünə *LV*. grã:t *P*; grạndə *M*. krụa *P*; kroa *M*. fœị̃ *G*. rut *PBGLVTA*; rụt *J* (rŭt) *C*. kạnâr *P*; kanãr *M*. — 6. sovâž *P*; sóvaž *B*; sovažə *A*; ϑovažę *M*. desạndã *M*. kạmạrgə *MC*. ạpẹrsụâv *P*; ạpẹrsụãv *PBG*; ạpẹrsụav *LV*. — 7. d lạ *PBT*. vil *PBGLVT*; vịl *J*; vịlə *A*. süi *P*. kị *PL*. ẹt *PJBLVMTC*; et *A*. tẹtə *M*; tẹt *A*. s mę *P*; sə met *A*. — 8. krie *P*. vlạ *P*; voạlạ *JBLVA*; vụạlạ *GC*; voạla *MT*. tutə *LVM*. — 9. bạndə *M*. fę *B*. krǫšę *P*; krǫše *MA*.

Les autres en ont fait leur deuil, et le Rapide a passé
depuis longtemps à l'état de superstition locale, bien que
le Tarasconnais soit très peu superstitieux de sa nature
et qu'il mange les hirondelles en salmis, quand il en trouve.

Ah ça! me direz-vous, puisque le gibier est si rare
à Tarascon, qu'est-ce que les chasseurs Tarasconnais font
donc tous les dimanches?

Ce qu'ils font? ils s'en vont en pleine campagne,
à deux ou trois lieues de la ville.  Ils se réunissent par
petits groupes de cinq ou six, s'allongent tranquillement
à l'ombre d'un puits, d'un vieux mur, d'un olivier, tirent
de leurs carniers un bon morceau de bœuf en daube, des
oignons crus, un saucissot, quelques anchois, et commen-
cent un déjeuner interminable, arrosé d'un de ces jolis
vins du Rhône qui font rire et qui font chanter.

Après quoi, quand on est bien lesté, on se lève, on
siffle les chiens, on arme les fusils, et on se met en
chasse.  C'est à dire que chacun de ces messieurs prend
sa casquette, la jette en l'air de toute sa force, et la tire
au vol avec du 5, du 6 ou du 2, — selon les conventions.

---

*M.* ŏbʳ *B*; ŏ:br *A*; ŏbrə *VM*; ŏ:b *P*; ŏb *JG.* vi̯œ *P(BGLVT
AJC).* œ̃n *P.* — 10. tīrə *M.* d bœf *PBGLA.* dōb *PBGLVT*;
dǫbə *MA.* — 11. oa̧ñŏ *LVT*; ǫa̧ñŏ *M.* sosiso *PGMC*, sǫsi̧so
*GBLʳᵛVA.* kęgz *P̃.* ăšu̯a *A*; ăku̯a̧ *T.* kǫmă:s *PJMT*;
kǫmãsət *V.* — 12. ĕtęrminąbl *P(BGT)*; ĕtęrminabl *V.* a̧rōze *P*;
a̧rǫze *LM*; a̧róze *V.* də se *VMA.* žœ̧li *PL*; žǫ̧li *V.* rôu *V*;
rǫnə *M*; rŏn *A.* — 13. šą̧nte *M.* — 14. ką̧nt *M.* ŏn *P.* ę *P(BGL
VMT).* bi̯ĕ′ *T*; bi̧ęn *M.* ŏ s *P(GLVTA)*; ŏ s(z) *J*; ŏ sə *M.*
lęvə *M.* sif *J*; siflə *P*; si̧flə *BM.* — 15. ŏn *P.* a̧rmə *MCA.* füzil
*VM.* ŏ sə *VM.* mę *P*; mę̧t *BLVTA.* šą̧s *PBGLVTA
(JC).* st *P*; sęt *GT.* — 16. šą̧kœ̧n *M.* də se *VM.* mesi̯œ *P(B
GL)V(MTA).* ką̧skĕt *A*; ką̧skętę̧ *M.* la *A.* — 17. tut *P*;
tutə *M.* la *A.* a̧vękə *M.* si̧s *L.* — 18. slŏ *PJGL.* kŏvă′si̧ŏ *B.*

lez ōtr ạn õ fę lœr dœ:ị, e lə rạ'pid(ə) a pạse
dəpųi lõtāz ạ leta də süpęrstisịõ lọkạlə, bịẽ k lə
tạrạskọnę sụạ trę pœ süpęrstisịœ də sạ nạtü:r e kị
māž lez irõdęl ã sălmi, kãt ịl ã trūv.

5.  a sạ m dire vu, pụ̈iskə l žibịe e si rār ạ tạrạskõ,
kęskə le šạsœ.r tạrạskọnę fõ dõ tu le dimã:š?

ski fõ? i sã võt ã plęn kãpāñ ạ dœz u trụạ lịœ
də lạ vilə, i s reünịs pạr pti grup də sẽk u sis,
sạlõž träkilmät ạ lõbr dœ̃ pụ̈i, dœ̃ vịœ mü:r, dœ̨n

10. ọlivịe, tīr də lœr kạrnịe œ̃ bõ mọrso də bœf ã dōbə,
dez ọ̃ñõ krü, œ̃ sọsiso, kĕlkəz ãšụạ, e kọmãst œ̃
dežœne ẽtęrminabl, ạroze dœ̃ tse žọli vẽ dü rōn
ki fõ rīr e ki fõ šäte.

ạprę kụạ, kãt ọn e bịẽ lĕste, õ z lêv, õ sifl le
15. šịẽ, ọn ạrm le füzi, e õ s męt ã šạsə. sęt ạ dīr,
kę šạkœ̃ tse mĕsịœ prã sạ kạskęt, lạ žęt ã lêr də
tũt sạ fọrs, e lạ tīr o võl ạvĕk dü sẽk, dü sis, u dü
dœ — sələ̃ le kõvãsịõ.

---

1. lęz G. ãn P. dœ̨ĩ G. l PJBGL. rạpid PBGL
VTA; rạ'pid J. pase G(VA); pāse PC. — 2. tpụ̈i P. lõtã
P(BGLVT)C; lọntã M. etạ P. t PJGL; süpęrstisịõ A.
lọkạl PJBGLVMTCA. l P(BGLT). — 3. tạrăskọne A.
pœ M. süpęrstisịœ M; süpęrstisịœ A. t sạ PJBGL. nạtürə M.
i mã:ž P; ịl mã:ž JBGLVTCA; ịl mạnžə M. — 4. (lęz C).
sạlmis A. ạn M. trūvə. M. — 5. ạ P. sa A. mə VMCA.
dīre P; diré C; (les autres: dire-vú, comme au texte). lə VMCA.
ę P(BGLVMTA). râr P. — 6. kęskə P; keskə B. tạrạskọne
A. dimãšə M. — 7. skịl JBGLVMTCA. ị(l) J; ịl BGLVTA.
võ P(M); võ(t) B. plĕn J; plęnę M. kãpañ PBGLVT(C)A;
kạmpạñə M. a A. dœ P. trụa P. — 8. d lạ PJBGLVT.
vil PBGLVMTA (vịl) J. ịl s JL; ịl sə BGTCA; i sə M.
reünis P; reünisə M. pəti PC(BGLVMTA). de A. — 9. sạlõ:ž
P; sạlõžə A. träkilmã PBGLVMTA; träkiləmã J; träkịləmã

Celui qui met le plus souvent dans sa casquette est proclamé roi de la chasse, et rentre le soir en triomphateur à Tarascon, la casquette criblée au bout du fusil, au milieu des aboiements et des fanfares.

Inutile de vous dire qu'il se fait dans la ville un grand commerce de casquettes de chasse. Il y a même des chapeliers qui vendent des casquettes trouées et déchirées d'avance, à l'usage des maladroits; mais on ne connait guère que Bézuquet, le pharmacien, qui leur en achète. C'est déshonorant!

Comme chasseur de casquettes, Tartarin de Tarascon n'avait pas son pareil.

---

vąndə *M.* dę *C.* — 7. kąskęt *P*; kąskętə *V M.* dąvąnsə *M.* üzâž *P*; üzažə *M.* mąlądrųa *PC*; mąlądrųą *A.* — 8. męz *J (L) V M A.* n *P A.* gêrə *M.* bezükę *P(B L V M T)*; bęzükę *G;* bezüke *J A.* 1 *P(G L V T).* — 9. ãn *P.* ąšęt *P*; ąšętə *M.* sę *P(B G V M T A).* dę'zǫnǫrã *L;* dezonǫrã *A.* — 10. kǫmə *M.* t *L.* kąskęt *P*; kąskętə *M.* tąrtarĕ *A.* t *P G V T* (t') *L;* də *M C;* de *A.* tarąskõ *A.* — 11. pąręi *B;* pąrę̆ə *A;* pąręĭ *G.*

səlüi ki mę lə plü suvä dã są kąskęt e prǫkląme rųą d lą šąs, e rătr lə sųār ã triõfątœ:r ą tąrąskõ, lą kąskĕt krible o bu dü füzi, o miįœ dęz ąbųąmãz e de fäfār.

5.  inütil də vu dïr kįl sə fę dã lą vil œ̃ grã kǫmęrz də kąskęt də šąs.  įl į a męm de šąpəlįe ki väd' de kąskĕt true e dešire dąvã:s ą lüzãž de mąlądrųą; mę, õ nə kǫnę gêr kə bezükę lə fărmąsįẽ ki lœr ąn ąšĕt.  se dezǫnǫrã!

10.  kǫm šąsœ.r də kąskĕt, tąrtąrẽ d'tąrąskõ nąvę pa sõ pąrêį.

<hr>

1. süįi *P*; slüįi *L*. 1 plü *PJBGLT*. kąskĕt *J*; kąskętə *M*. ę *P(BGLVMTA)*. prǫklame *PC(GLVTA)*; prǫkląme *JB*. — 2. rųa *P*; roa *T*. də lą *M*. šąs (= šãs) *PBGLVMTA*. rãtrə *PBGLVMT̆A*; rãt *J*. 1 *PGL*. sųâr *P*. tąrąskõ *T*; tarąskõ *A*. — 3. füzil *VM*. milįœ *PGLVMTCA*; milœ *J*. dez *PJBGL VMA*; dęz *T(C)*. ąbųąįmã *P*; ąbųęmã *C*. — 4. dę *C*. fäfâr *P*; fäfārə *M*. — 5. įnütįl *JC*; įnütįl *L*; inütįl *A*; inütilə *M*. d *L*. dīrə *M*. i s *P*; įls *L*. kǫmęrs *P(BGLVTA)*; kǫmęrsə *M*. — 6. d *A*. šãs *A*; šas *V*. į ą *P*. mêm *P*. dę *C*. šąplįįe *Lᵐ*. vã:d *P*; vädə *V*;

# ÉMILE ZOLA.

M. Zola, né à Paris, le 2 avril 1840, fils d'un Italien, passa son enfance à Aix en Provence et ne revint à Paris qu'en 1858. Le passage suivant, tiré du „Rêve“ (p. 82—84), m'a été lu par lui deux fois, avec beaucoup d'expression, mais avec une certaine nonchalance dans l'articulation. De la prononciation méridionale il ne lui est resté qu'une *r* assez fortement roulée; pour tout le reste, M. Zola prononce comme un Parisien. Dans sa jeunesse, il prononçait avec une certaine difficulté la sifflante *s*, qu'il remplaçait par *t;* aujourd'hui on ne s'en aperçoit plus qu'à une hésitation presque insensible à articuler les *s* initiales. M. Zola prononce *les, des* etc. avec *e* ouvert; l'article indéfini *un* devant une voyelle comme *ün* (= *une*); la terminaison *-ation* a, dans sa bouche, tantôt *a* mi-fermé, tantôt *a* ouvert *(génération* p. 13, l. 9; *sensation* p. 15, l. 7); la diphthongue *ya* sonne presque toujours *oa;* les *r* et plus encore les *l* finales après une muette *(fenêtres* p. 13, l. 10), *siècle* (p. 13, l. 8), *trèfle* (p. 15, l. 2) etc. tendent à disparaître; dans *siècle* (l. c.), j'ai entendu presque un *k* mouillé *(si̯ek').* Dans *aiguille* (p. 15, l. 16), il y avait une (véritable) *l* mouillée très faiblement articulée. Les *e* fermés protoniques devenaient volontiers des *e* mi-ouverts.

Dans les variantes, j'ai indiqué ici les cas où M. Jacob a prononcé des *ι* parisiennes *(vulgo* grasseyées). Comme elles revenaient assez régulièrement à la fin des syllabes suivies d'une consonne, j'ai jugé inutile de les marquer dans les variantes données pour les autres textes.

La cathédrale.

Mais la cathédrale, à sa droite, la masse énorme qui bouchait le ciel, la surprenait plus encore. Chaque matin, elle s'imaginait la voir pour la première fois, émue de sa découverte, comprenant que ces vieilles pierres aimaient et pensaient comme elle. Cela n'était point raisonné, elle n'avait aucune science, elle s'abandonnait à l'envolée mystique de la géante, dont l'enfantement avait duré trois siècles et où se superposaient les croyances des générations. En bas, elle était agenouillée, écrasée par la prière, avec les chapelles romanes du pourtour, aux fenêtres à plein cintre, nues, ornées seulement de minces colonnettes, sous les archivoltes. Puis, elle se sentait soulevée, la face et les mains au ciel, avec les fenêtres ogivales de la nef, construites quatre-vingts ans plus tard, de hautes fenêtres légères, divisées par des meneaux qui portaient des arcs brisés et des roses. Puis, elle quittait le sol, ravie, toute droite, avec les contreforts et les arcs-boutants du chœur, repris et ornementés deux siècles après, en plein flamboiement du gothique, chargés de clochetons, d'aiguilles et de pinacles. Des gargouilles, au pied des

sulᵊve *Ro;* suˡᵊve *Ri.* fãsz *Ro.* le *J.* mẽ *Bl.* le *J Bl Ri.* — 13. fənêtr *J Ro Bl Ri.* ǫživāl *Ri.* — 14. fnêtr *Ri.* lęžêr *Ri.* dívize *Ro.* de *J Bl Ri.* mno *Bl Ri.* dez *J Bl Ri.* ạrkᵃ *Ro.* — 15. brizez *J.* de *J Bl Ri.* püi *Ro Bl;* püiz *J Ri.* lə sǫl *J Ro.* tụtə *Ro Bl;* tutə *Ri.* — 16. le *J Bl.* lez *J Bl.* ạrkᵃ *Ro.* rəpri *Ro Bl.* ǫrnəmãte *J Bl Ri.* — 17. gǫtik *Ro Bl Ri (une fois* gǫtik *Ro).* šaɹže *J.* — 18. degüïị *J;* dęgüïị *Ro;* dęgüïlz *Ri.* e t *J.* pinạkl *J;* pinạkl *Ro;* pinakˡ *Bl;* pinākl *Ri.* de *J Bl Ri.* gạ́rguïị *Ro;* garguïĩ *Ri.* dez *J Ri;* dęz *Bl.*

mȩ la̧ ka̧tedra̧l, a̧ sa̧ ‿droa̧t, la̧ ma̧s eno̧rm ki
bušȩ l si̧ȩl, la̧ sürprənȩ plüz ā̧`kôr. šak ma̧tĕ, ȩl
simažinȩ la̧ voār pur la̧ prəmi̧êr foa̧, emü: t sa̧ de-
5. kuvȩrt, kŏprənā̃ kə sȩ vi̧ȩi̧ pi̧êr ȩmȩt e pāsȩ ko̧m ȩl.
sə`la̧ netȩ pu̧ĕ rȩzo̧né, ȩl na̧`vȩt okün si̧ā:s, ȩl sa̧`bā-
do̧nȩt a̧ lävo̧le mi̧sti̧k də la̧ žeā:t, dõ l'ā̧`fätəmā̃ a̧vȩ
düre troa̧ si̧ĕk[1] e u sə süpȩrpozȩ lȩ kroa̧i̧äs dȩ žene-
ra̧`si̧õ. ā̃ ba, ȩl etȩt a̧`žənüi̧e, ekrāze pa̧r la̧ pri̧i̧êr,
10. a̧vȩk lȩ šapĕl ro̧man dü pu̧rtūr, o fənêt[r]z a̧ plẽ sĕt[r],
nü, ôrne so̧ȩlmā̃ də mĕs ko̧lo̧nĕt, su lȩz a̧`ršivo̧ltə.
pu̧i̧z ȩl sə sātȩ sulve, la̧ fa̧s e lȩ mĕz o si̧ȩl, a̧vȩk lȩ
f(ə)nêtr o̧živa̧l də la̧ nȩf, kõstru̧i̧t ka̧tr vĕz ā̃ plü tār,
də ot fənêtr ležêr, divize pa̧r dȩ məno ki po̧rtȩ dȩz a̧rk
15. brize e dȩ rōz. pu̧i̧[s], ȩl ki̧tȩ l so̧l, ra̧vi, tu̧t droa̧t,
a̧vȩk lȩ kõtrfôr e lȩz a̧rk butā̃ dü kœ:r, rə`priz e o̧rn(ə)-
māte dœ si̧ȩk[l]z a̧prȩ, ā̃ plẽ fläboamā̃ dü go̧ti̧k, ša̧rže də
klo̧štõ, dȩgu̧i̧i̧z e də pina̧kl. dȩ ga̧rgui̧i̧, o pi̧e dȩz

---

1. kătedrāl *Ro Ri.* — 2. ka̧tedral *Ro Ri.* a *Bl Ri.* dru̧a̧t
*J Ro.* ȩno̧rm *Ri.* — 3. sürprənȩ *J.* ā̃kôr *J Ro Ri.* šak *Bl Ri.* —
4. vu̧ār *J Ro Bl.* fu̧a̧ *J Ro Bl Ri.* də şa̧ *Bl.* — 5. dekuvȩrt *J Ro.*
k sȩ *Ro Ri;* kə se *J Bl.* ȩmê *Ro Bl.* ȩl *J Bl.* — 6. sla̧ *Bl Ri.*
rezo̧ne *J.* ȩl *J.* na̧vȩt *Ro Ri;* na̧vȩ *Bl.* okün *Ri.* siā:s *Bl.* ȩl
*J.* sa̧bādo̧nȩ *Ro Bl;* sa̧bàdo̧nȩt *J.* — 7. mi̧sti̧k *Bl.* āfā:təmā *J Ro*
*Bl Ri.* — 8. si̧ȩkl *Ro.* süpȩrpozȩ *J.* le *J Bl.* kru̧a̧i̧ā:s *Bl.* de
*J Bl Ri.* — 9. ženera̧si̧õ *Ro Bl Ri.* ȩl *Ro Bl;* ȩl *J Ri.* a̧žnüi̧e
*J Ro Ri;* a̧žənüi̧e *Bl.* ekrāze *Ro Bl Ri.* — 10. le *J Bl Ri.* ro̧ma̧n
*J Bl.* fənêtrz *Ro Bl Ri;* fənêtr *(dans unȩ répétition rapide) Ro.* plẽ´
*Ri.* sẽ:tr *Ro Bl.* — 11. o̧rne *Ri.* so̧ȩləmā̃ *Ri.* mẽ:s *Ro.* ko̧lo̧nȩt *J.*
lez *J Bl Ri.* a̧ršivo̧lt *J Ro Bl Ri.* — 12. pu̧i *Ro Bl.* ȩl *J;* ȩl *Ro Ri.*

arcs-boutants, déversaient les eaux des toitures. On avait ajouté une balustrade garnie de trèfles, bordant la terrasse, sur les chapelles absidales. Le comble, également, était orné de fleurons. Et tout l'édifice fleurissait, à mesure qu'il s'approchait du ciel, dans un élancement continu, délivré de l'antique terreur sacerdotale, allant se perdre au sein d'un Dieu de pardon et d'amour. Elle en avait la sensation physique, elle en était allégée et heureuse, comme d'un cantique qu'elle aurait chanté, très pur, très fin, se perdant très haut.

D'ailleurs, la cathédrale vivait. Des hirondelles, par centaines, avaient maçonné leurs nids sous les ceintures de trèfles, jusque dans les creux des clochetons et des pinacles; et, continuellement, leurs vols effleuraient les arcs-boutants et les contreforts, qu'ils peuplaient. C'étaient aussi les ramiers des ormes de l'Évêché, qui se rengorgeaient au bord des terrasses, allant à petits pas, ainsi que des promeneurs. Parfois, perdu dans le bleu, à peine gros comme une mouche, un corbeau se lissait les plumes, à la pointe d'une aiguille. Des plantes, toute une flore, les lichens, les graminées qui poussent aux fentes des murailles, animaient les vieilles pierres du sourd travail de leurs racines. Les jours de grandes pluies, l'abside entière s'éveillait et grondait, dans le

Ri. aĺãt *J Bl.* k *Ro Ri.* de *Bl Ri.* parfụạ *Bl.* — 15. dãl *J Ro Ri.* pĕn *J Ro.* muš *Ro Bl Ri.* s *Bl.* — 16. le *J Bl.* egüiiə *J*; egüii *Ro Bl*; egüil̃ *Ri.* dé *J Ri*; de *Bl.* tụt *Ro.* — 17. le *J Bl Ri.* líkẹn *J Ro.* le *J Bl Ri.* grạmine *J*; grạmiue *Ro.* pụst *J*; pūs *Ro.* fã:t *Bl Ri*; fã:tə *Ro.* de *J Bl Ri.* mürai *J*; müraiĺ̃ *Ri.* — 18. ạnímẹ *Ro.* le *J Bl.* viẹĺ̃ *Ri.* pi̭êɹ *J*. trạvaii̭ *Bl̃*; trạvaiĺ̃ *Ri.* rạsin *Bl.* le *J Bl Ri.* — 19. grã':d *Ro.* ãti̭êɹ *J*. sevẹiet̃ *J*; sevẹiẹ *Bl.* grõde *J.* dã 1 *Bl.*

arkbutã, devẹrsẹ lẹz o dẹ toątü:r. ọn ąvẹt ąžūtе ün
bą`lüstrad gąrni də trěf[1], bọrdã lą tẹrąs, sür lẹ šąpẹl
ăpsidąl. lə kõ`bl egąlmã, etẹt ọrne t flœrõ. e tu
ledifis flœrisẹ, ą mɔzü:r kįl sąprọšẹ dü sįẹl, .dãz ün
5. elãsəmã kõ`tinü, dèlivre də lãtįk tẹrœr sąsẹrdọtąl, ąlã
sɔ pẹrdr ọ sẽ dõ̃ dįœ də pąrdõ e dąmūr. ẹl ąn̄ ąvẹ
lą sãsąsįõ fizįk, ẹl ąn etẹ ąležе e œ`rœ:z, kọm dõ̃
kãtįk kĕl ọrẹ šãte, trẹ pü:r, trẹ fẽ, sə pẹrdã trẹ` o.
dą́įįœ:r, lą kątedrąl vívẹ. dẹz irõdẹl, pąr sãtẹn,
10. ąvẹ mąsọne lœr ni su lẹ sẽtü:r də trěf[1], žüiskẹ dã lẹ
krœ dẹ klọštõ e dẹ pinąkl; e, kõtinüįẹlmã lœr vọl
ẹ`flœrẹ lẹz arkbutã e lẹ kõtrfôr, kįl pœplẹ. s etẹt
osi lẹ rąmįe dẹz ọrm də levẹ`šе, ki sə rãgọržẹ o bôr
dẹ tẹrąs, ąlã ą pti pa, ẽsi k(ə) dẹ prọmnœ:r. pą́rfųą,
15. pẹ`rdü dã lə blœ, ą pẹn gro kọm ün mųš, œ̃ kọrbo sə
lisẹ lẹ plüim, ą lą pųẽt dün egüilẹ. dẹ plã:t, tųt ün
flôr, lẹ likẹn, lẹ grąmine ki pust o fã(t) dẹ mürąįį,
ąnimẹ lẹ vįẹį pįêr dü sūr trąvąį də lœr rą`sin. lẹ
žūr də grãd plüį, ląpsīd ãtįêr sevẹįẹt e grõdẹ, dã lə

---

1. arkəbutã *Ro.* devẹrse *J.* lez *J Ri.* de *J Ri.* ŏn *Bl.* —
2. bąlüstrad *Bl Ri.* terąs *Bl.* le *J Bl Ri.* šąpẹlz *J Ro Ri;* šąpĕl
*Bl.* — 3. ăpsidal *Ri.* kõbl *Bl Ri.* egąləmã *J Ro;* egaləmã *Ri.*
də *Bl.* flœrõ *Ro.* — 4. flœrisẹ *Ri.* a *Ri.* mzü:r *Ro Bl Ri.* œ̧n
*J Ri;* œ̆n *Bl.* — 5. kõtinü *Bo Bl Ri.* delivre *J.* lãtik *Bl.* sąsẹr-
dõtąl *Ri;* sąsẹrdọtăl *Bl.* — 6. sə pẹɹdr *J;* sə pẹrdr *Ro;* s pẹrdr
*Bl Ri.* pąɹdõ *J.* ĕl *J.* ăn *Bl Ri.* — 7. sãsăsįõ *Ri.* ĕl *J.* œrœ:z
*Ro Bl;* œrœ:z *Ri.* — 8. orẹ *Ro Ri.* trẹ pü:r, trẹ fẽ, trẹ o *Ro Ri.*
pẹ́ɹdã *J.* trẹ o *Bl.* — 9. kątedrãl *Ri.* dez *J Bl Ri;* dẹz *Ro.*
įrõdĕl *J.* sã`tẹn *Ro Ri.* — 10. mąsọne *Ri.* lœɹ ni *J.* le *J Bl Ri.*
sẽ`tü:r *J.* le *J Bl Ri.* — 11. de *J Bl.* klọštõz *J.* de *J Bl Ri.* pi-
näkl *Ro Bl Ri.* kõ`tinüįẹlmã *Ri.* vọlz *J.* — 12. ẹflœrẹ *Ro Bl Ri.*
lez *J Bl.* arkəbutã *Ro.* le *J.* pœplẹ *J Bl;* pœ plẹ (*vulg.* põplẹ)
*Ri.* — 13. le *J;* lẹ *Bl.* dez *J Bl Ri.* ọɹm *J.* levẹše *Bl Ri.* ki s *J.*
rãgọɹžẹt *J;* rã`gọržẹ *Ro;* rã`gọržẹt *Bl Ri.* — 14. de *J Bl.* tẹrãs

ronflement de l'averse battant les feuilles de plomb du
comble se déversant par les rigoles des galeries, roulant
d'étage en étage avec la clameur d'un torrent débordé. Même
les coups de vent terribles d'octobre et de mars lui donnaient
une âme, une voix de colère et de plainte, quand ils soufflaient
au travers de sa forêt de pignons et d'arcatures, de colonettes
et de roses. Le soleil enfin la faisait vivre, du jeu mouvant de
la lumière, depuis le matin, qui la rajeunissait d'une gaieté
blonde, jusqu'au soir, qui, sous les ombres lentement allongées,
la noyait d'inconnu. Et elle avait son existence intérieure,
comme le battement de ses veines, les cérémonies dont elle
vibrait toute, avec le branle des cloches, la musique des orgues,
le chant des prêtres. Toujours la vie frémissait en elle:
des bruits perdus, le murmure d'une messe basse, l'age-
nouillement léger d'une femme, un frisson à peine deviné,
rien que l'ardeur dévote d'une prière, dite sans paroles,
bouche close.

---

*Ro Bl;* ŏbʳ *J.* lătmăt *Ri.* ąlŏže *Ro Bl Ri.* ṇụaịę *J Ro (ou* nǫ'aịę *Ro).*
— 10. se *J Ri.* vęn *Bl;* vęnə *Ri.* le *J.* — 11. sè'remǫni *J Ro Ri.*
tut *J Ri (ou* tutᵊ) *Ro.* de *Bl Ri;* dé *J.* — 12. dez *Bl Ri;* déz *J.*
ǫrg *J Bl;* ǫrgə *Ro Ri.* de *J Bl Ri.* — 13. ˇan *Ri.* ĕl *J.* de *J Bl Ri.*
pęɹdü *J.* mĕsz *Bl.* bas *J;* băs *Ro.* lążnuiịəmă *Ro.* — 14. frísŏ *Bl;*
frįsŏ *Ri.* — 15. dünə *Ri.* priịêr *Ro Bl Ri.* bụš *J Ro Bl Ri.* klôz *Ri.*

rōfləmã də lavers bạtã lẹ fœi̯ də plŏ dü kŏ:bl, sə
dèversä par lẹ rigọl dẹ galri, rūlã detaž ạn etaž ạvẹk
lạ klạ`mœ:r dœ̃ tọ`rã: debôrde. mêm, lẹ ku d vã
tẹribl dọktọbr e d(ə) mạrs lüi̯ dọuẹt ün ãm, ün voạ
5. t· kọlêr ẹ t plẽ:t, kãt il suflẹt o trạvêr də sạ fọrẹ də
piññŏ e dạrkatü:r, də kọlọnẹtdz e də rōz. lə sọlẹi̯
ãfẽ lạ fəzẹ vīvr, dü žœ mùvã də lạ lümi̯êr, t püi̯ l
mạtẽ, ki lạ rạžœnisẹ dün gẽte blŏ:d, žüsko sụãr, ki,
su lẹz ŏbr lãtəmãt ạlŏ:že, lạ noại̯ẹ dẽkọnü. e ẹl ạvẹ
10. sọu ẹgzi̯stãs ẽteri̯œ:r, kọm lə bãtəma də sẹ vẽn, lẹ
seremọni dŏt ẹl vibrẹ tụt, ạvẹk lə brãl dẹ klọ̃š, lạ
müzi̯k dẹz ọrg(ə), lə šã dẹ prẹtr. tùžūr lạ vī frẹmisẹt
ạn ẹl : dẹ brüi̯ pẹrdü, lə mụrmü:r dün mẽz bạs, lạžə-
nüi̯əmã leže dün fạm, œ̃ frisŏ ạ pẽn dəvine, ri̯ẽ k
15. lạrdœr devọt dün pri̯i̯êr, dit sã pạrọl, bušə klōz.

---

1. lạvẽ⌐s *J*; lạvẹrsᵊ *Ro*; lạvẽrs *Ri*. bạtã *J Ro*. le *J Bl*.
fœ̃l *Ri*. — 2. devẹ⌐sä *J*; devẹrsä *Bl*. le *J Bl*. rígọl *Ro*. de *J Bl*. galrí
*Ro*; gūlri *Ri*. detãž *Bl*. etãž *Ri*. — 3. klạmœ:r *J Ro Rl*; klamœ:r *Ri*.
tọrã *Ro Bl Ri*. debọrdé *Ro Bl Ri*. lə *J Bl*. də *Ro Bl Ri*. — 4. teribl
*Bl*. dọktọbr *Bl*; dọktôbr *Ri*. də *Bl Ri*. d *J Ro*. unᵊ *Bl Ri*. vụạ *J Ro
Bl*. — 5. də *Bl Ri*. e *J Bl Ri*. də *Bl Ri*. trạvẽ⌐ *J*. t sạ *Bl*. fọrẹ
d' *Ro*. — 6. kọlonẽt *Ro Bl*. ẹ d *J Bl*; e d *Ro*. rôz *Ri*. sọlẹi̯
*Ri*. — 7. fzẹ *Ri*. d lạ *Bl Ri*. dəpüi̯ *J Ro Bl Ri*. lə *Bl Ri*. —
8. mạ`tẽ *Ro*. rạžœnisẹ *J Ri*. gẹte *Ri*. — 9. lez *J Bl Ri*. ŏ:br

# Paul Desjardins.

M. P. Desjardins, rédacteur du Journal des Débats, né à
Paris, d'ascendants normands, m'a lu, une fois, l'article suivant
qu'il a fait paraître dans le Journal des Débats du 27 avril 1889.
Il avait pris le ton plutôt d'un lecteur que d'un narrateur, néanmoins il n'a pas évité toutes les libertés que l'on prend en faisant
un simple récit. M. Desjardins possède les particularités parisiennes:
*e* fermé protonique prononcé presque comme *e* mi-ouvert; *o* ouvert
protonique prononcé quelquefois comme *e* sourd *(moment* p. 21, l. 13);
la terminaison *-ation* avec *a* fermé (p. ex. *modulation* p. 23,
l. 4) ou avec *a* ouvert *(conversation* p. 27, l. 21) et *r* (et *l*)
finales, non seulement sourdes, mais presque entièrement effacées
après d'autres consonnes (voyez M. Zola). Les mots *les, des* etc.
avaient presque toujours un *e* plus ou moins ouvert; le pronom *il*
perdait quelquefois son *l* devant une consonne. — C'est une habitude particulière à M. Desjardins que de prononcer les *h* aspirées
(ou même muettes) comme des *h* allemandes, avec une véritable
aspiration gutturale *(houle* p. 23, l. 4; *haquet* p. 23, l. 7; *hoquet*
p. 27, l. 4; *cohue* p. 21, l. 9, etc.).

Pauvre ménage.

L'omnibus de Ménilmontant descend au trot de ses forts chevaux la rue Oberkampf. Cette rue est une longue percée rectiligne à travers les maisons hautes, étroites, toutes trouées de petites fenêtres, qui semblent se dominer les unes les autres à mesure que le regard remonte vers le faubourg. Il pleut, le pavé glisse, les trottoirs miroitent. Des gens et des gens passent, s'écoulent en rebroussant le courant ou en le suivant; ils se coudoient avec des cris, des appels, des rires; les parapluies de toute taille, marrons, noirs, verdâtres, grouillent dans la cohue, se renversant pour laisser passer, déchirés par endroits et montrant des pointes de baleines nues et menaçantes. Des hommes en blouse, les mains dans les poches du pantalon, se font un passage à coups de coude et bousculent les parapluies; on se serre un moment contre les maisons, quand une lourde voiture rase le bord du trottoir; le flux perpétuel des passans est suspendu une seconde, comme étranglé, puis reprend. Tous marchent, trottent, s'arrêtent à une échoppe le temps de crier un: bonsoir la compagnie! puis répartent, ou enfilent un corridor ou disparaissent au tournant d'une rue. Que de rues on aperçoit ainsi,

---

*Bl.* nü *J Ro Bl.* mǝnạsã:t *Ro*; mnạsã:t *J Bl Ri.* dez *J Bl.* ǫm(z) *Ro.* le *J Bl Ri.* — 12. le *J Bl Ri*; lẹ *Ro.* a *Ri.* kụ t kūd(ǝ) *J*; kụ d kūd *Ro Bl.* — 13. le *J Bl Ri.* (pạrapüi *fam. J.*) kŏt *J.* le *J Bl Ri.* mẹzŏ *J Ro Bl Ri.* — 14. lụrd *J Ri.* le *Bl Ri.* trŏtụār *Ro Bl.* — 15. pẹrpetüĕl *Bl.* de *Bl Ri.* pã'sã *J.* kŏm *Bl.* etrãglé *J.* — 16. rǝprã' *J Ro Bl*; rprã *Ri.* tusz *Ro.* sạrêtǝt *Bl.* ešŏp *Ro Bl Ri.* tã t' *J Ro.* — 17. rpărt *Ri.* ăfil *Ro.* — 18. dịspạrês *Ro.* kǝ d *Bl.* rüz *J Bl.* apẹrsụa(t) *Ro.*

pov^r mẹnāž.

lọmnibüs də Mẹnimõtä də'sāt o tro də sẹ fọr šəvo lạ
rü ọbẹrkạmf.  sẹt rü ẹt ün lõ:g pẹrse rẹktiliñ ạ trạvêr
lẹ mẹzõ hõt, etrụạt, tụtə true də pətịt fənêtr, ki sã:b[1]
5. sə dọmine lẹz ün lẹz ot^r ạ məzü:r kə l rəgar rəmõt vẹr
la fobūr.  i plœ, lə pạve glịs, le trọtụar mirụăt.  dẹ
žã e dẹ žã pạs, sekụlt ã rəbrusã lə kurã u ã l sụ̈ivä;
ịl sə kudụạ ạvẹk dẹ kri, dẹz ạpẹl, dẹ rīr; lẹ pạrạplụ̈i
də tụtə tāịị, márõ, nụ̄ar, vẹrdāt^r, grụịị dã lạ kọhü, sə
10. rãvẹrsã pur lẹse pạse, dẹšire pạr ãdrụạ e mõtrã dẹ
pụët də bạ́lĕn nüz e mẹnạsã:t.  dẹz ọmz ã blūz, lẹ
mẽ dã lẹ pọš dü pătạlõ, sə fõt œ̃ pạsāž ạ kú də kūd
e bụskül lẹ pạraplüi; õ sə sêr œ̃ məmã kõt^r lẹ mẹ́zõ,
kät ün lụrdə voạtür raz lẹ bọr dü trọtụar; lə flü̈ pẹr-
15. petụ̈ẹl dẹ pāsa e sụ̈spädü ün səgõ:d, kọm etrã:gle,
pụ̈i rə'prã.  tus mạrš, trọt, sạrêt ạ ün ẹšọ́p lə tã də
kriịe œ̃ bõsụar lạ kõpañi: pụ̈i rəpărt, u ãfilt œ̃ kọridôr
u dịspạrẹst o tụrnã dün rü.  kə də rü ọn ạpẹrsụạt ẽsi,

<hr>

1. pôv^r *Ri.* mənāž *Ro;* menāž *Bl;* mẹnāž *Ri.* — 2. lọmnibüz
*J;* lọmnibüz *Ro.* Menilmõtä *J Ro;* Mẹnilmõtä *Bl Ri.* dəsāt *Bl Ri;*
dəsã(t) *Ro.* se *Bl Ri.* — 3. ọbẹrkạmp *Ro;* ọbẹrkã:f *Bl;* ọbẹrkạmpf
*Ri.* sĕt *Bl.* ĕt *Bl;* et *J.* a *Bl Ri.* — 4. le *J Bl Ri.* õt *Ro Bl;*
ôt *Ri.* etroạt *Ri.* tụt *J Ro Ri.* ptịt *J Ro Bl Ri.* — 5. dọmine *J.* lẹz
*Ro;* lez *J Bl Ri (bis).* ạ mzü:r *Ro;* a məzü:r *Bl.* — 6. l fobūr *Bl Ri.*
il *J Bl Ri;* il *Ro.* páve *Ri.* glis *J Bl Ri;* glīs *Ro.* de *J Bl;* dẹ *Ro;* dé *Ri.*
— 7. de *Bl;* dẹ *Ro;* dé *J Ri.* päs *Ro.* sekul *J Ro;* sekụl *Bl.* ã ɪbrusã *J;*
ã rbrusã *Bl Ri.* sụ̈ivä *Bl.* — 8. is *J.* ạvĕk *Bl.* de *J Bl Ri.* dez
*J Bl Ri.* ạpĕl *Bl.* de *J Bl Ri.* lẹ *Ro;* le *J Bl Ri.* — 9. tụt *J Ri.* tạịị *J;*
tāị *Ro;* tăịị *Bl Ri.* mạrõ *Ri.* vẹrdāt^r *Bl.* grūị *Ro.* kọü *J Ro*
*Bl Ri.* s *J.* — 10. rã'vẹrsã *Ro Ri.* lese *Bl.* pase *J Ro.* dešire
*Bl;* dẹšire *J Ro Ri.* de *J Bl Ri.* — 11. pụ̈ĕ(t) *Ro;* pụ̈ĕtə *Bl.* bạlẹn

à droite et à gauche, qui ramifient celle où l'on passe, bour-
donnantes d'une foule semblable! Que d'étroites allées ob-
scures entrevues au vol, puis dépassées, vomitoires de cités
inconnues! Une rumeur de houle s'élève, sur une modulation
monotone, de ce grand écoulement de peuple.   On y perçoit
confusément des vociférations, des rires gouailleurs, des cla-
quements de fouets, des cris d'essieux, et le fracas de ferrailles
des lourds haquets qui tressautent sur le pavé.   Que de têtes,
que d'existences voisines de nous, aidant à nous faire vivre,
qu'on croise une fois rapidement et qu'on ne reverra plus!

      L'omnibus s'arrête. Deux personnes s'y hissent avec
quelque peine, un homme et une femme. Comme on repart
aussitôt, ils gagnent en titubant le fond de la voiture et
s'y casent, l'un à côté de l'autre, tout contre les lanter-
nes.   On descend toujours la rue Oberkampf, rudement
cahoté, avec un grand frémissement de vitres.

      L'homme et la femme sont habillés de noir.  Ce sont
de pauvres gens, endimanchés pour un jour, jour malheureux,
puisque la pluie a gâté justement leur plus belle toilette.
Sur son chapeau, le mari avait mis un mouchoir dont les
bouts égouttaient; avec leur seul parapluie il avait mieux
aimé abriter la robe de sa femme.   Sitôt assis il retira le
mouchoir, le tordit entre ses genoux écartés et le remit
dans sa poche après l'avoir plié.

------------------------------------------------------------

désã *J;* desã *Bl;* də'sã *Ri.*  ǫbęrkąmp *Ro;* ǫbęrkã *Bl;* ǫbęrkąmpf
*Ri.* rüdmã *J.* — 14. kaǫte *J Ro Bl Ri.*  fremịsmã *J;* frəmisəmã *Ro.*
— 15. ąbịle *Ri.* də *Bl Ri.*  nu̥ār *Bl.*  s sõ *J.*  t povʳ *J;* d *(ou*
td) povr *Ro.* — 16. mąlǫrœ *J;* mą'lœrœ *Ro;* mąlœrœ *Ri.* — 17.
lər *Bl.* tǫạlĕt *Ri.* šą̆po *Ri.* — 18. mi *J;* mi(z) *Ro.* mušu̥ār *Bl.* le *J.*
bu *Ro Bl.*  egute *J;* egutę *Bl Ri.* — 19. ąbrite *Ri (ou* ąbrìte) *Ro.*
d są *Ri.* — 20. sito *Ro.* rətira l *Ri.* mušu̥ar *Ro.* tǫrdit *J Ri.*
se *J Bl Ri.* žnuz *J.* — 21. e l *J Bl Ri.*

ą druat e ą gōš, ki ramifi sĕl u lŏ pas, burdǫnät dün
ful säblabl! kə detruatᵉz ąlez ǫpskür ătrəvüz o vŏl,
püi depąse, vŏmituār də sitēz ĕkǫnü! ün° rümœr də
hul selęv, sür ün mǫdülāsiŏ mǫnǫtŏn, də sə grăt
5. ekuləmă də pœp¹. ǫn i pęrsua kŏfüzemă dę vǫsiferăsiŏ,
dę rir goaiœr, dę kląkəmă də fuę, dę kri dęsiœ, e lə
frąka də fęrāii, dę lur hąkę ki tręsot sür lə pąve. kə
də têt, kə dęgzistăs voązin də nu, ędăt ą nu fęr vīvʳ,
kŏ kruaz ün fuą rąpidəmă e kŏ nə rvęrą plü!
10. lǫmnibüs sąrêt. dœ pęrsǫn si his ąvęk kęlkə
pęn, œn ǫm e ün fąm. kǫm ŏ rpart osito, įl gāñət ă
tįtübă lə fŏ d lą vuątür e si kāz, lœn ą kote də lōtʳ,
tu kŏtʳ lę lătęrn. ŏ dęsă tužur lą ru ǫbęrkąmf, rüdə-
mă kahǫte, ąvęk œ gră fremisəmă də vītʳ.
15. lǫm e lą fąm sŏt ąbiie d° nuar. sə sŏ də povr
žă, ădimăše pur œ žūr, žur mąlœrœ, püiskə lą plüi ą
gate žüstəmă lœr plü bĕl tuąlĕt. sür sŏ šapo, lə mąri
ąvę miz œ mušoar dŏ lę buz ęgutę; ąvęk lœr sœl
pąraplüi įl ąvę miœz ęmo ąbrite lą rǫb də są fąm.
20. sitot ąsi, įl rətira lə mušoar, lə tǫrdi ătr sę žənuz
ekąrte e lə rəmi dă są pǫš ąprę ląvuar pliie.

---

1. a (bis) *Bl.* gôš *Ri.* rąmifi sęl *Ro.* păs *Bl.* burdǫnä:tə *Ro Ri.*
— 2. ful *Ri.* säblăbl *Ro.* detruątz *JBlRi*; detruątdz *Ro.* ąle *JRo.* ŏp-
skü:r *J.* ătrəvü *JRo*; ătrvüz *Bl.* — 3. dépase *J*; depase *Ro.* vomituār *Ri.*
ün *J*; ünə *RoRi.* — 4. ul *JBl (ou* ul) *Ro.* selêv *J*; selęvᵊ *Bl.* mǫdülasiŏ
*Ro Bl*; mǫdülăsiŏ *Ri.* də z *J.* — 5. ekulmă *J.* de *JBlRi.* — 6. de *JBl.*
goàiœr *Ro*; guąiœr *Bl*; goąlœr *Ri.* de *JBlRi.* kląk(ə)mă *Ro.*
t fuą *J*; d fuę *Ri.* dę *Ro*; de *JBlRi.* desiœ *JBl.* ə l *Bl*; ę l *J.* —
7. fęrăi *Ro*; fęrail *Ri.* de *JBl.* ąkę *JRoRi.* sür l *JRi* — 8.
kə t' têt *JRo.* dęgzistăs *BlRi.* vuązin *Bl.* fĕr *Ro.* — 9. rəvęra
*J*; rvêra *BlRo.* — 10. sąręt *Bl.* is *Ri*; īs *Ro*; ist *JBl.* kĕlk *Ri.* —
11. ün ǫm *Ro*; ŏen ǫm *Bl.* ɹpār *J*; rpar *Ro*; rᵊpart *Bl.* gąñt *J*;
gañ *Ro*; gāñt *Ri.* — 12. lœ *Ri*; lœn *Bl.* — 13. kŏt *J.* le *JBlRi.*

C'était un homme de petite condition, de petite vie, mieux qu'un ouvrier cependant; comptable peut-être, ou bien garçon de bureau quelque part. Il paraissait soixante ou soixante-cinq ans. Sa tête, toute petite, au bout d'un long cou, était ridée et chétive. Les yeux, sans cils, avec des paupières rouges, étaient constamment baissés, regardant en face et en dessous on ne sait quoi de fixe et d'invisible qui semblait le contrarier. Sa barbe grise, coupée très ras, faisait des ravins dans le creux de chaque ride et suivait le modelé de sa maigre mâchoire. Il avait un chapeau très lustré et trop haut, de forme archaïque, trop large aussi, car il lui descendait presque sur les yeux et n'était arrêté, de chaque côté, que par les oreilles, qui en étaient toutes rabattues. Son col, trop ouvert, avait trop d'empois. Ses mains aux veines saillantes et violettes, aux ongles cassés, se croisaient sur son parapluie à crosse de cornaline. L'air soucieux, il semblait supputer ses frais perdus, ses affaires trempées et frippées; il regrettait aussi les bonnes habitudes quotidiennes de sa vie misérable, auxquelles il avait été brusquement arraché par quelque solennité sans doute indispensable, quelque fête, ou plutôt quelque enterrement d'ami; — car ils étaient tous deux scrupuleusement en noir, et ils avaient joint l'omnibus aux environs du Père-Lachaise.

La femme paraissait bien plus jeune que le mari, autant qu'on en pouvait juger sans distinguer les formes de son corps,

---

kornalin *Ro Ri.* susiœ *Ro*; su'siœ *Ri.* — 15. süpüte *J.* se *Bl.* perdü *Ro Bl Ri.* sez *Ro*; sez *Bl.* träpez *J.* fripe *Ro Ri.* — 16. le *J Bl.* abitüd *J Ro Bl Ri.* d sa *Ri.* mizerābl *Ro Bl.* — 17. okel *J Ro*; okĕlz *Bl Ri.* kelk *J.* — 18. ĕdispäsab¹ *J.* kĕlk *J Bl.* — 19. ātermā *Bl Ri*; ātêrmā *Ro.* iz ete *J.* skrüpülœzemā(t) *Ro.* — 20. iz *J.* Lašêz *J Ro Bl Ri.* — 21. parese *Ro.* žœn *Bl Ri.* ke 1 *Ro Bl Ri.* mari *J Ro*; mári *Bl.* — 22. kŏn *Ro Bl.* le *J Bl Ri*; le *Ro.* form *J Ro Bl Ri.* t sŏ *Ri.*

setęt œn ọm də pətit kŏdisị̃ŏ, də pətit
vi, mị̇œ kœn uvrij̇e spādã; kŏ′tabl pœtętr, u bj̇ẽ,
gạrsŏ də büro, kęlkɔ pār. j̇l paręsę suạsāt u suạsāt
sĕk ã. Sạ tęt, tụt pətịt, o bu dœ̃ lŏ ku, ętę̇ ridc e
5. šctīv. lęz ị̇œ, sã sịl, ạvęk dę popịêr rūž, ętę̇ kŏstạmã
bęsé, rəgardã:t ã fạs e ã tsu ŏ nə se kụa də fịks
e dĕvizị̇bl ki sãblę lᵊ kŏtrarị̇e. sạ bạrbə grīz, kupe
trę ra, fəzę̇ de rạ̇vĕ dã l krœ də šạk rị̇d e sị̇ịivę lə
mọdle də sạ męgʳ mašụ̇ār. j̇l ạvęt œ̃ šạpo trę lüstre
10. e trę o, də fọrm ạrkaịk, tro lạrž osi, kạr j̇l lüị dęsãdę
pręskə sür lez ị̇œ e nętęt ạ̇rętc, də šạk kote, kə pạr lęz
ọręị̇ə, ki ạn etę̇ tụt rạbạtü. sŏ kọl, tro puvęr, avę̇ tro
dãpụạ. sę mĕ, o vęn saị̇ị̇ātəz e vịọlęt, oz ŏglə kạse, sə
krụazę̇ sür sŏ paraplüi ạ̇ krọz də kọrnạlin. lêr susị̇œ, j̇l
15. sãblę sụ̈püte sę frę pę̇rdü, sęz ạfęr trã:pe e frị̇pe; j̇l
rəgrętęt osi lę bọuz ạbitüdə kọtidj̇ĕn də sạ vi mize-
rabᶥ, okêlz il avę̇t etc brụ̈skəmã ạrạ̇še par kęlkə sọ-
lạuite sã dụt ĕdịspāsābl, kęlkɔ fêt, u plüto kęlk
ātêrᵊmã d ạmi; — kạr j̇lz ętę̇ tu dœ skrụ̈pülœzəmãt
20. ã nụar, e ilz avę̇ žụ̇ĕ l ọmnibụ̈s oz ãvirŏ dü Pęr Lạ̇šêz.

lạ fạm paręsę bj̇ẽ plü žœn kə lᵊ mạ̇ri, otã
kọn ã puvę žüžc sã distĕge lę fọrmə də sŏ kọr,

---

1. ün *Ro;* ŏen *Bl.* ptit *J;* ptịt *Ro;* ptịt *Ri.* ptịt *J Ro;*
pətịt *Ri.* — 2. kün *Ro;* kœn *Bl.* kŏtabl *J Bl;* kŏtạbl *Ro.* —
3. gạ̇rsŏ *Ri.* kęk pār *J.* — 4. tut *Bl.* etę̇ *J Ro Ri.* — 5. šę̇′tīv *Ri.*
lęz *Ro;* lez *Bl Ri.* sil *J Ro.* de *J Bl Ri.* etę̇ *Ro Bl Ri.* — 6. bese *Bl.*
fas *Ro.* d′su *Ro;* dəsu *Bl.* fịks *Ro.* — 7. dĕvizibl *J Ro;* dĕvizị̇bl
*Bl Ri.* sãblę l *Ro Bl;* lə *Ri.* kŏtrạrij̇e *Bl.* bạrbᵊ *Ri;* bạrb *J.*
— 8. trę̇ *Ro.* rạ̇vĕ *Bl.* dã lə *Ro Bl.* šạk *J Bl.* rid *J;* ridə *Bl.* —
9. t *Ri.* mêgr *Ro.* šạpo *Ro Bl.* trę̇ *Ro.* — 10. trŏ *Bl Ri.* ạrkạik *J Ro Bl.*
— 11. prĕsk *Bl.* lęz *Ro.* netęt *J.* šak *Bl.* kọte *Bl.* lez *J Bl.* —
12. ọrêị̇ *J Ro;* ọrę̇l *Ri.* kⁱị̇ ạn *J.* ấn *Bl.* tut rạbạtü *Bl.* trọp *J Ri;*
trọ *Ro.* trọ *J Ro Ri.* — 13. sę *Ro;* se *Bl.* saiị̇āt *J;* sạ̇ị̇ã:t *Ro;*
saị̇ị̇ātz *Bl.* ŏg(l) *J.* — 14. krụạzę *Ro.* paraplüi *Bl.* krọs *Bl Ri;*

engoncées dans un mantelet de cérémonie, et sans voir sa
figure, qu'elle tenait cachée dans son mouchoir, comme
pour étouffer des pleurs. La plume noire de son chapeau
était secouée suivant les cahots de la voiture, ou, peut-être,
par une sorte de hoquet douloureux qui faisait aussi trembler
ses épaules. De temps en temps elle relevait la tête, mais
en serrant toujours le mouchoir sur sa bouche, d'un mouvement nerveux, comme si elle eût voulu le mordre; elle ne
regardait alors aucune des personnes présentes, mais
entièrement retournée vers la vitre, elle semblait s'at-
tacher à voir tantôt la lanterne toute proche d'elle, tantôt
la croupe blanche des chevaux, ruisselante de pluie, tantôt,
au lointain, la foule étrangère qui se pressait dans une
brume triste aux carrefours des rues.

L'homme lui jetait de temps en temps un coup d'œil
oblique et, par sympathie, prenait alors un air plus chagrin.
Il toucha le bas de la robe, mouillé, tout boueux. Il se
tourna vers sa femme, à demi, comme s'il voulait lui faire
un reproche, mais sa voix s'arrêta sur ses lèvres. Il parut
comprendre qu'en un jour comme celui-ci, les dommages
matériels, si grands qu'ils fussent, ne devaient pas être
comptés.

Cependant toute la voiturée regardait avec étonnement
cette douleur inconvenante. Les conversations s'étaient inter-
rompues. On se faisait signe du coude. „ — Faut-il qu'elle en aye,

---

ün *Ro*; ŏen *Bl.* šagrẽ *J Ro Bl.* tuša̧ 1 *J*; tu̧ša̧ 1 *Ro Ri*; tuša lə
*Bl.* ba *J Ro Bl Ri.* — 15. d la̧ *J.* mu̧l̃e *Ri.* bŭœ *J Ri.* i̧ s *J.*
sa *Bl.* a *Bl Ri.* — 16. si̧l *J Ro Bl Ri.* õe ɹprǫš *J.* sa̧réta *Ri.* —
17. se *J Bl.* lêvr *Ro.* kŏprã:dr *Bl.* kăn *Bl Ri.* — 18. le *J Bl.*
dǫmãž *J Bl.* ma̧teri̧el *Ro.* füs *Ri.* nə dvę *J Bl.* — 19. êtr *Ro*;
êt *J.* — 20. spãdã *J Ri.* rgardęt *Ro.* etǫnmã *Ll.* — 21. dùlǫr *J.*
ŏkŏvnã:t *Ri.* le *Bl Ri.* kŏvęrsasi̧õ *Ro.* — 22. õ s *J Bl.* kud(ə)
*Ro*; kudᵃ *J.* ǎn *Bl.* ę *Ro Bl*; ęi̧ *Ri.*

ăgõse dăz œ̃ mătlẹ t seremọni, e sạ vu̯ar sạ figü:r kĕl tənẹ
kạše dă̆ sŏ mušoar, kọm pur etu̯fe dẹ plœ̆:r.   lạ plümᵉ
nu̯ār də sŏ šạpo etẹ sə'ku̯e sü̯i̯vă le káho d lạ vu̯ạtü:r,
u, pœtẹtʳ pạr ünə sọrtə də họkẹ duluræ ki fəzẹt osi

5. trăble sẹz epōl.   də tăz ă tă̆ ẹl rələvẹ lạ têt, mẹz ẵ
sêră tužur lə mušoar sü̆r sạ bu̯š, dœ̃ muvəmẵ nẹrvœ,
kọm si ẹl ü vulü lə mọrdʳ; ẹl nə rəgạrdẹt ạlôr okün
dẹ pẹrsọn prẹză:t, mẹz ătịêrmẵ rəturne vêr lạ vī̆tʳ, ẹlᵉ
sáblẹ sạtạše ạ vu̯ar tằto lạ lätẹrn tụt prọš dĕl, tằto

10. lạ krupᵉ blăš dẹ šẹvo, rü̯isəlẵ də plü̯i, tăto, o lu̯ătĕ,
lạ ful etrăžêr ki sə prẹsẹ dăz ün brüm trịst o kạrfur
dẹ rü.

   lọm lü̯i žətẹ də tăz ă tă̆ œ̃ ku dœi̯ ọblik e, pạr
sêpạtī, prənẹt ạlọr œn êr plü šă̆grĕ.  il tušạ lə bạ

15. də lạ rọb, mu̯i̯i̯e, tu buœ.  il sə tụrna vẹr sạ fạm, ạ
dmi, kọm si vulẹ lü̯i fẹr œ̃ rəprọš, mẹ sạ vu̯ạ sạrẹta
sür sẹ lêvʳ.  il pạrü kõpră̆:dʳ kạn œ̃ žur kọm səlü̯i si,
lẹ dọmaž mạteriêl, si grẵ kịl fü̯s, nə dəvẹ paz
ẹtʳ kõte.

20.   səpădẵ tụt lạ vu̯ạtüre rəgạrdẹt ạvẹk etọnəmẵ
sẹt dulœr ĕkŏvənẵ:t.  lẹ kŏvẹrsăsị̃ŏ setẹt ĕtẹrŏpü.
ŏ sə fəzẹ sị̃ñ dü kụd.  „ — fotịl kẹl ạn ại̯i̯,

---

1. ăgŏ'se *Ro Ri.* seremọni *J Bl Ri.* tnẹ *Ri.* — 2. mušu̯ar
*Ro Bl.* de *J Bl Ri.* plü̯m *J Ro Ri*; plüm *Bl.* — 3. skue *J Bl Ri*
*(aussi sə'kue et səkúe) Ro.* kạo *J*; ka'o *Ro Ri*; kao *Bl.* — 4. pœtêtr
*Ro*; ptêtʳ *J.* ün *J Ro Bl Ri.* sọrt *J Ri.* ọke *J*; ọkẹ *Ro Bl*; ọ'kẹ *Ri.*
— 5. sez *J Bl.* epôl *Ri.* rəlvẹ *J.* tẹt *Bl.* — 6. sẹră *Ro Bl*; sê'ră *Ri.*
1 *Ri.* mušu̯ar *Ro Bl.* bū̆š *J*; buš *Ri.* nĕrvœ *Bl*; nẹ'rvœ *Ri.* — 7. vulü
1 *Ro.* mọrdr *Ro.* rgạrdẹt *Bl Ri.* — 8. de *J Bl Ri.* prẹză:t *J*;
prẹză:t *Ri.* rturne *Bl.* ẹl *J Ro Bl Ri.* — 9. tăto *(bis) Bl.* — 10.
krụp *J Ri.* de *J Bl Ri* švo *J.* rü̯isəlătə *Bl.* tă'to *Ri.* — 11. fụl
*Ro.* etrăžêr *Ri.* kis *J Bl Ri.* prẹ'sẹ *J Ro.* unə *Bl.* brüm *Ri.* —
12. de *J Bl Ri.* — 13. štẹ *J Ri.* t tă *J.* dœĩ̂ *Ri.* ọblịk *J.* — 14.

de la peine! murmurait une femme. — C'est moi, disait une autre, c'est moi qui n'aimerais pas de me montrer pleurante comme une Madeleine, comme ça, en omnibus."

Le mari, en levant un regard gêné tout autour de lui, lut dans les yeux cette curiosité. Cela le contraria. Il n'avait pas l'habitude qu'on le remarquât, ni lui, ni rien de ce qui était à lui. Il fit claquer ses lèvres en les desserrant avec impatience. Sa femme pleurait toujours sans rien voir; ses mains, gantées de fil noir, tremblaient toujours en tamponnant le mouchoir sur sa figure. Il la tira légèrement par l'effilé de soie de son mantelet; elle ne s'en aperçut pas.

„— Voyons, insista-t-il à mi-voix; voyons . . . on nous regarde . . .; ça n'a pas de bon sens." — Elle pleurait toujours, mais avec lassitude. Son cou sans force laissait retomber sa tête sur sa poitrine. — „Enfin, enfin! reprit le mari, avec un geste des bras, en se penchant vers elle; après tout, que diable! ça n'était qu'un voisin!"

Cette fois, elle abaissa ses mains et laissa voir son visage, qui était fatigué, mais doux et presque beau. Elle s'offrit aux regards avec un grand abandon te toute coquetterie. Il y avait dans sa prunelle fixe une telle majesté d'indifférence pour toutes les choses restantes de la vie, que l'homme assis en face d'elle, un vieil ouvrier d'imprimerie, en fut intimidé et baissa les yeux.

rtõbe *Bl Ri*; ɹtõbe *J*. — 15. poątrin *Bl*. ã'fẽ *(bis) J Ri*. rəpri 1 *Ro Bl Ri*. mąri *J*; mą'ri *Ri*; ma͞'ri *Bl*; mari *Ro*. — 16. dę *Ro*; de *J Bl Ri*. ã s *Bl Ri*. vęrz čl *Bl*; vęr čl *J*; vęr ęl *Ri*. — 17. vųą̀zẽ *J Ri*. — 18. se *J Bl Ri*. vųãr *J Ro Bl*. — 19. duz e *J*. prěskə *Bl*. ǫfri *Ro*. ąvčk *Ri*. — 20. t tut *J*; də tųt *Ro Ri*. kŏkčtri *Bl*. įl ˡįąvę *J*. prünčl *J Bl Ri*. — 21. fiks *J*; fįks *Bl*. mąžęste *Bl*. le *J Ri*. ręstã(ˡ) *J*; ręstãt *Bl Ri*. — 22. ąsi *J Ro*. fąs *Bl*. dčl *Bl Ri*. vįęl͡ *Ri*. — 23. ẽprimri *J*. bę'sã *Ri*. lez *Ri*; lęz *Ro*.

də lą pęn!" mụ̈rmüręt ün fąm. — „sę mụą, dizęt ün
ōtʳ, sę mụą ki nęmərę pa d mə mõtre plœrãt kǫm ün
Mądlęn, kǫm są, ąn ǫmnibụ̈s."

       lə mǻri, ã ləvãt œ̃ rəgar žêne tųt otur də lụ̈i, lü
5. dã lęz ịœ sĕt küriozitė. sələ lə kõtrarịa. ịl nąvę
   pa ląbitüd kõ lə rəmąrka, ni lụ̈i, ni rịœ̆ də ski etęt ą
   lụ̈i. ị fi kląke sę lêvʳ ã lę desęrã ąvęk ẽpąsịã:s. są
   fąm plœrę tužur sã rịœ̆ vụār; sę mẽ, gãte də fịl nụar,
   trãblę tųžur ã tãpǫnã lə mušoar sụ̈r są figü:r. ịl lątira
10. lcžêrmã pąr lęfile də sụą də sõ mãtələ; ęl nə sąn
   ąpęrsü pa.

       „ — voąịõ, ĕsịsta til ą mi vụą; voąịõ . . . õ
   nu rəgard . . .; są ną pa də bõ′sãs." — ęl plœrę tužur,
   męz ąvęk ląsitü:dᵉ. sõ ku sã fǫrs, lęsę rətõbe są tęt
15. sür są poątrịn. — „ãfẽ, ãfẽ! rəpri lə mǻri, ąvęk œ̃
   žęstə dę bra, ã sə pãšã vęrz ęl; aprę tu, kə diãbl! są
   n etę kœ̃ vụąžẽ!"

       sĕt fụą, ęl ąbêsa sę mẽ e lęsa voar sõ vizãž, ki
   etę fątige, mę du e pręskə bo. ęl s ǫfrit o rgār ąvęk
20. œ̃ grãt ąbãdõ də tut kǫkętri. ịl i ąvę dą są prünęl
   fịks ün tęl mą̀žęste d ẽdiferã:s pur tụt lę šoz ręstãtə
   də la vi, kę 1 ǫm ąsiz ã fąz dęl, œ̃ vịęị uvrịịe d
   ẽprimərị, ã füt ĕtimide e bĕsa lęz ịœ.

___

1. se *(bis)* J Bl Ri. — 2. nęmrę J. də m J; də mə Bl.
— 3. ăn Bl Ri *(ou* ãn*)* Ro. — 4. mǻri J Bl; mari Ro Ri. lvã J;
lvãt Ri. ɹgār J; rgar Ro Bl. žę′ne Bl. tųt Ri. — 5. lez J Bl Ri.
sęt Bl. słą J Ro Ri. 1 Ri; 1(ə) Ro. — 6. kõ 1 Ro Ri. ɹmąrka J.
— 7. ịl J Ro Bl Ri. se J Bl Ri. lêvr Ri. le J Bl Ri. dęsęrã *(et*
dəserã*)* Ro. ąvĕk Bl Ri. — 8. plœrę Bl. sę Ro; se J Bl Ri. t fil Ro Bl;
də fil J. — 9. 1 J Bl Ri. mušuar Bl; mụšuar Ro. — 10. lefile
Bl Ri. t sụą J. t sõ Ro. mãtlę J; mãtlę Ro. — 12. vǫąịõ *(bis)*
J Ro Ri. — 13. nu rgąrd Ro Bl Ri; ɹgąrd J. na Ro. d̃ Bl. sã
Ro. túžūr Ro Bl; tụ′žūr J. — 14. ląsitü:d Ro Bl; ląsitụ̈d Ri.

Bientôt le mari et la femme firent arrêter l'omnibus et descendirent.

On put les apercevoir encore quelques instans. La femme se suspendait au bras de son mari, la tête basse, avec le même frisson des épaules. Lui se penchait vers elle, la raisonnant sans doute, lui demandant pardon peut-être de sa brusquerie, lui parlant avec bonté. On distinguait encore de loin son chapeau trop large et la forme de son paletot sans taille qui remontait au milieu du dos.

La maison dans laquelle ils disparuent tous deux était sans jour et misérable.

---

*Ro Bl Ri.* parlä:t *Bl Ri.* — 7. distēgę(t) *Ro.* d loë *Ri*; də lụë *Bl.* trọ *J*; tró *Ri.* — 8. pạlto *Ro Bl.* tāi *Ro*; tạil̃ *Ri.* ki ɪmŏtę *J.* — 9. męzŏ *J Bl.* sã žūr *Bl Ri.*

bi̯ĕto lə màri e lą fąm firt ąręte l ǫmnibṳs e
dęsãdīr.

ŏ pü lęz ąpęrsəvu̯ar ăkǫr kęlkęz ĕstä. lą fąm sə
süspä:dęt ǫ brą t sŏ mąri, lą tęt bās, ąvĕk lə męm
5. frį̇'sŏ dęz ępōl. lṳi sə păšę vęrz ęl, lą ręzǫnã sä dų̇t,
lṳi dᵉmädä pąrdŏ pœtêtr də są brṳskəri, lṳi pą́rlä:t
ąvęk bŏte. ŏ distĕgęt ãkǫr də lo͡ĕ sŏ šąpo tro ląrž
e lą fǫrm də sŏ pą́lto sä ta͡įį ki rəmŏtęt o milįœ dü do.

lą mé̃zŏ dä ląkęl į̇l dį̇spąrü:r tu dœ etę sä᾽ žūr e
10. mizerãbl.

1. l *J.* mąri *J*; mari *Ro Ri.* (fïr *Ro*). ǫmnibüs *Bl Ri.* —
3. lęz *Ro*; lez *Bl.* făm *Ri*; fam *Ro.* — 4. d sŏ *Ri.* — 5. dez
*J Bl Ri.* epol *J*; epŏl *Ro Bl*; epôl *Ri.* lṳi s *J.* vęr ĕl *J Ro*
*Bl Ri.* — 6. dmädä *J Ro Bl*; dəmädä *Ri.* pǫętêtr *Ro.* brṳskri

# EDOUARD ROD.

M. Rod, né à Nyon en 1857, à Paris depuis 1892, est un bon représentant de la prononciation provinciale parisiennisée. Il a bien voulu me lire deux fois la description qui suit et qui est empruntée à ses Scènes de la vie cosmopolite, p. 107—111; la seconde fois, lisant plus rapidement, il a fait disparaître quelques *e* sourds de plus et a introduit quelques nouvelles liaisons. C'est l'usage commun.

M. Rod ne prononce pas l'*r* particulière aux Parisiens devant les consonnes; il ne prolonge pas trop l'*a* de la terminaison *-ation*, qu'il prononce avec un *a* plus ou moins fermé; il ne 'mange' pas les *r* et *l* finales après les consonnes (dans des mots tels que *contre* (p. 35, l. 4), *inc pable* (p. 35, l. 18, voir la variante); il prononce, en général, l' de *il* et *ils* aussi devant les consonnes, et il garde à l'*e* ouvert qui termine le, mot la prononciation qui lui est due, au lieu de le transformer en *e* fermé ou mi-fermé. Je n'ai trouvé de dialectal dans sa prononciation que la conservation d'une *l* mouillée, bien faible dans *recueil* (p. 41, l. 7).

Journal intime.

Il l'avait commencé, ce journal intime, à quinze ans,
au Lycée, les jours de révolte intérieure contre une puni-
tion injuste, contre la brutalité des 'grands', contre l'ennui,
l'épouvantable ennui qui parfois le poursuivait dans les
récréations comme pendant les cours; il l'avait continué
ensuite pendant les années laborieuses et sans plaisirs, où, tout
en donnant des leçons pour gagner son pain, il se préparait à
prendre ses grades; puis plus tard, dans cette petite ville de
province où depuis plus de dix ans il enseignait la philosophie. Peu à peu, c'était devenu une habitude tyrannique,
un besoin, comme des soins de propreté. Et cette habitude
avait doublé sa vie, donné un sens aux moindres événements qu'il traversait, aiguisé sa connaissanse de soi-même,
de telle sorte que rien d'imprévu ne pouvait sortir de son
cœur ni de son cerveau. C'est à ce journal intime qu'il
devait d'être devenu un homme terriblement conscient, im-
puissant à agir sans avoir prévu toutes les suites de son
acte, et pourtant, sitôt l'acte accompli, se torturant l'esprit
à calculer ce qui pouvait encore en sortir; incapable d'abandon et d'élan, quels qu'ils fussent; malheureux dans la
plus large acception du mot, et malheureux sans malheur,

13. ĕprevü n *Ri.* — 14. t sŏ *Bl.* s et *Bl.* a s(ə) *Ro.* — 15.
devenü *Bl Ri*; dəv(ə)nü *Ro.* ün *Ro*; čen *Bl.* ĕpü̯ísä *Ro.* a ąžĩr
*J Bl.* — 16. pręvu *Ri.* le *J Bl Ri.* — 17. tǫrtürä *Ro Bl.* kălküle
*Ro Bl.* s ki *J Ro Ri.* — 18. ĕkąpąbl *Ro*; ĕkąpăb *J.* elä *Bl.*
füs *Bl.* mąlœrœ *Ro Ri.* — 19. mąlœrœ *Ro Bl.* sä′ *Ri.*

žyrnăl ētim.

ịlavẹ kọmăse, sə žyrnăl ētim, a kĕz ã, o lise, le žur
də revọlt ēteriœ:r kŏtr ẙn pünisịõ ĕžẙst, kŏtr lạ brütạlite
dẹ «grä», kŏtr 1 ănẙi, lepúvătabl ănẙi ki pạrfụạ
5.  lə pursẙivẹ dä le rekreasịõ kọm pădä le kur; ịlavẹ
    kŏtinụe äsẙit pădä lez ạne lábọriœ:z e sã′ plẹzir, u,
    tụt ä dọnã dẹ lsõ pur gáñe sõ pĕ, ịl sə preparẹt ạ
    prädr se grạd; pẙi, plü tär, dä sẹt pətit vịl də prọvĕs
    u, dəpẙi plü də diz ã ịl äsẹñẹ lạ filozọfi.  pœ̀ ạ pœ,
10. sẹtẹ dəvnü ün ạbitüd tirạnịk, œ̃ bəzụĕ, kọm dẹ sụĕ′ də
    prọprəte.  e sẹt ạbitüd avẹ duble sạ vi, dọne œ̃ säs
    o mụĕdrz evenəmã kịl trạvẹrsẹ, ẹgüize sạ kọnẹsäs t
    sụạ mêm, də tẹl sọrt kə rịĕ d ĕprevü′ nə puvẹ sọrtir
    də sõ kœr ni tsõ sẹrvo.  s ẹt a sə žyrnạl ētim kịl dəvẹ
15. d êtr dəvnü œn ọm tẹribləmã kŏsịã, ĕpẙisät ạ ažir säz
    avụar prevü tụt lẹ sẙit də sọn ạkt, e púrtä, sito 1 ạkt
    ạkŏpli, sə tọrtürä lẹspri ạ kạlküle sə ki puvẹt ãkọr
    ã sọrtir; ĕkạpabl d ạbädö e d ẹlã, kẹl kịl fụs; mạ́lœrœ
    dä la plü lạrž ạksĕpsịõ dü mo, e mạ́lœrœ sã mạlœ:r,


1. ĕtịm Ro; ĕ′tim Ri. — 2. žyrnal Ri. kĕz Bl. líse Ro Bl Ri;
lịse J. — 3. d Ri. ün Ro Bl Ri. — 4. de Bl. kŏtr J. 1 ănẙi Ro.
lepuvătạbl Bl; lepuvătabl Ri. ănẙi Ro. — 5. 1 J Ri. lẹ Ro.
lẹ Ro. — 6. kŏtinüe Ro. lẹz Ro. lạbọriœ:z Ro Bl Ri. sã Bl. — 7. gạñe
Bl Ri. preparẹ Ro. — 8. prädr J. sẹ Ro. grad J Bl. sĕt Ri.
pətịt Ro Bl. vil J Bl. — 9. plü d Ro; plü d(ə) J. filọzọfi Ri.
pœ ạ Ro. — 10. setẹ Ro Bl. dəvənü Bl. tiranik J; tirạnịk Ro;
tirạnik Bl. · de J Bl. sụẽ t J Ro; sụẽ d Ri. — 11. prọprəte Ro.
ạbitüd Ro Bl. ạvẹ Ro. dűble J. dọ̣ne Ro. säsz Ro. — 12.
evẹnəmã Ro Ri; evẹnmã Bl. ẹgize Ri; ẹg(ẙ)ize Bl. də Ri. —

toujours, comme on souffre d'une consomption qu'on
sent à peine. C'était, ce journal, son vice et sa maladie.
Il le savait; et il l'aimait et le haïssait en même temps,
comme les buveurs leur absinthe, comme les fumeurs leur
opium. Cent fois, son journal l'avait empêché de
suivre une impulsion qui aurait changé son existence, et
qu'il regrettait ensuite amèrement de n'avoir pas suivie.
Cent fois, exaspéré contre ce tyran, il avait résolu de le
détruire : et au lieu de cela, il y ajoutait une page nouvelle,
il s'y expliquait à lui-même pourquoi il n'exécutait pas sa
résolution, et il le relisait, au hasard, sûr de tomber en
l'ouvrant n'importe où sur un fragment qu'il éprouverait un
âpre plaisir à relire. Et c'était lui tout entier, non seulement dans les faits relatés au jour le jour, mais avec tous
les sentiments furtifs qu'il avait éprouvés, toutes les
opinions contradictoires qu'il avait professées, tous les
goûts successifs qu'il s'était connus: il ne lisait pas un
livre, bon ou mauvais, roman contemporain ou tragédie
classique; il n'entendait pas un morceau de musique dans
un concert ou dans un salon; il ne voyait pas un tableau,
un paysage nouveau, une ville inconnue, sans noter aussitôt
son impression ou son jugement. Son journal était donc
un autre lui, un lui complet, avec toutes les nuances
changeantes de son être fixées de page en page, un lui
qui offrait au regard toutes ses contradictions et tous ses
avatars. Hélas! il s'y montrait tour à tour sceptique

---

müzịk *J.* — 17. sạlŏ *J Ro Bl.* tạblo *Ro Bl.* — 18. nuvo *Ro.* ĕkọnü
*Ro Bl.* nŏte *Ro.* osito *Bl* (*et* ọsito) *Ro.* sŏn *Bl.* — 19. ẹtẹ *Ri.*
ün *Ro;* c̆ĕn *Bl.* — 20. kŏplẹ *J Bl* (*et* kŏ'plẹ) *Ro* tut *Ri.* le *J*
*Bl Ri.* šãžã:tᵊ *Ro.* fịkse *Ro Ri.* — 21. t *J.* sẹ *Ro.* — 22. sẹz *Ro.*
ạvạtār *Bl Ri.* elãs(ᵃ) *Ro;* ẹlãs (*autrefois on disait* ẹlā) *Ri.*

tužūr, kǫm õ sųfr d ün kõsõpsįõ kõ sãt ą pęn. setę,
sə žųrnąl, sõ vįs e są mąlądi. įl͞ə sąvę; e ilęmęt e
lə aisęt ã męm tã, kǫm le büvœr lœr ąpsẽ:t, kǫm le
fümœr lœr ǫpįǫm. sã′ fųą, sõ žųrnăl ląvęt ãpęše də
5. sųiivr ün ĕpųlsįõ ki orę šãže sǫn ęgzistã:s, e kįl rəgrętęt
ãsųit ąmêrmã də n ąvųar pa sųiivi. sã′ fųą, ęgząspere
kõtr sə tirã, įl ąvę rezǫlü də l detrüir: e o lįœ də
slą, įl i ažutęt ün paž nuvęl, įl s i ęksplikęt ą lųi
mêm purkųą įl v ęgzekütę pa są rezolüsįõ, e įl͞ə rəlizę,
10. o ązār, sü′r də tõber ã luvrã nĕ'pǫrt u sür œ̃ frągmã
kįl epruvrę œ̃n āpr plęzir ą rəlīr. e setę lųi tųt ãtįe,
nõ sœlmã dã le fęt rəlątez o žur lə žūr, męz avęk tu
le sãtimã fürtįf kįl ąvęt epruve, tųt lez ǫpinįõ kõ'trą-
dįktųār kįl avę prǫfęse, tu le gu süksęsif kįl s etę
15. kǫnü: įl nə lizę paz œ̃ līvr, bõ' u movę, rǫmã kõtãpǫrẽ
u tražedi kląsik; įl n ãtãdę paz œ̃ mǫrso d müzik
dãz œ̃ kõsêr u dãz œ̃ sąlõ; įl nə vųąįę paz œ̃ tąblo,
œ̃ pęizaž nùvo, ün vil ĕ'kǫnü, sã nŏter ǫsito sǫn
ĕpręsįõ u sõ žüžəmã. sõ žųrnăl etę dõk œ̃n otr lųi,
20. œ̃ lųi kõ'plę, ąvęk tųt lę nüãs šãžã:t də sǫn êtr fikse
də paž ã pãž, œ̃ lųi ki ǫfręt o rgar tųt se kõtrą-
dįksįõ e tu sez ąvątār. elās! įl si mõtrę turątūr sęptik

---

1. túžūr *J Ro.* suf<sup>r</sup> *J Ro*; sufr *Bl.* pĕn *J Ro.* sętę *Ri.* —
2. vis *Ro Ri.* mąlądi *Ro Bl.* ęmę *Ro Ri*; ęmę *J.* — 3. ąisęt
*Ri.* lę büvœr *Ro.* lę *Ro.* — 4. fü'mœr *Ro.* ǫpįųm *Ri.* d *Ro*;
t *Ri.* — 5. ĕpųlsįõ *Ri.* orę *Bl.* ęgzistã:s *Bl.* — 6. ąmęrmã *Bl.*
sã *Bl.* ęgząspere *Ro Bl.* — 7. kõtr s *Ri.* ręzǫlü *Ri.* də lə *Ro Bl.* —
8. ąžutę *Ro.* — 9. męm *J.* rezolüsįõ *Ro Bl.* iləɹlizę *J*; iⁱərlizę
*Bl Ri.* — 10. sü:r *J.* tõbe *Ro.* nĕpǫrt *Ro Ri.* — 11. epruvrę *Ro.*
plezir *Bl Ri.* a rlⁱr *Ro*; a ɹlīr *J.* tut *Ri.* — 12. sœlmã *Ri.* lę *Ro.* fę
*J Ro Bl Ri.* rlątez *Bl Ri*; ɹląte *J.* žūr l(ə) žūr *J*; žur l žūr *Bl.*
mę *Ro.* — 13. fürtif *Bl.* kõtrą- *Ro.* — 14. lę *Ro.* sųksesif *J.* —
15. bõ *Ro Bl.* mõvę *Ri.* rǫmã *Bl.* — 16. tražedi *Bl.* kląsik *J.* də *J Bl.*

et croyant, socialiste et conservateur, réaliste et intellectualiste, tendre et cruel, égoïste et bon; l'éternelle mobilité de sa nature s'y trouvait en quelque sorte réalisée, érigée en qualité positive; il s'y voyait en pied, en face, en profil, si différent selon la pose, qu'on eût pu le prendre pour autant d'êtres divers, et pourtant toujours désespérément pareil à lui-même: les cahiers d'autrefois, les cahiers jaunis étaient remplis d'admirations devenues de l'indifférence, de sympathies mortes, de croyances éteintes, comme les vitrines d'un collectionneur pleines de papillons dont ne vivent plus que la forme et la couleur; les cahiers d'aujourd'hui se remplissaient de nouvelles admirations moins vives, de nouvelles sympathies moins fraîches, de nouvelles croyances moins sûres, qui s'en iraient aussi, qui bientôt aussi ne seraient plus que des cadavres préparés et piqués par la main du même collectionneur. Et ce perpétuel changement, cette succession de ruines, ces fugitives apparences auxquelles seule la couleur de l'encre sur le papier donnait quelque réalité, c'était sa personnalité, c'était son âme! Et c'était de la littérature aussi: une forme exquise, comme faite de bouquets condensés et grisants, sans effets d'orchestre ni de couleur, sans effort apparent, où les idées s'harmoniaient comme d'elles-mêmes en une vaste symphonie dont les effets fuyaient et revenaient de page en page. Puis, ici et là,

---

e s *J Ro Bl Ri.* pęrpetüęl *Bl.* — 15. sę *Ro.* füžitīvz *J.* sœl *Bl Ri.* — 16. kęlkǝ *J Ro Bl Ri.* setę *Ro Bl* — 17. setę *Ro Bl.* — 18. ün *Ro.* ękskīzǝ *J.* kŏdäsǝ *Ro.* grízä *Ri.* — 19. ǫrkęstr *Ro Bl*; ǫrkęst^r *J.* ni t *J*; ni d *Ro Bl Ri.* efǫr *Bl.* ąparä *Ro Bl.* lęz *Ro.* — 20. ąrmǫnię *J Ro*; ąrmǫ'nię *Ri.* ǎn *Ro.* vąst *J*; vastǝ *Bl Ri.* — 21. lęz *Ro* füï'ię *J.* rǝvǝnę *Bl.* d pāž *Ro*; dǝ påž *Bl.*

e krůai̯ã, sǫsiali̯st e kŏ῾sęrvątœ:r, reąli̯st e ětęlęk-
tüąli̯st, tãdr e krüĕl, egoi̯st e bŏ; letę῾rnęl mǫbilite
tsą nątü:r si truvęt ã kęlk sǫrt reąlize, eriže ã kąlite
pozitīv; i̯l s i vu̯ąi̯ęt ã pi̯e, ã fąs, ã prǫfil, si di̯ferã
5. sǝlŏ lą pōz, kŏn ü pu lǝ prã:dr pur otã dêtr divęr,
e purtã tu̯žu:r dęzęsperemã pąrę̯i̯ ą lü̯i mêm: le ką̯i̯e
dotr fu̯ą, le ką̯i̯e žoni etę rãpli d ądmirasi̯ŏ dǝvnü
dǝ lĕdi̯ferã:s, dǝ sĕpąti mǫrt, dǝ krȯąi̯ãs etĕ:t, kǫm
le vitri̯n d œ̃ kǫlęksi̯ǫnœr plên dǝ pąpii̯ŏ dŏ nǝ vīv
10. plü kǝ lą fǫrm e lą kulœr; le ką̯i̯e d ožurdü̯i s rãplisę
d(ǝ) nuvęlz ądmirąsi̯ŏ mu̯ĕ vīv, dǝ nuvĕl sĕpąti mu̯ĕ
fręš, dǝ nuvĕl kruąi̯ãs mu̯ĕ sü:r ki s ąn iręt osi, ki
bi̯ĕ῾tot osi nǝ sǝrę plü kǝ dę kądāvr prepąręz e pi̯ke
pąr lą mĕ dü męm kǫlęksi̯ǫnœ:r.  e s(ǝ) pęrpetü̯ęl šăžǝ-
15. mã, sęt sü̯ksęsi̯ŏ dǝ rü̯in, se füžitiv ąpąrã:s okęl sœl
lą kulœr dę lãkʳ sür lǝ pąpi̯e dǫnę kĕlk reąlite, sę́tę
są pęrsǫnąlite, sę́tę sǫn ām! e sę́tę dǝ lą li̯terątür osi:
ün fǫrm ękskīz, kǫm fęt dǝ bukę kŏdãsez e grizã,
sãz ĕfę d ȯrkęstr ni d(ǝ) kulœ:r, sãz ęfǫr ąpąrã, u lez
20. ide s ąrmǫni̯ę kǫm d ęl mêm ą̃n (ąn) ün vąstǝ sĕfǫni
dŏ lez ĕfę fü̯ii̯ę e rǝvnę dǝ pāž ã pāž.  pü̯i, i̯si e la,

---

1. kru̯ąi̯ã *Ro.* sǫsialist *Bl.* kŏsęrvątœ:r *Ro Bl Ri.* réąli̯st
*Ro*; reąlist *Bl Ri.* — 2. ětęlęktüąlist *Bl Ri.* krüęl *Ro.* egǫi̯st *Ro*;
egoist *Bl Ri.* letęrnęl *Ro Bl.* — 3. dtsa *Ro.* truvę(t) *Ro.* kęlkǝ
*Bl Ri.* — 4. pǫzitīv *Ro Ri.* voąi̯ęt *J.* ã′ *(ter) Ro Ri.* diferã *J Bl.*
— 5. slŏ *Ri.* kǫn *Ro.* pü l *J*; pü l(ǝ) *Ro.* dêtrǝ *Ro.* — 6. tužu:r *Ro.*
dęzęsperemã *J Ro.* parę̂l *Ri.* lę *Ro.* ką́i̯e *J.* — 7. dǫtr *Ri.*
lę *Ro.* ką́i̯e žoniz *J.* ętę *Bl.* ądmirăsi̯ŏ *Bl Ri.* dǝvǝnü *Bl.*
— 8. d(ǝ) l *Ro.* kroąi̯ãs *Ro Bl*; krǫ́ąi̯ãs *Ri.* — 9. vìtri̯n *Ro.*
plĕn *Ro*; plęn *Bl.* pąpilŏ *Ri.* — 10. k lą *J Ri.* ožǫrdüi *(lect
rapide) Bl.* sǝ *Ro.* — 11. dǝ *Ro Ri.* ądmirăsi̯ŏ *Bl Ri.* mu̯ĕ′ *(bis)
Ro Ri.* — 12. mu̯ĕ′ *Ro Ri.* — 13. bi̯ĕtot *Ro Ri*; bi̯ĕto *Bl.* srę
*J Ro.* de *J Bl Ri.* kądāvʳ *Ro.* prepąre *J Ro.* pike *Bl.* — 14.

un mensonge: il avait «posé» pour sa propre duperie, glissé une phrase pas sincère, enfermé des abîmes d'hypocrisie dans un mot, accompli des prodiges pour exprimer une chose qu'il ne voulait pas s'avouer, excusé ses actes à l'aide de traits géniaux de diplomate. Et il savait tout cela, il l'avait même écrit dans une des cinq ou six mille pages qu'avait déjà son journal: il savait que ce recueil mentirait aux yeux étrangers, qu'il ne dirait la vérité que pour lui seul, et qu'encore cette vérité était relative, comme toute science et toute expression.

---

žurnąl *Ro.* — 7. kə s *Ro Bl.* rəkœį *Ro Bl*; ɹkœį *J.* mãtīrę *J Ro*; mãtiręt *Bl Ri.* kį n *J.* — 8. vęrite *Ri.* verite *Bl*; (vęrite, *prononc. rap.) Ro.* — 9. tut (*bis*) *Bl.* sįã:s *Ro.*

œ̃ mãsõ:ž: il ąvę póze pur sa propr düpri, gli̦'se ün
fɹāz pa sĕsêr, ăfęrme dez ąbim dipǫkrizi dãz œ̃ mo,
ą̀kõpli dę prǫdĭž pur ęksprimer ün šōz ki̦l nə vulę
pa s ąvue, ęksküze sez ąkt a lędə də trę ženio də

5. diplǫmąt. e i̦l sąvę tu sələ, i̦ląvę męm ekri dãz ün
de sĕk u si mil paž k ąvę deža sõ žu̦rnăl: i̦l sąvę
kə sə rəkœ̑l mätirę(t) oz i̦œz etrăže, ki̦l nə dirę lą
verite kə pur lüi sœl, e kãkǫr sęt verite etę rələtīv,
kǫm tù̦t siã:s e tù̦t ękspręsi̦õ.

1. mã'sõ:ž *J Ri.* i̦l *Ro.* poze *Bl.* düpri *(lect. rap.) Ro.*
glīse *J*; glíse *RoRi*; glise *Bl.* — 2. pa' *Ri.* ã'fęrme *Ro.* dęz *Ro.*
dipǫkrizi *Ro.* mǫ *Ri.* — 3. ąkõ:pli *RoRiBl.* de *Bl.* ęksprime *Ro.*
— 4. ąvųe *J.* ĕ'ksküze *Ro.* sęz *Ro.* lęd *J Ro Bl Ri.* ženi̦o d *Ro Bl.*
— 5. diplomąt *J.* tu' *Ro Ri.* slą *J.* — 6. mi̦l *Ro.* pãž *Bl.*

# Gaston Paris.

M. G. Paris, né à Avenay (Marne), le 9 août 1830, habite
Paris depuis sa première enfance. L'extrait suivant du discours:
Sur les parlers français, prononcé par lui au Congrès des Sociétés
savantes, le 26 mai 1888, et transcrit phonétiquement déjà par
M. P. Passy (Français parlé, p. 72 ss.), m'a été lu par l'auteur une
fois seulement; j'ai écouté, la transcription de M. Passy en main. M.
G. Paris et M. Joret, qui assistait à l'audition, trouvaient également
que M. Passy avait donné à son texte figuré un caractère par trop
familier et que ses *dpiịi* p. *dəpiịi (depuis)*, ses *ski* p. *sə ki (ce qui)*, etc.
ne répondaient nullement à l'usage d'un orateur instruit.  M. Paris,
qui, même dans la conversation, prononce avec une rare correction,
ne s'est permis, dans la lecture, presque aucune des négligences
du parler parisien: les *e* sourds ne disparaissaient chez lui que bien
à propos; les *r* et *l* finales se faisaient entendre distinctement
même après les consonnes; son *r* n'était pas grasseyée devant les
consonnes, ses liaisons représentaient le juste milieu; enfin, on
voyait partout qu'on avait affaire à un grammairien qui connaît
et observe les règles qu'on donne comme celles d'une bonne prononciation.  Les mots *les*, *des*, etc., que je lui ai entendu prononcer
avec *e* ouvert dans ses cours, furent tous prononcés avec un *e*
fermé; la terminaison *-ation* avait constamment un *a* fermé
moyen; *un* devant une voyelle, prononcé souvent par M. Paris avec
le son d'*ü (ün)*, avait toujours *œ̨* ou *æ̃*.

## Les parlers français.

La France a depuis longtemps une seule langue
officielle, langue littéraire aussi, malgré quelques tentatives
locales intéressantes, langue qui représente notre nationalité
en face des nationalités étrangères, et qu'on appelle à bon
droit «le français». Parlé aujourd'hui à peu près exclusivement par les gens cultivés dans toute l'étendue du territoire;
parlé au moins concurremment avec le patois par la plupart
des illettrés, le français est essentiellement le dialecte — nous
verrons tout à l'heure ce qu'il faut entendre par ce mot
— de Paris est de l'Ile-de-France, imposé peu à peu à
tout le royaume par une propagation lente et une assimi-
lation presque toujours volontaire. Dans les provinces voisines du centre politique et intellectuel de notre vie nationale, les nuances qui anciennement séparaient du français
propre le parler naturel se sont insensiblement effacées, et,
sauf un vocabulaire moins riche et des tournures plus
archaïques ou plus négligées, le paysan parle comme le

pâri *P.* e d l *P.* lịl *Bl*; lil *Ri.* ĕpōze *P*; ĕpóze *Ro.* tu le *P*;
tu l *J Ro Bl.* — 11. rụaịōm *P*; roaịōm *Bl.* propạgāsịŏ *P Ro*;
propạgạsịŏ *Bl*; propạgăsịŏ *Ri.* ạsimilāsịŏ *P Ro*; ạsimilạsịŏ *Bl*;
ạsimilăsịŏ *Ri.* — 12. tụžūr *Ro.* volŏ:têr *P.* lẹ *Ro.* provẽ:sᵊ *Ro*;
próvẽ:s *J.* vo′ạzin *Ri*; vụạzin *P.* sã:tr(ə) *Ro*; sã:tr *Bl Ri.* polịtik
*Bl Ri.* — 13. ĕtẹlẹktụẹl *Ro Bl Ri*; ĕ:telẹktụẹl *P.* nạsịọnạl *P*
*Ro Bl.* nü′ã:s *Ri.* ăsịẹnmã *P Ro.* — 14. sepârẹ *P.* propr *J Ro*
*Bl Ri.* — 15. ĕsãsibləmãt *J Ro.* efạse *P Ro Bl.* sofv *Ro*; sọf *Ri.*
dẹ *Ro.* — 16. ạrkạik *P*; ạrkạik *Ro*; ạrkaik *Bl.* peizã *P Ri Bl.*
parl *J P Ro Ri.*

le pạrle frāsẹ.

Lạ frã:s ạ dǝpụ̈i lõtã ün sœ:l lã:g ọfisịĕl, lã:g li't'erêr
ọsi, mạlgrc kẹlkǝ tãtạtīv lọkạlz ēterẹsã:t, lã:g ki rǝ-
prezã:t nọtrǝ nạsịọnạlite ä fas de nạsịọnạlitcz etrãžêr
5. c kõn ạpèl ạ bõ drụạ: «lǝ frāsẹ». pạrle ọžurdụ̈i
ạ pœ prẹ ẹksklü̈zivǝmã par le žã kụ̈ltive dã tụt letädü̈
dü̈ tẹritụãr; pạrle o mụẽ kõkụ̈rạmã̄ ạvẹk lǝ pạtụạ par
lạ plü̈pār dez ịlẹtre, lǝ frāsẹ ẹt ẹsäsịẹlmã lǝ diạlẹktǝ
— nu vẹrõ tụt ạ lœ:r sǝ kịl fot ãtã:drǝ par sǝ mo —
10. dǝ pạri e dǝ lịl dǝ frã:s, ẽpuze pœ ạ pœ ạ tu lǝ
rụạịõm par ün prọpạgasịõ lã:t e ün ạsimilasịõ prẹskǝ
tužūr vọlõtêr. dã le prọvẽ:s vuạziṇ dü̈ sã:trọ pọlitịk
e ētẹlẹktụ̈ẹl dǝ notrǝ vi nạsịọnal, le nü̈ã:s ki äsịẹnǝmã
separẹ dü̈ frãsẹ prọprǝ lǝ pạrle nạtü̈rĕl sǝ sõt ēsã-
15. siblǝmã ẹfạse, e, sõf œ̃ vọkạbü̈lêr mụẽ riš e de turnü̈:r
plü̈z ạrkạịk u plü̈ negliže — lǝ pẹizã pạrlǝ kọm lǝ

---

1. lẹ *Ro.* frã:sẹ *P.* — 2. ạ *Bl.* dpụ̈i *PRi*; dtpụ̈i *Ro*; tp̣ụ̈i *J.*
lõ:tã *P.* sœ̣l *PRoBl*; sœl *Ri.* literêr *PJRoBlRi.* — 3. õsi *P*; osi *J*
*BlRi.* mạrgre *Ro.* kẹlk *Ri.* tã:tạtīv *P.* lokạl *Bl*; lọkạl *PJRo.*
ē:terẹsã:t *P.* lã:gǝ *JRo.* — 4. rprezã:t *PJBl.* nõt*ʳ Ro*; nọtr *Ri.*
fãz *Ro*; faz *Ri*; fạsz *Bl*; fạs *P.* dẹ *Ro.* nạsịọnạlite *P.* etrãžêr
*Ri*; etrã:žêr *P.* — 5. kọṇ *JRoBlRi.* drụa *P.* frã'sẹ *Ri.* ožọrdụ̈i
*BlRi*; ọžọrdụ̈i *P.* — 6. pœ *P.* prẹz *Ri.* ẹksklü̈zīvmã *P.* lẹ *Ro.*
lẹtädü̈ *Ri.* — 7. teritụãr *P.* pạrle *PRi.* õ mụẽ *P.* kõkụ̈rạmã
*Ro*; kõ:kü̈rạmã *P.* — 8. plü̈pâr *P.* dẹz *Ro.* ịlẹtre *RoBl.*
frã:sẹ *Ro*; frã:sẹ *P.* esäsịẹlmã *Bl*; esä:sịẹlmã *P*; ẹsäsịẹlmã *Ro*
*Ri.* diạlẹkt *RoBlRi*; dịạlẹkt *P.* — 9. vérõ *P.* s k i *P*; s k
ịl *Bl.* ã:tã:drǝ *P*; ãtã:dr *JRoBlRi.* par s *Ri.* — 10. pạ̣ri *Ri*;

Parisien. Mais, au fur et à mesure qu'on s'éloigne de
la capitale, on relève entre la langue nationale et le
parler populaire des différences plus marquées. Allez
aux environs de Valenciennes, de Bayeux, de la Rochelle,
de Montbéliard — je dis «aux environs», parce que
dans les villes on a généralement adopté le français
d'école — vous reconnaîtrez dans chaque endroit un langage
fort différent de celui que nous parlons et fort différent
de celui qu'on parle dans chacun des autres. Allez
plus loin encore, du côté d'Avignon, ou d'Aurillac, ou
de Pau; vous trouverez des sons tout nouveaux, une
physionomie toute particulière; vous discernerez à peine
le sens de quelques mots. Enfin, poussez jusqu'aux plaines
de la Flandre, jusqu'aux landes de la Bretagne, jusqu'aux
vallées des Pyrénées, vous entendrez des langues absolument
étrangères et dans lesquelles aucun mot semblable à ceux
qui vous sont familiers ne frappera votre oreille.

On parle, en effet, vous le savez, au Nord-Est, le
flamand, idiome germanique; au Nord-Ouest, le breton,
idiome celtique; au Sud-Ouest le basque, idiome ibérique.
Laissant de côté ces trois coins de métal étranger qui enca-
drent notre carte linguistique, et la Corse, italienne de langue,
qui forme un coin semblable au Sud-Est, demandons-nous
d'où viennent aux mères, dans le territoire restant, les

---

*Bl*; ạpsǫlümä(t) *Ro.* ẹträžêr *Ri.* okõẽ *Ro Bl Ri*; õkõẽ *P.* — 14.
sä:blạbl *P*; säblăbl *J.* frạprạ *P*; frạpra *Ro Ri.* ǫrẹĨ *Ri.* —
15. ăn *P*; ăn *Bl Ri.* efẹ *P.* vu l *J P Ro Bl Ri.* nǫrèst *Ro Bl Ri.*
flạmä *J.* — 16. nǫrụest *J Ro.* sẹltik *Bl*; sẹltịk *Ro.* bạsk *Ri.*
iberik *Bl.* lêsä *P.* t kotɵ *J Ro*; d kõte *P.* sẹ *Ro.* trụa *P.* —
18. dɵ *P Ro.* ă:kädrɵ *P*; ăkädr *J Ro Bl Ri.* nõtr *Bl.* — 19. sä:blạbl
*P.* — 20. teritụâr *P*; teritụär *Bl Ri.* lẹ́ *Ro*; lé *Bl.*

pariziĕ. męz o für e ą mzür k ŏ s eluąñ də lą kąpitąl, ŏ rəlêv ātrə lą lăg nąsịǫnąl e l pąrle pǫpülêr
de diferā:s plü mąrke. ąle oz ăvirŏ də‘ vąlāsịĕn, də‘
bą́ịœ, də‘ lą rǫšĕl, də mŏbęlịār — že di oz ăvirŏ,
5. pąr sə kə dā le vil ŏn ą ženerąlmāt ądǫpte lə frăsę
dekǫl, — vu rəkǫnętre dā šąk ādrųą œ̆ lăgāž fǫr
diferā də səlüị kə nu pą́rlŏ e fǫr diferā də səlüị kŏ
pąrl dā šąkœ̆ dez ōtrᵉ. ąle plü lųĕ ăkôr, dü kote
dąviñŏ, u dorịąk, u də po; vu truvre de sŏ tu
10. nuvo, ün fizịǫnǫmi tųt pąrtikülịêr; vu disęrnəre ą pĕn
lə sāz də kęlkə mo. āfĕ, puse zụ̆sk o plĕn də lą
fla:dr, žüsko lā:d də lą brətąñ, žüsko vąle de pireue,
vuz ătădre de lā:g ąpsǫlümāt etrăžêr e dā lckĕl ókœ̆
mo sāblabl ą sœ ki vu sŏ fąmilịe nə frąprą vǫtr ǫręị.
15. ŏ pąrl, ąn ęfę, vu lə sąve, o nǫrd ęst lə fląmā,
idịōm žęrmąnịk; o nǫrduęst lə brətŏ, idịōm sęltịk, o
süduęst lə bąsk, idịōm iberịk. lęsā d kote se trųą
kųĕ d metąl etrăže ki ăkādrə nǫtrə kąrt lēgüistịk, e
lą kǫrs itąlịęn də lā:g, ki fǫrm œ̆ kųĕ sāblabl o südęst,
20. dəmādŏ nú du vịĕut o mêr, dā l tęritųār ręstā, le

---

1. parizĭē *Ro.* mę *Ro P.* məzür *J Bl.* — 2. ŏ rlêv *P Ri.*
ātr *Ro Ri.* nàsịǫnąl *Ro*; nąsịǫnal *Ri.* e lə *Bl.* — 3. dę *Ro.*
alez *J Ro Ri.* ā:virŏ *P.* d *P Ro*; də *Ri.* vąlā:sịęn *P.* də *Ro Ri.* —
4. bąịœ *P Ro Bl*; bą̂ịœ *Ri.* də *J Ro Bl*; d *P.* mŏ:belịār *P.* — 5. pąrskə
*P J Bl Ri.* lę *Ro.* ǫn *Ro Bl Ri.* ženerąlmā *P Ro*; ženeraləmāt *Bl.*
l *P.* — 6. rkǫnętre *P J Ri.* šak *Bl Ri.* ā:drųa *P.* fôr *Ro.* — 7.
də slüị *Bl Ri.* k nu *P.* pąrlŏ *P Ro Bl.* d səlüi *P*; də slüị *Bl Ri.*
— 8. šąkœ̆ *Ri.* dęz *Ro.* ōtr *P Ro Ri*; ōtʳ *Bl.* ā:kôr *P.* kōte
*P.* — 9. dǫrịąk *P*; dorị̂ąk *Ri*; do‘rịịąk *Ro.* u d *P*; u t *J Ro.*
trüvre *P.* dę *Ro.* tu‘ *J Ro.* — 10. tụ̀t *Ro*; tut *Bl.* disęrnəre(z)
*Ro*; disęrnərez *Ri*; disęrnre *P Bl*; disęrnrez *J.* pęn *Ro Bl.* — 11.
sā:s *P*; sās(z) *J.* mǫ *Ri.* ā:fĕ *P*; ā‘fĕ *Ri.* pu‘se *Ri.* — 12. vą́le
*J Ri.* dę *Ro*; dę *Bl.* — 13. ā:tā:dre *P.* ąpsœ̆lümāt *P*; ąpsǫlümā

sons, les mots et les formes qu'elles apprennent à leurs enfants, à l'aide desquels ceux-ci penseront, comprendront et parleront, et qu'ils transmettront à leur tour à leur postérité. Faisant abstraction pour un moment de l'extension artificielle du parler de Paris, représentons-nous les parlers populaires livrés à eux-mêmes de la Méditerranée à la Manche et des Vosges à l'Océan: nous aurons le tableau d'une immense bigarrure, dans laquelle cependant il nous sera possible de distinguer des zones. Comme l'olivier s'arrête à telle ligne, le maïs à telle autre, la vigne à une autre encore, nous verrons des sons, des mots, des formes couvrir une certaine région et ne pas pénétrer dans une autre. Nous remarquerons, par exemple, que le même verbe se prononce *douna* ou *duna* dans tout le midi, *doné* ou *douné* dans tout le nord, . . . qu'on dit un *chat* dans le centre, mais un *cat* dans l'extrême nord et l'extrême sud: que le *roua* ou *roué* de l'est et du centre a pour pendant un *rè* ou un *ré* dans l'ouest et dans le midi, etc.

Mais le fait qui ressort avec évidence du coup d'œil le plus superficiel jeté sur l'ensemble du pays, c'est que toutes ces variantes de phonétique, de morphologie et de vocabulaire n'empêchent pas une unité fondamentale, et que d'un bout de la France à l'autre les parlers populaires se perdent les uns dans les autres par

egza:pl *Ro.* lə męm *Bl.* — 12. prǫnõz *J.* dunạ *PJ*; duna *J Ro Bl*; dúna *Ri.* dünạ *P*; düna *J Ro Bl Ri.* mịdi *Bl Ri.* dǫ́ne *Ri.* dúne *Bl Ri.* — 13. dit *J.* ša *Ro Bl Ri.* mę *P Ro Bl Ri.* ka *Ro Bl Ri.* — 14. süd *Ro.* ruạ *Bl.* rụa *P.* rue *Bl.* — 15. rę *P Ro Bl*; rê *Ri.* — 16. sętera *J.* — 17. mę 1 *P.* fę *Ro Bl.* rsôr *PJ Bl.* dǫę̃ *Ri.* — 18. žə'te *Ro.* lã:sã:blə *P*; läsã:bl *Ro Bl Ri.* pei *P Bl Ri.* s ę k *P Bl.* sę *Ro.* — 19. fǫnetik *Bl.* nã:pêš *P.* — 20. pa *P.* fõ:dạmã:tạl *P*; fõdạmätal *Ri.* e k *P Ro Bl.* — 21. lõtr *Ro Bl*; lôtr *Ri.* lę *Ro.* pą́rle *J.* lęz *(bis) Ro.* õtr *J P Ro Bl*; ôtr *Ri.*

sŏ, le moz e le fǫrmᵉ, kęlz ąpręnt ą lœrz äfä, ą lęd
dekęl sœsi päsrŏ, köprädrŏt e pąrlərŏ, e kil träsmętrŏt
ą lœr tūr ą lœr pǫstęrite. fęzät ąpstrąksįŏ pur œ̃
mǫmä də l ękstäsįŏ ąrtifisįęl dü pąrle d pąri, rəprezätŏ
5. nu le pąrle pǫpülêr livrez ą œ mêm də lą meditęrąne
ą la mä:š e de vôž ą lǫseä: nuz ǫrŏ lə tąblo d ün
įm̄äs bigąrü:r, dä ląkĕl, səpädä, įl nu srą pǫsiblə də
distĕge de zön. kǫm l ǫlivįe s ąręt ą tĕl liñ, le mąis
ą tĕl ŏtr, lą viñ a ün otr ākôr, nu vęrŏ dé sŏ, dé
10. mo, dé fǫrm, kúvrīr ün sęrtęn režįŏ e nə pa penetre
däz ün ŏtr. nu rəmąrkərŏ pąr egzä:plə, kə l męm vęrb
sə prǫnŏ:s duną u düną dä tu l mįdi, dǫne u dune
dä tu l nôr; kŏ di œ̃ šą dä tu l sä:tr, męz œ̃ ką dä
lękstrêm nôr e lękstrêm süd; kə lə rųą u lə rųe
15. də lęst e dü sä:tr ą pur pädä œ̃ rĕ u œ̃ re dä lųęst
u dä l mįdi, ĕt seterą.

mę lə fĕt ki rəsôr ąvęk ęvidä:s dü ku dœį lə
plü süpęrfisįęl žəte sür läsä:blə dü pęi, sę kə tųt se
vąrįä:t də fǫnetįk, də mǫrfǫlǫži e də vǫkąbülêr näpêš
20. paz ün ünite fŏdąmätąl, e kə, dœ̃ bu d lą frä:s ą
lŏtrᵉ, le pąrle pǫpülêr sə pęrdə lez œ̃ dä lez ŏtrᵉ pąr

---

1. lę *Ro*; lé *Bl.* mǫz *Ri*; mo *P Ro.* lę *Ro.* fǫrm *J P Bl
Ri.* ąprĕnt *Ri*; ąpręn *P Ro.* lêd *P.* — 2. kŏ:prä:drŏ *P*; köprädrŏ
*Ro.* pąrlrŏ *Ro Bl.* ki *P.* — 3. pǫsterite *P J*; pǫstęrite *Ri.* fəzät
*P J*; fəzä(t) *Ro.* — 4. məmä *P Bl Ri.* d 1 *P Bl Ri.* ękstä:sįŏ
*P.* d pâri *P*; t pąri *Ro Ri*; də pąri *Bl.* rəprezätŏ *J Ro Bl Ri*;
rəprezä:tŏ *P.* — 5. nú *Ro Ri.* pąrle *J.* livre *P Ro.* œ: *P.* —
6. dę *Ro.* vöž *P Ro Bl.* orŏ *Ro Ri.* 1 *P J.* — 7. im̄ä:s *P*; įm̄äs
*Ro Bl Ri.* ląkęl *Ro.* səpä:dä *P.* i *P.* srą *P Bl*; sra *Ro.* pǫsibl
*P J Ro Bl Ri.* — 8. dę *Ro.* zôn *Ri.* sąrêt *Ro.* liñ *Ro.* maısz *Ro.*
— 9. viñ *Ro.* ŏtr *P.* vêrŏ *P Ro*; vêrŏ *J*; verŏ *Ri.* dę *Ro*; de *J Bl
Ri P (bis).* — 10. dę *Ro*; de *Ri J.* kuvrīr *J Ro Bl.* e n *P J Ro Bl Ri.*
— 11. ŏtr *Ri.* rəmąrkrŏ *Ro Bl*; rmąrkrŏ *P J.* egzä:pl *P J Bl Ri*;

des nuances insensibles. Un villageois qui ne saurait que
le patois de sa commune comprendrait sûrement celui de
la commune voisine, avec un peu plus de difficulté celui
de la commune qu'il rencontrerait plus loin en marchant
dans la même direction, et ainsi de suite jusqu'à un endroit
où il n'entendrait plus que trés péniblement l'idiome local.

En faisant, à partir d'un point central, une vaste chaîne
de gens dont chacun comprendrait son voisin de droite et son
voisin de gauche, on arriverait à couvrir toute la France d'une
étoile dont on pourrait de même relier les rayons par des
chaînes transversales continues. Cette observation bien
simple, que chacun peut vérifier, est d'une importance
capitale; elle a permis à mon savant confrère et ami,
M. Paul Meyer, de formuler une loi qui, toute négative
qu'elle soit en apparence, est singulièrement féconde, et
doit renouveler toutes les méthodes dialectologiques: cette
loi, c'est que, dans une masse linguistique de même origine comme la nôtre, il n'y a réellement pas de dialectes;
il n'y a que des traits linguistiques qui entrent respective-
ment dans des combinaisons diverses, de telle sorte que
le parler d'un endroit contiendra un certain nombre de traits
qui lui seront communs, par exemple, avec le parler de chacun
des quatre endroits les plus voisins, et un certain nombre

---

dųą *P.* rnuvle *PJRi.* lųa *P.* lę *Ro.* s ę k *P*; s ę k(ə) *Ro*;
se kə *J Bl Ri.* — 16. mąsz *Ro.* lẽgüistik *Bl*; lẽ:güistık *P.* i *P.*
— 17. n i ą *Ro.* ręęlmã *Ri.* pa d *J P.* i *P.* ni ą *Ro.* k *P Ro*;
kg *J Bl.* dę *Ro.* trę *J.* lẽgüistik *Bl*; lẽ:güistik *P.* —
18. ã:tr *Ro Bl Ri.* ręspęktivəmã *Ro Bl.* dę *Ro.* kõ:binêzõ *P.*
tĕl *Bl Ri.* — 19. kə l *P J.* dœn *J Bl Ri*; dün *Ro.* ã:drųa ·*P.*
kõtįẽdra *J Ro*; kõ:tįẽ:drą *P.* — 20. tre *J.* srõ *P Ri.* ęgzã:pl *Ro Bl.*
— 21. d šąkœ *P*; t šąkœ *J Ro Bl Ri.* dę *Ro.* ã:drųa *P.* lę *Ro.*
nõ:br *J Ro Bl Ri.*

de nüä:sz ēsāsibl. œ vilążuą ki n sǫrę kə l pątuą
t są kǫmün kõprädrę sü:rmä səlüi də lą kǫmün vuązin,
ąvęk œ pœ plü d' difikülte səlüi d lą kǫmün kil rä-
kõtrərę plü luē ä mąršä dä lą męm diręksiō, e ēsi
5. t süit žüską œn ädruą u il nätädrę plü kə trę pe-
nibləmä lidiōm lǫkął.

ä fəzą, ą pąrtir dœ puē sätrąl, ün vąstə šên də
žä dõ šąkœ kõprädrę sõ vuązē də druąt e sõ
vuązē də gõš, õn ąrivręt ą kuvrīr tųt lą frä:s dün
10. etuąl dõt õ purę də mêm rəlie le reiō pąr de šên träsvęrsąl
kõtinü. sęt ǫpsęrvasiō bię sē:pl, kə šąkœ pœ verifie,
ę dün ēpǫrtä:s kąpitąl: ȅl ą pęrmi ą mõ sąvä kõfrêr
e ąmi, məsiœ pǫl męiêr, də fǫrmüle ün luą ki, tųt
negątiv kęl suąt ąn ąparä:s, e sēgülięrmä fekõ:d, e
15. doą rənuvle tųt le metǫd diąlęktǫlõžik: sęt luą, sę kə,
däz ün mąs lēgüistik də męm ǫrizin kǫm lą nōtr, il
ni ą reęlmä pa də diąlękt; il ni ą kə de trę lēgüistik
ki ä:trə ręspęktīvmä dä de kõbinęzõ divěrs, də těl
sǫrtə kə lə pąrle dœn ädruą kõtiēdrą œ sęrtē nõ:br
20. də trę ki lüi sərõ kǫmœ, pąr egzä:pl, ąvęk lə pąrle
də šąkœ de kątr ädruą le plü vuązē, e œ sęrtē nõ:brə

---

1. dę *Ro.* nüä:s *P*; nüä:s *RoRi*; nüä:səz *Bl.* ē:sä:sibl *P.*
sorę *RoRi.* kə lə *RoRi.* — 2. d są *P*; də są *Bl.* kǫmüin *(bis)*
*JRo.* kõ:prä:drę *P.* d lą *P.* voązin *Ri.* — 3. plü də *BlRi.* də
lą *Ri.* k i *P.* — 4. rä:kõ:trərę *P.* — 5. œn *BlRi*; ün *Ro.* ä:druą
*P.* i *P.* nä:tä:drę *P.* pēnibləmä *P.* — 6. lidiõm *Ri.* — 7. sä:trąl *P.*
västə *Ri.* — 8. šąkœ *RoBlRi.* kõ:prä:drę *P.* d druąt *PJ.* —
9. d *PJ.* ǫn *JRoRi*; õn *Bl.* ąrīvręt *P.* — 10. d mêm *P.* lę *Ro.*
dę *Ro.* träzvęrsąl *P*; träsvęrsal *Ri.* — 11. sęt *RoBlRi.* õpsęrväsiō
*BlRi*; ǫpsęrväsiō *PRo.* šąkœ *JRoBl*; šąkœ *Ri.* — 12. kąpitāl *Ri.*
ęl *Bl.* ą *P*; ą *RoJ.* pęrmi *J.* kõ:frêr *P.* — 13. msiœ *PRi*;
mõsiœ *Bl.* męiêr *P.* fǫrmüler *Ri.* luą *P.* — 14. negątīv *P.*
äu *P.* ąparä:s *P.* ę *Ro.* sēgülięrəmä *Bl*; sē':gülięrmä *P.* — 15.

de traits qui différeront du parler de chacun d'eux. Chaque trait linguistique occupe d'ailleurs une certaine étendue de terrain dont on peut reconnaître les limites, mais ces limites ne coïncident que très rarement avec celles d'un autre trait ou de plusieurs autres traits; elles ne coïncident pas surtout, comme on se l'imagine souvent encore, avec des limites politiques anciennes ou modernes (il en est parfois autrement, au moins dans une certaine mesure, pour les limites naturelles, telles que montagnes, grands fleuves, espaces inhabités). Il suit de là que tout le travail qu'on a dépensé à constituer, dans l'ensemble des parlers de la France, des dialectes et ce qu'on a appelé des «sous-dialectes», est un travail à peu près complètement perdu.

Il ne faut même pas excepter de ce jugement la diz vision fondamentale qu'on a cru, dès le moyen âge, reconnaître entre le «français» et le «provençal» ou la langue d'oui et la langue d'oc. Ces mots n'ont de sens qu'appliqués à la production littéraire: de bonne heure, au nord comme au midi, les écrivains ont employé, pour se faire comprendre et goûter dans un cercle plus étendu, des formes de langage qui, pour des raisons historiques ou littéraires, avaient plus de faveur que les autres, et la langue littéraire du nord étant bien distincte de celle du midi, l'opposition entre le provençal

— 13. fŏ:dạmä:tạl *P*; fŏdạmätal *Ro*; fŏdạmätăl *Bl*. kọn *J Ro Bl Ri*. ätr *J Ro Bl Ri*. 1 *P*. — 14. frä:sẹ *P*. e lə *J Bl Ri*. prọvä:sạl *P*. dúi *J*. — 15. sẹ *Ro*. mọ *Ri*. nŏ d *P Ro Bl Ri*; nŏ t *J*. ạplìke *Ro*. prọdüksịŏ *Bl*. — 16. bọ̈n *J*. lẹz *Ro*. ekrivĕz *Bl*; ekrīvä *P*. ä:plụạịe *P*. — 17. s fẹr *J Ri*; s(ə) *Ro*. kŏ:prä:dr *P*; kŏprä:dʳ *J*. gúte *Ro*. sẹrkl *J*. etä:dü *P*. dẹ *Ro*. — 18. fọrm *P J Ro Bl Ri*. lä:gäž *P*. dẹ *Ro*. rẹzŏz *J*; rêzŏ *P*. ịstọrịk *Ro*. — 19. plü d *P*; plü də *Ro*. k *Bl*. lẹz *Ro*. ôtr *Ri*. — 20. distä̈:kt *J P Ro Ri*. lọpŏzisịŏ *P*. ätʳ *J Ro*. lə *J Ro Bl*. prọvä:sạl *P*.

də trę ki dịfêṛõ dü parle də šą̊kœ̃ dœ. šą̊k trę lĕ-
gụ̈istịk ŏküp dą̊ịœ̨r ün sęrtęn etädü də tęrĕ dõt õ pœ
rəkǫnêtr le limit, mę se limit nə kǫĕsid kə trę rarmä
ą̊vęk sęl dœ̃n otr trę u də plüzịœ̨rz ōtrə trę; ĕl nə

5. kǫĕsid pa sürtu, kǫm õ s limažin sų̊vät ākôr, ą̊vęk
de limit pǫlitịk äsịĕn u mǫ́dęrn; (ịl ą̊n ę pąrfụą̊z
ōtremä, o mụ̊ĕ däz ün sęrtęn məzü:r, pur le limịt
nątürĕl, tęl kə mõtą̊n̄, grä flœ̨:v, ęspasz inąbite). ịl
sụ̈i də la, kə tul trą̊vą̊ịị kõn ą̊ depäse ą̊ kŏstitụ̈e, dä

10. läsä:blə de pąrle d lą̊ frä:s, de dịalękt e skõn ą̊ ą̊ple
de sudịą̊lękt, ęt œ̃ trą̊vą̊ịị ą̊ pœ prę kŏplętmä pęrdü.
ịl nə fo męm paz ęksępte də sə žüžmä lą̊ divizịõ
fŏdą̊mätą̊l kõn ą̊ krü, dę l mụ̊ą̊ịęnäž, rəkǫnêtr ätrə lə
fräsę, e l prǫväsą̊l, u lą̊ lä:g dụi e lą̊ lä:g dŏk.

15. se mo nõ də sä:s ką̊plike ą̊ lą̊ prǫdụ̈ksịõ literêr: də
bǫn œ̨:r, o nôr kǫm o mịdi, lez ekrivĕ ŏt äplụ̊ą̊ịe, pur
sə fêr kõprä:dr e gute däz œ̃ sęrklə plüz etädü, de
fǫrmᵉ də lägäž ki, pur de ręzõ istǫrịk, u literêr, ą̊vę
plü t fą̊vœ̨:r kə lez ōtr, e lą̊ läg literêr dü nôr etä

20. bịœ̃ distĕ:ktə də sęl dü mịdi, l ǫpozisịõ ätrə l prǫväsą̊l

1. difęᵊṛõ *Bl Ri.* d šą̊kœ̃ *P*; dt šą̊kœ̃ *Bl*; t šą̊kœ̃ *J Ro.*
šak *Ro Bl Ri.* — 2. ŏküp *Ro.* dą̊ịœ̨:r *P.* etä:dü *P.* d tęrĕ *P*;
t tęrĕ *J.* — 3. rkǫnêtrə *P*; rkǫnêtr *Ro Bl Ri*; rkǫnêt *J.* sę *Ro.*
kǫĕ:sid *P.* rârmä *P*; rarəmä *Bl*; rärmä *Ri.* — 4. dün *Ro*; dœ̨n
*J Bl Ri.* ōtrə *P*; ōt *J.* u d *P Ri.* plüzịœ̨:rz *P.* ōtr *Ro Bl Ri.* —
5. kǫĕ:sid *P.* suvä *Bl.* ä:kôr *P.* — 6. dę *Ro.* pǫlitikz *Bl*;
pǫlitịkz *J.* ä:sịęn *P.* mǫdęrn *J Ro Bl Ri.* än *P.* e *J.* pąrfụą̊
*Ro Bl.* — 7. ō mụ̊ĕ *P.* sęrtęn *J.* lę *Ro.* limịt *Ri.* — 8. nątüręl
*Ro*; natürĕl *Bl.* mõ:tą̊n̄ *P.* grä´ *Ri.* flœv *Ro*; flœv *Bl Ri.*
ęspäs *P*; ęspäz *Bl.* i *P.* — 9. lą̊ *P.* k *P Bl.* trą̊vâị *P*; trą̊vą̊ị *Ri.*
kǫn *Ro Bl Ri.* — 10. lä:sä:blə *P*; läsä:bl *Ro Bl Ri.* dę *(bis) Ro.*
dịalĕkt *Ro.* skõn *Ri*; skǫn *Bl Ro.* a *Ro.* — 11. dę *Ro.* trą̊vâị
*P*; trą̊vą̊ị *Ri.* kõ:plętmä *P*; kŏplętəmä *Bl Ri.* — 12. pa *Ro Ri.*
də s *P*; t sə *J*; d sə *Bl Ri.* žü:žmä *P*; žüžəmä *Ri.* divīzịõ *P.*

et le français a paru claire et sensible. Mais déjà au moyen
âge on trouve des écrits qu'on est embarrassé de ranger dans
l'une ou l'autre catégorie, et que se disputent les recueils de
textes français et provençaux. C'est bien autre chose si on
essaye, comme l'ont fait il y a quelques années deux vaillants
et consciencieux explorateurs, de tracer de l'Océan aux Alpes
une ligne de démarcation entre les deux prétendues langues.
Ils ont eu beau restreindre à un minimum les caractères
critiques qu'ils assignaient à chacune d'elles, ils n'ont pu
empêcher que tantôt l'un, tantôt l'autre des traits soi-disant
provençaux ne sautât par-dessus la barrière qu'ils élevaient,
et réciproquement. Et comment, je le demande, s'explique-
rait cette étrange frontière qui de l'ouest à l'est couperait
la France en deux en passant par des points absolument fortuits? Cette muraille imaginaire, la science,
aujourd'hui mieux armée, la renverse, et nous apprend
qu'il n'y a pas deux Frances, qu'aucune limite réelle ne
sépare les Français du nord de ceux du midi, et que d'un
bout à l'autre du sol national nos parlers populaires éten-
dent une vaste tapisserie dont les couleurs variées se fondent sur tous les points en nuances insensiblement dé-
gradées . . .

---

— 11. žə lə *Ro.* eträ:ž *P.* — 12. də lŭĕst *Bl.* pạsä *Bl*; pāsä *P.*
— 13. dę *Ro.* apsœlümä *P*; apsǫlümä *Ro Bl.* mürâị *P*; mürạĩ *Ri.*
— 14. ǫžǫrdüi *P*; ožǫrdüi *Bl.* rä'vĕrs *Ri*; rä:vęrs *P.* ki nị ạ *P*;
kil nị ạ *J Bl*; kịl ni ạ *Ro.* pa *Ro Bl Ri.* — 15. dœ: *P*; dœ́ *Ri.*
kŏkün *P*; reęl *Ro Bl.* sepâr *P.* lę *Ro.* frä:sę *P*; fräse *J.* —
16. e k *P.* bŭt *Ro Bl.* lõtr *Bl*; lôtrə *Ri.* nạsịǫnäl *Bl.* — 17.
párle *J.* etä:d *P Ro Bl Ri.* vastə *Bl Ri.* tạpịsri *Ro.* lę *Ro.*
varịe *Bl.* — 18. lę *Ro.* pụĕz *J.* nüä:sz *Ro*; nüä:s *P*; nüä:səz *Bl.*
ĕsä:sibləmä *P.* degrade *Ro*; dẹ́grade *Ri.*

e l frãsę a pạrü klêr e sãsibl.  mę, dežą o mu̯ai̯ęnãž
õ trūv dez ekri kõn ęt ãbạrạse də rãže dã lün u
lõtrə kạtegǫri, e kə sə dispüt le rəkœ:i̯ də tękstə frãsęz
e prǫvãso.  sę bi̯ẽ õtr šõz, si õn ęsêi̯, kǫm lõ fę,

5.  ịl i̯ ạ kęlkəz ạue, dœ vại̯ãz e kõsi̯ãsi̯œz ęksplǫrạtœ:r,
   də tráse də lǫseã oz ạlp ün liñ də demạrkasi̯õ ãtrə
   le dœ pretãdü lã:g.  ịlz õt ü bo, ręstrẽ:dr ạ õ̃ mini-
   mǫm le kạrạktêr kritịk kịlz ạsiñęt ạ šakün dĕl, ịl
   nõ pü ãpęše kə täto lœ̃, täto lõtrə de trę su̯ạdizã

10.  prǫvãso nə sóta pạr dəsü lạ bạri̯êr kịlz eləvę, e resi-
   prǫk(ə)mã.  e kǫmã, žəl dəmã:d, sęksplikrę sęt etrãž
   frõti̯êr ki d lu̯ęst ạ lęst küprę lạ frã:s ã dœ, ã pasã pạr
   de pu̯ẽ ạpsǫlüumã fǫrtüi? sĕt mürại̯i̯ imạžinêr, lạ si̯ã:s,
   ožu̯rdüi mi̯œz ạrme, lạ rãvęrs, e nuz ạprã kịl ni ạ pá

15.  dœ frã:s, kokün limit ręčl nę sepār le frãsę dü nôr
   də sœ dü mịdi, e kə dœ̃ but ạ lõtrə dü sǫl nạsi̯ǫnạl no
   parle pǫpülêr etã:dt ün vạstə tạpịsri dõ le kulœr vạri̯e
   sə fõ:d sür tu le pu̯ẽ ã nüã:s ẽsãsibləmã degrạde . . .

<hr>

1. e lə *Ri.* frã:sę *P.* ạ *P.* sã:sibl *P.* dĕžą *P*; déžą *Ro*;
dęžą *Ri.* — 2. dęz *Ro.* kǫn *JBlRi*; kõn *Ro.* et *J.* ã:bạrạse
*P*; ãbarạse *Ro.* d rã:že *JP.* — 3. lõtr *Ro Bl Ri*; lõtr *Ri.* kə s *P Ri*;
kə z *J.* dispụ̈t *Ri*; dispütə *Ro.* lę *Ro.* rəkœı̃ *Ri*; rkœị *J.* tękst
*PJ Bl Ri.* frã:sę *P*; frãsę *Ro.* — 4. prǫvã:so *P.* se *J Ri.* biẽn
*P*; bi̯ęn *Ro.* õtr *Ri.* šõz *Ri.* ǫn *J Ro Bl Ri.* esêi̯ *P*; ęsê *Ro*;
eséi *J.* — 5. i i̯ ạ *P*; il i a *Ro.* vại̯ã *P*; vại̯ã *Ro J Bl*; vạlã
*Ri.* kõ:si̯ãsi̯œz *P.* ęksplorạtœ:r *Bl.* — 6. trạse *PBl*; trạse
*Ro Ri.* ǫz *Ri.* demạrkãsi̯õ *P*; demạrkãsi̯õ *Bl Ri.* ãtr *Ri.* ãt *JRo.*
— 7. lę *Ro.* pretã:dü *P.* iz *P.* rəstrẽ:dr *Ro.* — 8. minimụm *Ri.*
lę *Ro.* kritik *Bl.* kiz *P.* ạsiñęt *PBl Ri*; ạsiñę *Ro.* šạkün *Ro.* i *P.*
— 9. ã:pêše *P*; ãpeše *Bl.* tã:to *(bis) P.* lõtr *Ro Bl*; lõtr *Ri.* dę *Ro.*
su̯ạdīzã *P.* — 10. sõtą *P.* pạr tsü *J*; par d'sü *Bl Ri.* kiz *P.*
elvę *PJ Bl.* resiprǫkmã *PJ*; ręsiprǫkəmã *Ri*; ręsiprǫkəmã *Ro.*

# ERNEST RENAN.

Renan, né à Tréguier en Bretagne (Côtes du Nord), le 27 février 1823, et venu de bonne heure à Paris, avait l'habitude de parler lentement et m'a aussi lu le passage suivant, tiré de sa Vie de Jésus (éd. pop. p. 242 ss.), avec une telle lenteur que je pouvais aisément prendre note des nuances de sa prononciation. La lenteur de sa lecture avait pour conséquence une articulation très nette et soignée que réclamait, du reste, aussi le sujet élevé de notre texte. On peut regarder comme des particularités de la prononciation de Renan: *a* fermé très distinct dans les 3. sg. des parfaits et des futurs (*arriva* p. 59, l. 2; *refusa* p. 59, l. 6, etc.) au lieu de l'*a* mi-fermé ou ouvert qu'on entend souvent dans ces formes verbales; le remplacement presque constant de la diphtongue *u̯a* par *oa* monosyllabique (*boār* p. 59, l. 3; *boąsõ* p. 59, l. 4, etc.); l'*r* non grasseyée; l'*a* ouvert protonique tendant vers une prononciation fermée; en cas de liaison, des *e* très ouverts dans les infinitifs en *-er;* la prononciation des mots en *ation* avec un *a* ouvert (Renan m'assurait ne pas connaître la prononciation en *-āsįõ*); enfin l'hésitation entre *e* ouvert et mi-ouvert dans la prononciation des mots: *les, des, mes,* etc. devant les consonnes et les voyelles. Renan est mort le octobre 1892.

### Mort de Jésus.

On arriva enfin à la place des exécutions. Selon l'usage juif, on offrit à boire aux patients un vin fortement aromatisé, boisson enivrante, que, par un sentiment de pitié, on donnait au condamné pour l'étourdir . . . Jésus, après avoir effleuré le vase du bout des lèvres, refusa de boire. Ce triste soulagement des condamnés vulgaires n'allait pas à sa haute nature. Il préféra quitter la vie dans la parfaite clarté de son esprit, et attendre avec une pleine conscience la mort qu'il avait voulue et appelée. On le dépouilla alors de ses vêtements, et on l'attacha à la croix . . .

Jésus savoura ses horreurs dans toute leur atrocité. Une soif brûlante, l'une des tortures du crucifiement, le dévorait. Il demanda à boire. Il y avait près de là un vase plein de la boisson ordinaire des soldats romains, mélange de vinaigre et d'eau appelé *posca* . . . Un soldat trempa une éponge dans ce breuvage, la mit au bout d'un roseau, et la porta aux lèvres de Jésus, qui la suça. Les deux voleurs étaient crucifiés à ses côtés. Les exécuteurs, auxquels on abandonnait d'ordinaire les menues dépouilles des suppliciés, tirèrent au sort ses vêtements, et, assis au pied

---

*J Bl.* ün *Ro Bl Ri.* — 12. brülä:t(ə) *Ro.* dę *Ro*; de *J Ri.* krüsifimã *J Bl Ri.* — 13. a *Ro.* bu̯ār *J.* i̦l ⁱi̦ *J*; il i̦ *Ro Bl Ri.* d la *J.* vāz *J Ro Bl Ri.* d *J.* — 14. dę *Ro Ri.* melä:ž *Ro Bl.* — 15. aple *J Ro.* pǫskạ *Ri.* dã s(z) *Ro*; dã sz *J*; dã s *Ri*; dã z *Bl.* — 16. mi *Ro.* rŏzo *Bl.* — 17. žezüs *Ri.* lę *Ro*; le *Ri.* vǫlœrz *Bl.* se *J Bl Ri.* — 18. lęz *Ro*; lez *J Bl Ri.* okĕl *Ro.* lę *Ro*; le *J Bl Ri.* — 19. depu̦l *Ri.* dę *Ro.* sę *Ro*; se *J Bl Ri.* vĕtəmã *Bl.* asiz o *J Bl Ri.*

môr də žezü.

qn ą̊riva ăfë ą lą pląz dęz ęgzeküsįö. səlö lüzaž
žüif, qn qfrit ą boār o păsįä œ̃ vĕ fǫrtəmăt ąrǫmątize,
boąsö ănivră:t, kə, pąr œ̃ sătimă də pitįe ö dǫnęt o
5. kŏdąne pur leturdīr . . . žèzü, ąpręz ąvoar ęflœre lə
vāzə dü bu dę lêvr, rəfüza də boār. sə tristə sulažəmã
dę kŏdąne vülgêr nąlę paz ą są̆ ōtə nątü:r. įl prefera
kįte lą vi dã lą pąrfęt kląrte də sǫn ĕspri, e ątã:dr
ąvęk ün plęn kŏsįã:s lą môr kįl ąvę vulü e ąple. ŏ
10. lə depuįa ąlôr də sę vètəmã, e ŏ lątąša ą lą kroą̆ . . .
žezü sąvura sęz ǫrœ:r dã tųt lœr ątrǫsite. ün⁹
sųaf brülä:t, lün dę tǫrtü:r du krüsifīmã, lə devǫrę. įl
dəmăda ą boār. įl i avę pzę də la œ̃ vāzə plĕ də
lą boąsö ǫrdinêr dę sǫlda rǫmĕ, mèlã:ž də vinęgr e
15. do, ąpəle pǫská . . . œ̃ sǫlda tră:pa ün epŏ:ž dã sə
brœvāž, lą mit o bu dœ̃ rǫzo, e lą pǫrta o lêvr də
žezü, ki lą süsa. lę dœ vǫlœr etę krüsifįe ą sę kote.
lęz ęgzekütœ:r, okęl qn ąbădǫnę dǫrdinêr lę mənü
depuįį dę süplisįe, tirêrt o sôr sę vętəmã, e, ąsi o pįe

---

1. mǫr *Ro.* žezüįs *Ri.* — 2. ŏn *Bl.* pląs *J Bl Ri*; plaz *Ro.*
dez *J*; dęz *Ro.* lüzāž *Bl.* — 3. ŏn *Bl.* bųār *J.* — 2. bųąsö *J*
*Ro*; bo'ąsö *Ri.* d *Ro Ri*; t *J.* — 5. kŏdane *ou* kŏdąne *J.* žezü
*J (Ro)*; žezüs *Ri.* ąvųār *J Ri.* ęflœre *Ri.* 1 *Ri.* — 6. vāz *J Ro*
*Bl Ri.* dę *Ro*; de *J Bl Ri.* d *Ro*; d(ə) *J.* trįst *Ri.* — 7. dę *Ro*;
de *J Bl Ri.* ōt *Ro Bl Ri*; ot *J.* pręfera *Ro*; préfera *Ri.* — 8.
kite *Bl.* d sǫn *Ri*; t sǫn *J.* — 9. plĕn *Ro.* ăple *Bl.* — 10. 1
*Ro Bl Ri.* depula *Ri.* də se *J Bl*; d(ə) sę *Ro*; d se *Ri.* vętmã
*Ro*; vętəmã *Bl.* a *Ro.* krųą̆ *J.* — 11. žezüįs *Ri.* sęz *Ro*; sez

de la croix, le gardaient. Selon une tradition, Jésus aurait prononcé cette parole, qui fut dans son cœur sinon sur ses lèvres: «Père, pardonne-leur; ils ne savent ce qu'ils font . . .»

Ses disciples avaient fui. Mais ses fidèles amies de Galilée, qui l'avaient suivi à Jérusalem, et continuaient à le servir, ne l'abandonnèrent pas. Marie Cléophas, Marie de Magdala, Jeanne, femme de Khouza, Salomé, d'autres encore, se tenaient à une certaine distance et ne le quittaient pas des yeux.

A part ce petit groupe de femmes, qui de loin consolaient ses regards, Jésus n'avait devant lui que le spectacle de la bassesse humaine ou de sa stupidité. Les passants l'insultaient. Il entendait autour de lui de sottes railleries et ses cris suprêmes de douleur tournés en odieux jeux de mots. «Ah! le voilà, disait-on, celui qui s'est appelé Fils de Dieu! Que son père, s'il veut, vienne maintenant le délivrer! — Il a sauvé les autres, murmurait-on encore, et il ne peut se sauver lui-même. S'il est le roi d'Israël, qu'il descende de la croix, et nous croyons en lui! — Eh bien, disait un troisième, toi qui détruis le temple de Dieu, et le rebâtis en trois jours, sauve-toi, voyons!» — Quelques-uns, vaguement au courant de ses idées apocalyptiques, crurent l'entendre appeler Élie, et dirent: «Voyons si Élie viendra le délivrer.» Il paraît que les deux voleurs crucifiés à ses côtés l'insultaient aussi.

---

lez *J Bl.* ôtr *Ri.* — 16. i̧l n *Ro.* pœ s *J Ro.* ę *Ro*; ę *Bl.* di̧zraęl *Ri.* — 17. ę bi̧ĕ *Ro.* — 18. trǫazi̧ęm *Ri.* tu̧ą *J Bl.* detru̧i 1 *Ri.* — 19. rəbati *Ro Ri.* sōv *R̃i*; sōf *Ro.* vóai̧ŏ *J Ro Ri.* — 20. vągəmã *Ro*; vągəmãt *Bl Ri.* sez *J Bl.* — 21. ęli *Ri.* vu̧ai̧ŏ *J*; vóai̧ŏ *Ro.* vi̧ĕdrą 1 *J*; vi̧ĕdra lə *Ri.* — 22. pąrę *Ro Bl Ri* k lę *R̃o*; k le *J Bl*; kə le *Ri.* sę *Ro*; se *J Bl Ri.*

də lạ kroạ, lə gạrdẹ. səlõ ün trạdisiõ, žezü orẹ prọnõse
sẹt pạrọl, ki fü dä sõ kœ:r, sinõ sür sẹ lêvr:   «pẹr,
pạrdọn lœ:r; ịl nə sāv sə kịl fõ.» . . .

    sẹ dịsiplz ạvẹ füi.   mẹ sẹ fidêlz ạmi də gạlile, ki
5. lạvẹ süivi ạ žerüzạlẹm, e kõtinüẹt ạ lə sẹrvīr, nə lạbã-
dọnêr pa.   mạri kleọfās, mạri də mạgdạlá, žan, fạm
də kuzá, sạlomé, dõtrz äkôr, sə tənẹt ạ ün sẹrtẹn distä:s
e nə lə kịtẹ pa dẹz ịœ.

    ạ pār sə pəti grup də fạmə, ki də loẽ, kõsọlẹ sẹ
10. rəgār, žezü nạvẹ dəvä lüi kə lə spẹktakl də lạ bāsẹs
ümẹn u də sạ stüpidite.   lẹ pāsä lẽsültẹ.   ịl ätädẹt
otur də lüi də sõt rạiiəri e sẹ kri süprêm də dulœ:r
turnez ạn ọdịœ žœ d mo.   «a, lə voạla, dizẹt õ, səlüi
ki sẹt ạpəle fiz də dịœ! kə sõ pêr, sịl vœ, vịẽn
15. mẽtənã lə delivre! — ịl ạ sove lẹz õtr, mürmürẹt õ
äkôr, e ịl nə pœ sə sove lüi mêm.   sịl e roạ dizraẹl,
kịl dəsä:d də lạ kroạ, e nu kroạịõz ã lüi! — e bịẽ,
dizẹt œ̃ troạzịẹm, toạ ki detrüi lə tä:pl də dịœ, e lə
rəbatiz ã troạ žūr, sõvf toạ, voạịõ!» — kẹlkəz œ̃,
20. vagəmä o kurã də sẹz ide ạpọkạlịptịk, krü:r lätädr
ạple eli, e dīr: «voạịõ, si eli vịẽdra l delivre.»   ịl
pạ̀rẹ kə lẹ dœ vọlœr krüsifịe ạ sẹ kote lẽsültẹt osi.

---

1. krạạ *J.* slõ *Ri.* trạdisiõ *J.* žezüs *Ri.* õrẹ *Bl.* — 2.
kœ:r *Ri.* sẹ *Ro*; se *J Bl Ri.* — 3. sạv *J.* s kịl *Ro Bl*; sə kil *Ri.*
— 4. sẹ *Ro*; se *J Ri.* dịsipl *J.* se *J Bl Ri.* fidẹlz *Ro*; fidẽlz
*Bl Ri.* — 5. ạ l *J Ro Bl Ri.* — 6. kleofās *Ri*; kleofās *J.* žãn *Bl.*
— 7. sə tnẹt *J Bl Ri*; se tənẹ *Ro.* — 8. nə l *J Bl Ri.* dẹz *Ro*;
dez *J Bl Ri.* — 9. pti *J Ro Bl.* grụp *Ro*; grụᵖb *J.* fạm *Ro Bl Ri.*
lụẽ *J Bl.* kõsõlẹ *Bl.* sẹ *Ro Ri*; se *J Bl.* — 10. rgār *Ro Ri.* žezüs *Ri.*
dvä *Ro.* kə l *Ri.* spẽktākl *Bl.* — 11. t sạ *Ri.* stụ̈pidite *Ro.* lẹ *Ro*;
le *J Ri.* pásä *J*; pãsä *Bl.* ạtädẹ *Ro.* — 12. d lüi *Ri.* rạiịri *J*
*Bl*; rạ̄lri *Ri.* sẹ *Ro*; se *J Bl Ri.* süprẹm *J.* — 13. turnẹ *Ro.*
odịœ *Ro.* mọ *Ri.* — 14. set *J.* fi *Ro.* — 15. l delivre *Ro.* lẹz *Ro Ri*;

Le ciel était sombre; la terre, comme dans tous les
environs de Jérusalem, sèche et morne. ¸Un moment,
selon certains récits, le cœur lui défaillit; un nuage lui
cacha la face de son Père, il eut une agonie de désespoir, plus cuisante mille fois que tous les tourments.
Il ne vit que l'ingratitude des hommes; il se repentit
peut-être de souffrir pour une race vile, et il s'écria:
«Mon Dieu, mon Dieu, pourquoi m'as-tu abandonné?»
Mais son instinct divin l'emporta encore.  A mesure que
la vie du corps s'éteignait, son âme se rassérénait et re-
venait peu à peu à sa céleste origine.  Il retrouva le
sentiment de sa mission; il vit dans sa mort le salut du
monde; il perdit de vue le spectacle hideux qui se déroulait
à ses pieds, et, profondément uni à son Père, il commença
sur le gibet la vie divine qu'il allait mener dans le cœur
de l'humanité pour des siècles infinis.

L'atrocité particulière du supplice de la croix était
qu'on pouvait vivre trois ou quatre jours dans cet horrible
état sur l'escabeau de douleur.  L'hémorrhagie des mains
s'arrêtait vite et n'était pas mortelle.  La vraie cause de la
mort était la position contre nature du corps, laquelle entraî-
nait un trouble affreux dans la circulation, de terribles maux
de tête et de cœur, et enfin la rigidité des membres.  Les
crucifiés de forte complexion ne mouraient que de faim.  L'idée
mère de ce cruel supplice n'était pas de tuer directement le
condamné par des lésions déterminées, mais d'exposer l'esclave,

---

— 13. sür lə *Ro*; sü̦r 1 *Bl*; sü̦r 1 *Ri*.  žibę̦ (-be) *Ro*. — 14. dã l
*Ri*.  lümą̦nite *Bo Bl*.  dę̦ *Ro*;  de *J Bl Ri*. — 15. pą̦rtiküljêr *Ro*.
krǫ̦az etę̦ *J*. — 16. trǫ̦az *Bl*.  ŏribl *Ro*; ŏribl *Bl*. leską̦bo *Ri*. —
17. d(ə) *J*. nĕtę̦ *Ro*. — 18. nătü:r *Bl*. — 19. ătrę̦nę̦t *J*. afrœ *Ro*;
ăfrœ *Bl Ri*. — 20. tę̦rib¹ *J*.  mo d' tę̦t *J*; mo dt tę̦t *Ro*. dę̦ *Ro*;
de *J Bl*. — 21. le *J Bl*.  fǫrt *Bl Ri*.  kə t *J Ro*. — 22. də s *J Ri*.
— 23. de *J Bl*.  dę̦kspŏ́ze *J Ri*; dĕkspoze *Bl*. lĕsklāv *Ro Ri*.

lə siẹl etẹ sõ:br; lạ têr, kǫm dã tu lẹz ä‘virõ də
žerüzạlẹm, sêš e mǫrn.  ̃œ mǫmã, sәlõ sẹrtẽ rẹsi, lə
kœ:r lụi dẹſạiịi;  ̃œ nüãž lụi kăša lạ fạz də sõ pêr; ịl
üt ün ạgǫni də dezẹspoãr, plü kụi′zãt mil foą̣ kə tu
5. lẹ turmã. ịl nə vi kə lẽgrạtitüd dẹz ǫm; ịl sә rәpãti
pœtêtr də sufrīr pur ün rạz vil, e ịl s ekriịa:
«mõ dịœ, mõ dịœ, purkoạ mạ tü ạbãdǫne?» Mẹ
sǫn ẽstẽ dìvẽ lãpǫrta ãkôr.  ̃a mәzü:r kə lạ vi dü kôr
s etẽñẹ, sǫn ãm sə rạserenẹ e rә‘vәnẹ pœ ạ pœ
10. ạ sạ selẽst ǫrižịn. ịl rәtruva lə sãtimã də sạ
misịõ; ịl vi dã sạ môr lə sạlü dü mõ:d; ịl pẹrdi də vü
lə spẹktakl idœ ki sə derulẹt ạ sẹ pịe, e prŏfõdemã
üni ạ sõ pêr, ịl kǫmãsa sụr lə zibẹ lạ vi divin kịl
ạlẹ mәne dã lə kœr də lü‘mạnite pur dẹ sịẹklz ẽñni.
15.    lạtrǫsite pạrtikụlịêr dü süplis də lạ kroạ etẹ kõ
puvẹ vīvr troạz u kạtr žūr dã sẹt ôribl eta sür lẹskạbo
də dulœ:r.  ̃lemǫraži dẹ mẽ sạrẹtẹ vit ẹ netẹ pa mǫrtẽl.
lạ vrẹ kõz də lạ môr etẹ lạ pozisịõ kõtr nạtü:r dü
kôr, lạkẹl ãtrẹnẹt  ̃œ trubl ạfrœ dã lạ sirkülạsịõ, də
20. tẹribl mo də tẹt e t kœ:r, e ãfẽ lạ rižidite dẹ mã:br.
lẹ krüsifịe də fǫrtə kõplẹksịõ nә murẹ kə də fẽ. lide
mêr də sә krüẹl süplis netẹ pa də tüe dirẹktәmã lə
kõdạne pạr dẹ lezịõ detẹrmine, mẹ dẹkspoze lẹsklãv,

1. lẹz *Ro*; lez *J Bl.* ãvirõ *J Bl.* d *J*; d(ə) *Ro.* — 2.
žerüzạlẹm° *Ri.* sẹš *J Bl Ri.* mәmã *J Ro Ri.* resi *J Bl.* — 3.
defạiịi *J Ro*; dẹfạli *Ri.* faz *Ro Bl*; fạs *J Ri.* — 4. ạgǫni d *Bl*;
ạgǫni d(ə) *Ro.* küizãt míl *Ro Bl.* fụạ *J.* — 5. lẹ *Ro*; le *J Bl Ri.*
dẹz *Ro*; dez *J Bl.* — 6. pœtêtr (*ou* p'têtr) *Ro.* d sufrīr *Ri.* rạs
*Bl Ri.* vịl *J Ri.* — 7. pŏrkụạ *Bl.* ma *Ro Ri.* — 8. ẽstẽkt *Ri.*
a mәzü:r *J*; ạ mzü:r *Ro*; ạ mzü:r *Bl*; a mzü:r *Ri.* — 9. rạsẹrenẹ
*Ri.* rәvәnẹ *Ri.* — 10. ǫrižīn *J.* rtruva *Ri*; r°truva *Ro.* 1 sãtimã *J.*
t sạ *J.* — 11. misịõ *Bl Ri.* môr 1 *Ri.* mõdə *J.* d vü *Ri.* — 12. idœ
*Ro.* ki s *Ri*; ki z *J.* sẹ *Ro*; se *J Bl Ri.* ẹ *Bl.* prŏfõdemã *J.*

cloué par les mains dont il n'avait pas su faire bon usage, et de le laisser pourrir sur le bois. L'organisation délicate de Jésus le préserva de cette lente agonie. Tout porte à croire qu'une syncope ou la rupture instantanée d'un vaisseau au cœur amena pour lui, au bout de trois heures, une mort subite. Quelques moments avant de rendre l'âme, il avait encore la voix forte. Tout à coup, il poussa un cri terrible, où les uns entendirent: «O Père, je remets mon esprit entre tes mains!» et que les autres, plus préoccupés de l'accomplissement des prophéties, rendirent par ces mots: «Tout est consommé!» Sa tête s'inclina sur sa poitrine, et il expira.

---

*J.* — 8. tę *Ro*; te *J Ri.* e kg *Bl.* lez ôtr *Ri.* d *Ro.* — dę *Ro*; de *Ri.* sę *Ro*; se *J Bl Ri.* mǫ *Ri.* e *J Bl.* — 10. sa *Bl.* puątrįn *Ro.* ĕkspira *Ro Bl Bi.*

klue pạr lẹ mẽ dŏt i̢l na̢vẹ pa sü fêr bọn üzāž, e də
lə lẹse pu̢rīr sür lə boa̢.  lọrga̢nizạsi̢õ delika̢t də žezü
lə prezẹrva də sẹt lăt a̢gọni.  tu pọrt a̢ kroăr kün
sĕkọp u la̢ rü̢ptü:r ĕstäta̢ne dœ̃ vẹso o kœ:r, a̢mna
5. pur lü̢i, o bu də troa̢z œ:r, ün mọr sü̢'bit.  kẹlkə mọmã
a̢vã də rădr lām, i̢l a̢vẹt ăkôr la̢ voa̢ fọrt.  tu̢t a̢ ku,
i̢l pu̢sa œ̃ kri tẹrībl, u lẹz œ̃ ätădīr: «o pêr, žə rəmẹ
mọn ẹspri ătr tẹ mẽ!»  e kə lẹz ōtr, plü preọküpə də
la̢kŏplismã dẹ prọfesi, rādīr pạr sẹ mo: «tut ẹ kõsọme.»
10. sa̢ têt sĕklina sür sa̢ poatrin, e i̢l ĕkspirā.

---

1. le *Bl Ri.* də 1 (2) *J.* — 2. purīr *Bl.* bu̢a̢ *J Bl.* lọr-
ga̢nizāsi̢õ *Ro.* žezüs *Ri.* — 3. d sẹt *Ro Ri.* — 5. bu t *J Ro.* sü̢bit
*Ro*; sübit *J.* mọmãz *J Bl*; məmã *Ri.* — 6. a̢vã d *Ro.* — 7. pusa
*Ro*; púsa *Ri.* terībl *Bl.* lẹz *Ro*; lez *J Bl.* žə rmẹ *Ro Bl*; žə rəme

# MAURICE D'HULST.

Mgr. d'Hulst, recteur de l'université catholique de Paris, conférencier à Notre-Dame, né à Paris, le 10 octobre 1841, a été élevé aux Tuileries dans la compagnie du comte de Paris et du duc de Chartres. Les lignes suivantes, dont il m'a fait lecture chez lui, sont empruntées à son Panégyrique de Jeanne d'Arc, prononcé dans la cathédrale d'Orléans, le 8 mai 1876, p. 40—42. Mgr. d'Hulst a gardé exactement la prononciation dont il se sert dans ses sermons et qui représente un compromis entre celle des acteurs et celle de la conversation du grand monde de Paris. Ainsi il évite, dans les mots *les, des, mes,* etc., aussi bien l'*e* ouvert des acteurs que l'*e* fermé du style familier et leur donne un *e* moyen, ouvert à demi; il ne prononce la terminasion *-ation* ni -āsi̯õ ni -ạsi̯õ, mais -ạsi̯õ avec un *a* moyen de timbre et de quantité; son *r* est vélaire, mais articulée avec soin et non grasseyée, bien qu'il emploie couramment cette *r* grasseyée dans la conversation. A Notre-Dame (vaisseau immense) la parfaite limpidité et la sûreté de son articulation compensent, et au délà, ce qui pourrait manquer au volume de la voix; il y prononce distinctement la plupart des *e* sourds, qui, à une certaine distance, ne sont plus entendus et ne laissent subsister que l'impression d'une articulation soignée de la consonne précédente. Cette même circonstance explique la prononciation exceptionelle de *conseil* (p. 71, l. 10), avec une l̃, faible, il est vrai, mais bien distinguée de l'i̯ qui, en général, prend sa place.

## Jeanne d'Arc.

. . . . Dieu veut autre chose encore que le salut des individus; il veut l'ordre et la paix entre les peuples. Roi des âmes, il est aussi le roi des nations. C'est lui qui prépare et qui pétrit à l'avance ces groupes humains, qui écrit sur leurs fronts la marque de leur génie, qui forme dans leurs cœurs le désir de leur grandeur et la passion de leur indépendance; puis il les lance dans l'histoire avec leur vocation et leur destinée; il les livre aux entreprises de leur liberté, parfois aux conséquences de leurs fautes; il châtie par l'humiliation de la défaite l'orgueil des succès iniques, et par les mutilations de la patrie sanglante l'injustice des conquêtes. Dans ces tourmentes des guerres désastreuses on voit même des races périr par l'extermination, ou des nationalités disparaître, perdues dans le flot du peuple vainqueur. Mais il est des nations que Dieu aime d'un amour obstiné, des races dont il semble qu'il ait besoin pour faire ici-bas les œuvres de sa Providence. A

lọrgœĭ *Ri.* de *J.* inịkᵊ *Ro*; inik *Bl.* — 11. lẹ *Ro*; le *J Bl Ri.* mütilasịŏ *J Ro.* săglătᵊ *Ro.* dẹ *Ro*; de *J Bl Ri.* kŏkẹt *Ri.* — 12. sẹ *Ro*; se *J Bl Ri.* tụrmä:t *J Bl Ri*; tụrmä:tə *(et pron. rap.* tụrmä) *Ro.* dẹ *Ro*; de *J Bl Ri.* dẹzạstrœ:z *Ro.* dẹ *Ro*; de *J Bl Ri.* — 13. lẹkstẹrminasịŏ *Ro*; -āsịŏ *J*; -ăsịŏ *Bl Ri.* dẹ *Ro*; de *J Bl Ri.* — 14. dã l *Bl Ri*; dã l (dã lə) *Ro.* flọ *Ri.* vŏ́kœ:r *Ri.* mẹ *Ro.* il ẹ *Ro Bl*; il e *J Ri.* dẹ *Ro*; de *J Bl Ri.* nasịŏ *Ro*; năsịŏ *Bl Ri.* — 15. dün (dœn) *Ro.* dẹ *Ro*; de *J Bl Ri.* ras *Bl*; răs *Ri.* — 16. pụr *Bl.* lẹz *Ro*; lez *J Bl Ri.* œ:vr *Bl Ri.* t sạ *Ri.*

žąn dąrk.

... dįœ vœt ōtr šōz ăkôr kə lə sąlü dęz ēdividü;
įl vœ lǫrdr e lą pę̨ ătr lę pœpl[1]. rųą dęz āmə, įl ęt
osi lə rųą dę nasįŏ. sę lüi ki prepār e ki petri ą
5. ląvă:s sę grupᵊz ümē̆, ki ekri sür lœr frŏ lą mąrkə də
lœr žéni, ki fǫrmᵊ dā lœr kœ̨:r lə dezīr də lœr grȧdœ̨:r
e lą pàsįŏ də lœr ēdepādă:s; püiz įl lę lă:s dā listųār
ąvęk lœr vǫką̨sįŏ e lœr dęstiné; įl lę līvr oz ătrprīz
də lœr libęrte, pąrfųąz o kŏsekă:s də lœr fŏt; įl šąti
10. pąr lümiliasįŏ də lą defęt lǫrgœ̨:i̯ dę sų̈ksęz inįk, e
pąr lę mütilasįŏ də lą pątri sāglă:t lĕžų̈stis dę kŏkêt.
dă sę tųrmă:tə dę gêr deząstrœ:z ŏ vųą męm dę rąs
perīr pąr lękstęrminasįŏ, u dę nąsįǫnąlite dįsparêtr,
pęrdü dā lə flo dü pœpł vĕkœ̨:r. męz įl ę dę nasįŏ
15. kə dįœ ęm dœ̨n ąmūr ǫpstiné, dę rąs dŏt įl să:bl kįl
ę bəzų̈ē pūr fêr įsi ba lęz œ:vr də są prǫvidă:s. ą

---

1. žan *Ri*; žan *(pron. rap. žąn) Ro*; žăn *Bl*. — 2. dįœ *Ro*.
šôz *Ri*. kə l *Ro Bl Ri*. są̨lü *J*; salü *Ri*. dęz *Ro*; dez *J Bl Ri*. — 3. pę
*Bl*; pęz *Ri*. lę *Ro*; le *J Bl Ri*. roą *Ri*. dęz *Ro*; dez *J Bl*. ām
*J Ro Bl Ri*. ęt *Ro Ri*; et *J Bl*. — 4. osi l *Bl*. dę *Ro*; de *J Ri*.
nasįŏ *Ro*; năsįŏ *J*; năsįŏ *Ri*. sę *Ro*; se *J Bl*. petrit *Ri*. — 5.
sę *Ro*; se *J Ri*. grupz *Ro Bl Ri*. mąrk *Bl Ri*; mąrk(ᵊ) *Ro*. d *Ri*. —
6. ženi *Ro Bl Ri*. fǫrm *Ro Bl Ri*. d lœr *Bl*. — 7. pasįŏ *Ro*; pāsįŏ
*J*; păsįŏ *Bl Ri*. d *Bi*. püi *Ro Ri*. lę *Ro*; le *J Bl Ri*. — 8. vǫkasįŏ *Ro*;
vǫkāsįŏ *J*; vǫkăsįŏ *Bl Ri*. dęstine *Ri*. lę *Ro*; le *J Bl Ri*. — 9.
d lœr *Ri*. parfųą *J Ro Bl*. d lœr *Ro*. fŏt *Ri*. šą̨ti *J Ro Ri*. —
10. lümiliasįŏ *Ro*; lümiliāsįŏ *J*; lümiliăsįŏ *Bl Ri*. defętᵊ *Ro*.

celles-là, comme à son peuple d'Israël, il annonce bien la
rude sévérité de sa justice: *Visitabo in virga iniquitates eorum;*
mais il s'engage à n'abandonner pas le dessein persé-
vérant de sa miséricorde: *Misericordiam autem meam non
dispergam ab eo,* car il a fait avec ces nations une alliance,
et Dieu ne se parjure point: *Neque profanabo testamentum
meum.*

Que fera-t-il donc? Il laissera venir le châtiment,
terrible, inattendu, accablant. Tous les secours manqueront
ensemble: l'habileté des chefs s'évanouira dans la confusion
des conseils; la bravoure des soldats disparaîtra dans la
panique comme un feu s'éteint dans le flot qui s'élève.
O France, où es-tu? France de saint Louis et de Philippe-
Auguste, tu n'es plus qu'un champ de carnage où le pied
des Anglais foule tes morts, où sa main pille tes trésors,
où sa torche incendiaire brûle tes villes! Crécy et Poitiers,
Azincourt et Verneuil ont enseveli ta gloire avec tes héros.
Un roi fou s'est assis sur les fleurs de lis à la place d'un
sage. La fureur des discordes civiles est venue mettre le
comble à tes maux. D'Armagnacs à Bourguignons on se
renvoie l'assassinat; les princes tombent sous le couteau;
le peuple succombe à la famine. Et parmi tant de ruines,
voici venir pour la patrie française un péril plus grand

e tü *JBl.* e d *Bl Ri;* e t *J.* — 13. ogüst *Ro Ri.* nę *Ro.* šã d
*Ro Ri.* u l *Bl Ri.* — 14. fül *J Ro.* tę *Ro;* te *J Ri.* (pi *Ro*); pil
*Ri.* tę *Ro;* te *J Bl Ri.* — 15. tę *Ro Ri;* te *J Bl.* vil *Ro.* kręsi
*Ro;* krĕsi *Ri.* puątįe *J Bl.* vęrnœ:į *Ro Bl;* vęrnœl *Ri.* — 16.
ãsəvli *J Ri.* tę *Ro;* te *J Bl Ri.* ęro *J Bl.* sęt *Ro;* set *J Bl Ri.*
— 17. lę *Ro;* le *J Bl.* lis *J Bl Ri;* li(s) *Ro.* dę *Ro;* de *J Bl.* —
18. diskọrdᵊ *Ro Bl.* ę *Ro;* e *J Bl.* vnü *J Ri.* mętr *Ri.* tę *Ro;*
te *J Bl Ri.* — 19. dạrmạñạk *Ro Bl.* õ z *J;* õ s *Ri.* lę *Ro;* le
*Bl Ri.* — 20. l *J Ro Bl Ri.* kúto *J.* pœpl *Bl.* fạmịn *J Ro Bl Ri;*
fạmĩn *Bl.* tã d *Ri.* — 21. rüịn *J.* vọạsi *Ri.* grã *Bl.*

sĕl la kǫin ą sõ pœpl d izraĕl, įl ąnõ:s bįĕ lą rüdᵉ
severite də są žǫstįs : vizitábo iu vįrga iniküitátēz
eôʹrǫm; męz įl sāgāž a nąbādǫne pa lə dęsĕ pęrseverā
də są mizerikŏrdə : mizerikǫ́rdįąm ótęm méąm nǫn
5. dįspę́rgąm ąb éo, kąr įl a fęt ąvęk sę nąsįõ ün ąlįā:s,
e dįœ nə sə pąržü:r pųĕ : nékįᷲe prǫfanábo tęstąmę́ntǫm
méǫm.

    ke fərą t įl dŏk? įl lęsra vənīr lə šatimā, tęrībl,
inątādü, ąkablā. tu lę səkūr mākərŏt äsä:bl : ląbilte
10. dę šĕf sevąnuira dā lą kŏfüzįõ dę kösęl; lą brąvūr
dę sǫlda dįspąrêtra dā lą pąnįk kǫin œ̃ fœ setĕ dā
lə flo ki selêv. o frã:s, u ę tü? frã:s də sĕ lui e də
filįp ogṳst, tü nę plü kœ̃ šã də kąrnāž u lə pįe də
lāglę fūl tę môr, u są mĕ pīį tę trezôr, u są tǫrš
15. ẽsādįêr brül tę vīl! kresi e poątįe, ązĕkūr e vęrnœįᵉ
õt äsəvəli tą glųār ąvęk tę ero. œ̃ rųą fu sęt ąsi
sųr lę flœ:r də li ą lą pląs dœ̃ sāž. lą fürœ:r dę
diskŏrd sivīl ę vənü mĕtr lə kõ:bl ą tę mo. dąrmą-
ñąkz ą bųrgį̃õ õ sə rãvųą ląsąsina; lę prẽ:s tõ:b su
20. lə kuto: lə pœpl sųkõ:b ą lą fąmīnᵉ. e pąrmi tā də
rų̃in, vųąsi vənīr pur lą pątri frãsêz œ̃ peril plü grãt

    1. įszraĕl *Ro Bl.* ąnõ:z *J.* rüd *Ro Bl Ri*; rüd *J.* — 2. d są *Ri*;
t są *J B.* vizitabó in virgá (viɹgá *J*) *J Ro Bl Ri.* iniküitatĕs *(ou
-ĕz, ou -ęsz)* Ro; -atĕs *J*; -atęs *Bl*; -atęz *Ri*. — 3. eǫrǫ́m *J Ro
Bl*; eōrųm *Ri.* ą *Bl.* desẽ *Bl*; dəʹsẽ *J*; dĕsẽ *Ri.* — 4. t są *J.* mizeri-
kǫrd *J Ro Bl Ri.* mizerikǫrdįą́m otę́m meą́m nŏn *J Ro Bl Ri.* —
5. dįspęrgą́m ą beó *J Ro Bl Ri.* fę *Ro.* sę *Ro*; se *J Bl Ri.* nasįõ *J*;
nãsįõ *Bl Ri.* ą́lįā:s *Ri.* — 6. nə s *J Bl Ri.* pǫẽ *Ri.* nekǘé prǫfąnabó
*J Ro Bl Ri.* tęstąmẽtǫ́m *J Ro*; -ęntųm *Ri.* — 7. meŏm *J Ro Bl*;
meų́m *Ri.* — 8. frą *Bl.* vnīr *J Bl Ri.* terībl *Bl Ri.* — 9. inątādü
*Ro Bl Ri.* ąkaʹblā *Ro Ri.* lę *Ro*; le *J Bl Ri.* skūr *J Bl Ri.* mākrŏt
*J Bl Ri.* ląbilte *J Ro*; ląbilte *Bl.* — 10. dę *Ro*; de *J Bl Ri.* (šêf *Ro*).
dę *Ro*; de *J Bl Ri.* kösęį *J Bl*; kösęį(ə) *J.* brą́vūr *Ri.* — 11. dę *Ro*;
de *J Bl.* pąnįk *Ro*; pąnik *Bl.* — 12. 1 *Bl.* flǫ *Ri.* ę tü *Ro Ri*;

encore: ses enfants ont commencé à douter d'elle. Ils n'osent pas se dire Anglais, mais ils se font Bourguignons, et c'est tout un. Un roi anglais, vassal de France, un roi de dix mois est proclamé dans la basilique de Saint Denis monarque des deux royaumes: le sol de France demeure sous le ciel; mais la nation de France va périr. O Dieu, est-ce là ce que vous voulez?

Non, Messieurs, Dieu ne le veut pas! Et c'est parce qu'il ne le veut pas qu'il a laissé venir les choses en ce point. Moins abattue, moins détruite, la France eût paru peut-être se relever d'elle-même, et l'on eût vu moins clairement que Dieu veut qu'elle vive.

Levez-vous donc, Seigneur, et paraissez seul en cet ouvrage!

Voyez-vous, dans ce village de Lorraine, la petite maison du paysan Jacques d'Arc? Là grandit une enfant douce et pure, qui ne sait rien que son Pater. Comme tous les gens de Domremy, sauf cet unique Bourguignon auquel elle trouverait bon, si Dieu le permettait, que l'on ôtât la tête, Jeanne est Armagnac, c'est-à-dire Française. Elle a ouï parler du malheur des guerres; elle a même dû pour quelques jours fuir de son village avec les siens pour éviter le passage des bandes. Pourtant le coin de vallée qu'elle habite est tranquille d'ordinaire; coudre et filer, prier et obéir, aux jours de fête tresser des guirlandes et les porter à l'autel de Marie, voilà quel fut l'emploi de cette existence de treize ans. Ah! mon Dieu, qu'a

ôta *Ri.* têt *Ro Ri.* ęt *Ro Ri.* sęt *Ro Ri.* — 17. dę *Ro;* de *J Bl Ri.* ęl *Ro.* — 18. d sŏ *Ro.* lę *Ro;* le *J Ri.* evite *Ro Bl Ri.* — 19. dę *Ro;* de *J Bl Ri.* bă:d *J Ro Ri.* pùrtă *Ro.* 1 *Ri.* d vąle *J Ro.* ę *Ro;* e *J.* — 20. priįe *Ro Bl;* priįęr *Ri.* d *Ri.* fêt *Ro Ri;* fęt *J.* — 21. trę́se *Bl.* de *Bl Ri.* lę *Ro;* le *Bl.* pǫrte *Ro.* mǎri *J.* kęl *Ro.* — 22. trếz *J.*

ăkôr: sęz ăfäz ŏ kǫmäse ạ dute dĕl.  įl nŏz pa sə dir
ăglę; mǫz įl sə fŏ burgįñŏ, e sę tųt œ̃.  œ̃ rųạ ăglę,
vạsạl də frä:s, œ̃ rųạ də di mųạ ę prǫklame dä lạ
bazilįk  də sĕ dni mǫnạrkᵉ dę dœ rųạįŏm : lə sŏl də
5. frä:s dəmœ:r su(l) sįĕl; mę lạ nạsįŏ də frä:s va perīr.
o dįœ, ę sə la s kə vu vule?

nŏ, mǫsįœ, dįœ nə l vœ pa!  e sę pạrs kįl nə lə
vœ pa, kįl a lęse vənīr lę šŏz ä sə pųœ̃.  mųœ̃z
ạbạtü, mųœ̃ detrųit, lạ frä:s ü parü pœtêtr sə rələve
10. dĕl mêm, e lǫn ü vü mųœ̃ klęrəmä kə dįœ vœ kĕl vīv.

ləve vu dŏk, sęñœ:r, e pạrĕse sœl ä sęt uvrāž!

voạįe vū, dä sə vilāž də lǫrên, lạ pətit męzŏ dü
pęizä žakə dạrk?  la grädit ün äfä dūs e pü:r, ki
nə se rįĕ kə sŏ patêr.  kǫm tu lę žä də dŏrəmi, sŏf
15. sęt ünįk burgįñŏ okĕl ęl truvərę bŏ, si dįœ lə pęrmĕtę,
kə lǫn ota lạ tęt, žān ęt ạrmạñạk, sęt ạ dīr fräsêz.
ĕl a ui pạrle dü mạlœ:r dę gêr; ĕl a męm dü pur
kĕlkə žūr füīr də sŏ vilāž ạvęk lę sįœ̃ pur èvite lə
pasāž dę bä:də.  purtä lə kųœ̃ də vạle kęl ạbit ę träkįl
20. dǫrdinêr; kūdr e file, prįįer e ǫbeīr, o žūr də fêtə
trĕse dę girlä:d e lę pǫrter ạ lotĕl də mạrī, vųạlạ kĕl
fü l äplųạ də sĕt ęgzįstä:s də trêz ä.  A! mŏ dįœ, ka


1. sęz *Ro*; sez *J Bl Ri*.  dęl *Ro*.  äfä *Ro Bl*. (pa s *Ro*). —
2. sę *Bl Ro*; se *J*.  tųt *J*; tut *Bl*. — 3. ę *Ro Bl Ri*; e *J*. — 4. bázilįk
*Ri*.  mǫnạrk *Ro Bl Ri*.  dę *Ro*; de *J Bl Ri*.  roạįŏm *Bl Ri*. — 5.
dəmœ:r *Ri*.  su l *J Ro Bl Ri*.  nasįŏ *Ro*; nāsįŏ *J*; nãsįŏ *Bl Ri*.  pęrīr *Bl*.
— 6. dįœ *Ro*.  ę sə *Ro Bl*; ę s *J*; ę s *Ri*.  lạ *Ri*. — 7. mesįœ *J Bl*.
nə lə *J Ro*.  sę *Ro Ri*; se *J*. — 8. lę *Ro*; le *Bl Ri*.  šŏz *Ri*; šŏz(ə) *Ro*.
ä s *Ri*. — 9. ạbạtü *Bl*.  detrųit *Ro*.  pœtêtr *Ro*.  rəlve *J Ro*. —
10. klęrmä *Ri*.  vīvᵉ *Ro*. — 11. pạręse *Bl*. — 12. s *Ri*.  ptįt *Ro Bl Ri*.
— 13. žak *J Ro Ri*; žãk *Bl*.  grädi *Ro*. — 14. n *Ro Bl Ri*.  sę
*Bl*.  k *Ri*.  lę *Ro*; le *J Bl Ri*.  žä (d) *Ro*.  dŏrmi *Ri*.  sôf *Ri*. — 15. sĕt
*Bl Ri*; sęt *J*.  truvrę *Ro Bl Ri*.  dįœ l *Bl Ri*. — 16. lŏn *Bl*.

donc à faire cette enfant avec le salut de la France? J'ai bien lu dans vos Écritures que vous aimez à prendre la faiblesse et le néant pour vos instruments dans ce monde: *infirma mundi et ea quae non sunt;* mais jamais êtes-vous descendu jusqu'à re rien?

Tel est pourtant le choix de Dieu.

dõk ą fêr sĕt äfä ąvęk lə sąlü də lą frã:s? že bįĕ lü
dã voz ekritü:r kə vuz ęmez ą prã:dr lą fęblęs e lə
neã pur voz ĕstrümã dã z mõ:d : ĕfirma mõdi ęt ea
kųę nǫn sõt; mę žąmęz ęt vu dəsädü žüską sə rįĕ?
5.          tĕl ę purtã lə šųą də dįœ.

1. ąvĕk 1 *Ri (Ro)*. d lą *Ro Ri*. — 2. ęmo *Ri*. a *Bl*. fęblĕs
*Bl*. — 3. dã s *J Ro Bl*. ĕfirmá *J Ro Bl*; infirma *Ri*. mõdí *J Ro
Bl*; mųndi *Ri*. ę teá *J Ro Bl*. — 4. kųe *J Ro*. nõ *Ro*. sųnt *Ri*.
žąmę *Ro*. žüska sə *Ro*; žüska s *Bl Ri*. — 5. tęl *J*. ę *Ro*; e *J Ri*.
šųa *Ri*.

# CHARLES LOYSON (P. HYACINTHE).

M. Hyacinthe Loyson, né à Orléans, le 10 mars 1827, passa
sa jeunesse à Pau, et n'a jamais habité Paris sans interruption.
En me lisant le passage suivant, tiré d'une conférence faite, en 1878,
au cirque d'hiver de Paris (Principes de la Réforme catholique, Paris
1878, p. 17 ss.), M. Hyacinthe doutait de pouvoir prononcer ces paroles
avec l'emphase nécessaire, parce que, pour l'avoir, il lui faudrait,
disait-il, un auditoire plus nombreux; cependant, calme et assez
indifférent au commencement de la lecture, il s'anima bientôt et prit
à la fin entièrement le ton énergique et saisissant qui lui est
habituel quand il parle en public, tout en modérant sa voix sonore
et puissante. Sa prononciation se rapproche beaucoup de celle de
la scène: l'*r* dentale lui est naturelle; *ses, les, des*, etc. ont un
*e* ouvert rarement négligé. Dans les mots en -*ation* M. Hyacinthe
hésita entre -*āsi̯ŏ* et *ăsi̯o;* il prononça *e* ouvert dans *j'ai*, je *sais*,
*c'est; mettre* p. 79, l. 14 avec un *e* ouvert long; ses *e* fermés protoniques eurent la tendance familière de s'ouvrir; les infinitifs en
-*er* prirent, dans la liaison, comme chez M. Renan, un *e* ouvert
presque long. — A l'entendre, personne ne se douterait que M.
Hyacinthe, maître dans l'art oratoire lui-même, n'a jamais reçu de
leçons de diction.

L'origine du déisme.

... Et maintenant je me demande comment le déisme, c'est-à-dire cette autre forme de la religion naturelle qui nie la réalité et jusqu'à la possibilité de la révélation, a pu se produire dans le monde précisément après que le christianisme l'avait enrichi de sa lumière et de ses bienfaits.

Le déisme est un nouveau venu, il ne date guère que du siècle dernier: car, malgré ses analogies avec la doctrine socinienne, il n'est pas juste de le confondre avec elle. Son berceau fut en Angleterre, et l'on sait le nom de son illustre patron, lord Bolingbroke, conservateur en politique et radical en religion, libre penseur et tory. Toutefois, malgré Bolingbroke et ses amis, le déisme serait sans doute demeuré obscur, s'il n'avait eu la fortune de mettre à son service, presque en naissant, la royauté alors incontestée de la langue française, et cette autre royauté des deux puissants esprits qui exercèrent une influence décisive sur leur siècle, et. je ne crains pas d'ajouter sur le nôtre: Voltaire et Rousseau.

------

— 11. bọlịnbrọk *Ri.* rlĭžiŏ *Ro Bl Ri.* — 12. tútfụạ *J Ro.* mạrgre *Ro.* bọliɤbrọk *Ri.* sez *J Bl Ri.* — 13. dut *Bl.* — 14. mẹtr *J Bl;* mĕtr *Ro.* rụại̯óte *Ro;* roại̯ote *Bl.* — 15. ạlôr *J Ro Bl.* d lạ *Ri.* sĕt *Ri.* rụại̯óte *Ro;* roại̯ote *Bl.* dẹ *J;* de *Bl Ri.* — 16. egzẹrsêr(t) *Ro.* — 17. sịẹkl⏜ *Ro Bl Ri;* sị̆ĕk¹ *J.* žə n *J.* rűso *Bl Ri·*

lǫrižin dü deism.

... e mē′tənā žə m dəmā:d kǫmā lə déįsmᵊ, sęt ą
dīr sęt ōtr fǫrm d lą rəližįõ nątürĕl ki nī lą reąlite e
žų̈ską lą pǫsibilite də lą reveląsįõ, ą pü sə prǫdüįr
5.  dā l mõ:d presizemāt ąprę kə lə kristįąnīsm łąvęt
āriši t są lümįêr e t se bį̆ĕfę.

Lə deism ęt œ̃ nuvo vənü, įl nə dątə gêr kə dü
sįęklə dęrnįe : kąr, mąlgre sęz ąnąlǫžiz ąvęk lą dǫktrin
sǫsinįęn, įl nę pa žüst də l kõfõ:dr ąvęk ęl. sõ bęrso
10.  füt ąn āglətêr, e lõ sę lə nõ d sǫn ilüstr pątrõ, lôr
bǫlįbrǫk, kõsęrvątœ:r ā pǫlitįk e rądikąl ā rəlīžįõ, libr
pāsœ:r e tǫri. tutfųą, mąlgre bǫlįbrǫk e sęz ąmi, lə
deism sərę sā dųt dəmœre ǫpskü:r, sįl nąvęt ü lą
fǫrtün də mêtr ą sõ sęrvis, pręsk ā nęsā, la rų̀ąįote
15.  ąlôrz ĕkõtęste də lą lā:g frāsêz e sęt ōtr rų̀ąįote dę
dœ püįsā:z ęspri ki ęgzęrsêrt ün ĕflüā:s desizīv sür lœr
sįęklə, e žə nə krē̃ pa dąžute s¨r lə nōtr : vǫltêr e rūsó.

<hr>

1. lǫrižin *Ro.* deįszm *Ro* ; deismᵊ *Bl* ; dęism *Ri.* — 2. mē̆tənā
*Bl* ; mē′tnā *Ri.* žə mə *J Ro Ri.* dəmā:də *J.* deism *J* ; deįsm *Ro*
*Bl Ri.* sĕt *Bl* ; set *J.* — 3. ôtr *Ri.* reąlite *Ri.* — 4. žų̈ska *Ro.*
pǫ̀sibilite *Ro.* d la *Ri.* revelasįõ *Ro* ; -āsįõ *J* ; -ăsįõ *Bl Ri.* pü s *Bl Ri* ;
s(ə) *Ro.* — 5. presizemā *Bl* ; *(ou pręs-)* *Ro* ; pręsizemāt *Ri.* kə l
*J Ro Ri* ; k lə *Bl.* kristįąnĭsm *Bl.* — 6. də są *J.* sę *Ro.* — 7.
deįszm *Ro* ; déism *Ri.* et *J.* vᵊnü *J* ; v(ə)nü *Ro.* dąt *Ro Bl Ri.*
— 8. sįękl *J Ro Bl Ri.* kār *J.* sez *J Ri.* ąnąlǫži *Ro Bl.* — 9. ne
*J Ri.* žų̈stə *J.* də lə *J Ro.* ĕl *J.* bĕrso *Ro Bl* ; bęⱼso *J.* —
10. se *J* ; *(ou sę)* *Ro.* l *Bl.* do *J Bl Ri.* *(ilüstr pron. rap.)* *Ro.*

Dans cette fameuse *Préface de Cromwell*, qui fut, en France, le programme de la révolution littéraire, Victor Hugo écrivait ceci: «La queue du XVIII<sup>e</sup> siècle traîne encore dans le XIX<sup>e</sup>; mais ce n'est pas nous, jeunes hommes qui avons vu Bonaparte, qui la lui porterons.»

Eh bien, Victor Hugo se trompait, et il en a fait amende honorable.

En ce qui me concerne, j'affirme que jamais, pour le bien comme pour le mal, le XVIII<sup>e</sup> siècle ne nous a autant dominés qu'aujourd'hui.

Je n'éprouve aucun embarras à trouver devant moi Voltaire. Car, pour Rousseau, je l'ai nommé, mais je n'en parlerai pas aujourd'hui. Son déisme n'a jamais été aussi clair, aussi ferme que celui de Voltaire, et même, dans l'ouvrage qui contient ses dernières pensées religieuses, les *Lettres écrites de la montagne*, il réclame avec énergie, presque avec colère, le titre de protestant. Il affirme, à sa manière il est vrai, mais enfin il affirme, la révélation chrétienne et la divinité de Jésus-Christ, et je ne vois pas comment les pasteurs sociniens de Genève ont pu l'exclure justement de l'Église chrétienne, telle qu'ils la concevaient.

Je disais que je n'éprouve aucun embarras à rencontrer, dans un sujet auquel elle s'impose et dans une heure où malheureusement elle divise et passionne, la grande mémoire de Voltaire. Je ne suis

---

*Ro.* — 16. rə'klam *Ro.* tit<sup>r</sup> *Ro.* — 17. afịm *(bis)* *J Ro Bl*; ắfirm *Ri.* są *Ri.* ę *Ri.* — 18. revelăsịõ *Bl Ri.* də *J Bl.* krist *Ri.* žə n *J Bl.* vụa *Bl.* — 19. le *J Bl Ri.* də žnêv *Ro Bl Ri*; də žənêv<sup>ə</sup> *J.* lęsklü:r *Bl.* — 20. kõsvę *J.* — 21. kə ž neprūv(<sup>ə</sup>) *Ro.* ăbara *Bl*; ăbaraz *Ri.* a *Bl.* — 22. süžę *Bl.* sẽ'pôz *Ri.* malœ- rœzəmät *Ri.* — 23. pasịŏn *J*; pạsịọn *Bl*; păsịŏn *Ro.* grã'd *Ro*; grăd<sup>ə</sup> *Bl.* memụār *Ri.* žə nə *Ro.*

dā sĕt fą̊mœ:z prefą̊s də krǫmu̯ęl, ki füt ä frā:s,
lə prǫ́grą̊m də lą̊ rę̊vǫlüsi̯ȭ literêr, vi̯ktǫr ügó ekrivę̊
sə̊si : «lą̊ kœ̆ dü dizu̯iti̯ęm si̯ęklə trên ākôr dā lə
diznœvi̯ęm; mę̊ sə nę̊ pa nú, žœ̊nz ǫm ki ą̊vŏ vü
5. bǫną̊pą̊rt, ki lą̊ lu̯i pǫrtərȭ.»

e bi̯ĕ, vi̯ktǫr ügó s trȍpę̊, e i̯l ą̊n ą̊ fę̊t ą̊mā:d
ǫnǫrābl.

ä s ki mə kȍsę̊rn, žą̊firmə kə žą̊mę̊ pur lə bi̯ĕ
kǫm pur lə mą̊l, lə dizu̯iti̯ęm si̯ękl nə nuz ą̊ otā dǫmine
10. kǫžurdu̯i.

žə nę̊prūv okœ̊n ābara ą̊ truve dəvā moą̊ vǫltêr.
ką̊r, pur rusó, žə lę̊ nǫme, mę̊ žə nä pą̊rlərę̊ paz
ožurdu̯i. sȍ deism na žą̊mę̊z ete osi klêr, osi fę̊rm
kə sə̊lu̯i də vǫltêr, e mę̊m, dā lùvrāž ki kȍti̯ĕ sę̊
15. dę̊rni̯êr päse rə̊liži̯œ:z, lę̊ lę̊trz ekrit də lą̊ mȍtą̊ñ, i̯l
reklām ą̊vę̊k enę̊rži, pręsk ą̊vę̊k kǫlêr lə titr də prǫtę̊stā.
i̯l ą̊firm, ą̊ są̊ mą̊ni̯êr i̯l ę̊ vrę̊, mę̊z āfĕ, i̯l ą̊firm, lą̊
revelasi̯ȭ kreti̯ę̊n e lą̊ divinite d žezü kri, e žə nə vu̯ą̊
pa kǫmā lę̊ pą̊stœ̊r sǫsini̯ĕ d žə̊nêv ȍ pü lę̊ksklü:r
20. žüstə̊mā də legliz kreti̯ę̊n, tę̊l ki̯l lą̊ kȍsəvę̊.

žə dizę̊ kə žə neprūv okœ̊n ābara ą̊ räkȍtre, däz
œ̃ süžę̊ okę̊l ĕl sĕ′pȍz e däz ün œ̊:r u mą̊lœrœzə̊mā ĕl
diviz e pą̊si̯ǫn, lą̊ grād memu̯ār də vǫltêr. žə n su̯i

---

1. fą̊mœ:z *Ro Bl Ri.* prefaz *Ro.* — 2. prǫgrą̊m *J Ro Bl Ri.*
ą̊ *Ri.* revǫlüsi̯ȭ *J Bl.* — 3. si̯ękl *Ro Bl Ri*; si̯ĕkl *J.* trĕn *J.*
ä 1 *Ro Ri (Ro).* — 4. diznœvi̯ęm *Bl.* s nę̊ *Bl Ri.* — 5. pǫrtrȍ
*Ro Ri.* — 6. ügǫ *Ro.* sə *J.* ą̊n̄ *Bl.* fę̊ *J Ro.* — 7. ǫnǫrābl *J Ro*
*Bl*; ǫnǫrăbl *Ri.* — 8. s ki m *J Bl Ri.* kȍsę̊ɪn *J Ro*; kȍsę̊rn *Bl Ri.*
žą̊fiɪm *J Ro*; žą̊firm *Bl Ri.* žą̊mę̊ *Ro Ri.* — 9. a *Ro Bl Ri.* — 10.
kǫžǫrdu̯i *Bl*; kǫžu̯rdu̯i *Ri.* — 11. neprūv *J.* okün *Ro*; okœ̆n *Ri.*
trúve *Ri.* dvä *J*; d(ə)vä *Ro.* vǫ́ltêr *Ri.* — 12. rúso *Ro.* le *J Bl.*
pą̊rlərə *J Ro Bl Ri.* — 13. deiszm *Ro.* fĕɪm *J.* — 14. slu̯i *Bl Ri.*
ę̊ mêm *Bl.* luvrāž *Ro Bl Ri.* se *J Bl Ri.* — 15. le *J Bl Ri.* lĕtr

pas un disciple de Voltaire, mais je suis l'admirateur de son talent, plus que cela, du grand usage qu'il en a fait toutes les fois qu'il l'a mis au service de la vérité, de la tolérance et de la justice.

Voulez-vous entendre comment s'exprimait à son égard le prêtre français qui l'a combattu, de son vivant même, avec le plus de courage et de succès, l'abbé Guénée: «C'est le plus brillant et le plus vaste génie de son siècle, celui qui renverse les pernicieux et insensés systèmes des sophistes et des athées, et qui poursuit sans relâche le fanatisme, cause de tant de crimes et de tant de guerres dans notre patrie et dans le reste de l'univers.»

C'est ainsi, messieurs, que l'on pensait et que l'on écrivait dans le clergé de France, au XVIIIᵉ siècle!

Cela dit, je n'ai pas besoin d'ajouter que, lorsque Voltaire fait remonter — et il le fait souvent, trop souvent, hélas! — ses attaques et ses sarcasmes de la superstition et du fanatisme au christianisme lui-même, je me sépare de lui avec énergie et, quand il le faut, avec indignation.

Mais, même alors, je ne peux m'empêcher de songer à cette parole profonde d'un chrétien austère, d'un catholique orthodoxe et réformateur, aussi grand que méconnu, Bordas-Demoulin: «En commençant par Luther et par Calvin, Voltaire est le troisième grand exécuteur de la souveraine justice sur l'Église.»

---

*Ri*; si̯ęk¹ *J.* — 13. səla dí *J*; səlą̆ dí *Ro Bl Ri.* ne *J.* b(ə)zu̯ē *Ro.* dą̆žute *Ro.* — 14. rəmŏte *J.* tro *Bl.* ę̆lās *Ri.* — 15. sez *J Bl.* ątāk *Ro.* se *J Bl Ri.* są̆rkāszm *Ro.* süpęrsti̯si̯ŏ *J Ro Ri.* — 16. kristi̯ąnism *J Ro*; -i̯sm *Ri.* žə m(ə) *Ro.* də lü̯i *J Bl Ri.* — 17. ĕdi̯ñasi̯ŏ *J Ro*; -ăsi̯ŏ *Bl Ri.* — 18. žə ne *Ro Bl.* də *J.* sŏže *Ro Bl.* sĕt *Bl Ri.* — 19. pą̆rŏl *J.* prǫfŏ:d *Ro Ri.* — 20. refǫrmą̆tœ:r *J Bl.* grä̆′ k *Ro Ri.* bǫrdas *Ro Ri*; bǫrdaz *Bl.* demulē̆ *Ro Bl Ri.* — 21. e 1 *J*; ę 1 *Bl.* — 22. suvrên *Bl.* žu̯sti̯s *Ro Bl Ri*; žü̯stis *J.* legliz *J.*

paz œ̃ disipl də vǫltêr, mę žə sŭi lądmirątœ:r də sõ
tą́lä, plü kə sələ, dü grä't üzäž kịl ąu ą fę tųt lę fųą
kịl lą miz o sęrvis də lą verite, də lą tǫlerä:s e d lą zụ̈stis.

    vule vúz ätä:dr kǫmä sęksprimęt ą sǫu egär lə
5. prêtr fräsę ki la kŏbątü, də sõ vivä męm, ąvęk lə plü
də kuraž e t sŭksę, ląbe gęnc : «sę lə plü briịä e lə
plü vąstə ženi t sõ sịękl, səlǚi ki rä'vęrs lę pęrnisịœz
e ēsä:se sistęm dę sǫfistəz e dęz ąte, e ki pųrsüi sä
rläš lə fąnątịsm, kōz də tä də krim e də tä də gêr
10. dä nǫtr pątri e däl ręstə də lünivêr.»

    sęt ēsi, męsịœ, kə lŏ pä'sę e kə lǫu ckrívę dä
l klęrže də frä:s, o dizǚitịęm sịêklə.

    səlá di, žə nę pa bəzụē dąžúte kə, lǫrskə vǫltêr
fę rmŏte — e ịl lə fę suvä, trǫ́ suvä, eläs! —
15. sęz ątąk e sę sąrkąsm də lą süpęrstisịǒ e dü fąnątism
o kristịąnismə lǚi męm, žə mə sepär d lǚi ąvęk enęrži
e, kät ịl lə fo, ąvęk ēdiñąsịǒ.

    mę, męm ąlôr, žə n pœ mäpęše t sõžęr ą sęt
pąrôl prǫ́fö:d dœ̃ kretịē ǫstêr, dœ̃ kątǫlik ǫrtǫdǫks e
20. rəfǫrmątœr, osi grä kə mekǫnü, bǫrdá dèmülē : «ä
kǫmäsä pąr lütê'r e pąr kąlvě', vǫltêr ę lə trųązịęm
grät ęgzekütœr də lą suvərên žụ̈stisə sür lęglīz.»

---

1. mę ž *Ri.* d sõ *Ri.* — 2. plü k *Ro Bl*; plüs kə *Ri.* səla
*Bl.* grät *Bl.* tut *Ri.* le *J Bl Ri.* — 3. mi(z) *Ro.* sęrvisz *Ro·*
d lą *J.* vęrite *Bl.* d lą tǫl. *Ri.* — 4. vule vu(z) *Ro.* vuz *Bl Ri·*
kǫ'mä *Bl.* sēksprimę(t) *Ro.* — 5. d sõ *Ri.* mêmə *Bl.* ąvěk 1
*Ri.* — 6. d *Ro.* kuräž *J Bl Ri.* t sŭksę *J*; də süksę *Bl.* gęnə
*J*; gęne *Ro*; gēne *Bl Ri.* se *J.* 1 plü *Bl.* brilä *Ri.* — 7. västə
*Bl Ri.* dt *Ro.* sịękl *J.* rävęrs *Ro Bl.* le *J Bl.* pęrnisịœ(z) *Ro.*
— 8. de *J Bl Ri.* sǫfistz *J Bl Ri.* dez *J Bl Ri.* — 9. fąnątịszm
*Ro.* tä' d krim *Ro Ri*; t krim *J.* e d *Bl.* tä d *J Ro Ri.* — 10.
rěst *J*; ręst *Ro*; rêst *Ri.* — 11. set *J.* měsịœ *Ro*; męsịœ *Bl*;
mesịœ *J.* lǒn *Ri.* ekrivę *J Ro.* — 12. sịękl *Ro*; sịękl *Bl*; sịękl

D'où vient, messieurs, que Voltaire et les meilleurs d'entre les philosophes de son temps furent déistes? Le christianisme était-il donc dépassé? Le déisme arrivait-il à son heure, comme la nouvelle conception religieuse qui répondait à un développement nouveau de l'esprit humain?... Et qu'y avait-il donc entre l'Évangile et le XVIIIe siècle?

Ce qu'il y avait? La vision funèbre que Voltaire a pris soin de nous décrire. Vous savez, dans ces allées si vertes et si riantes où se promenaient les sages, et où il allait lui-même de Numa à Pythagore, de Pythagore à Socrate: des monceaux d'os blanchis, des hommes massacrés par milliers au nom de Jésus-Christ! Et quand, sur la colline qui domine tout, il rencontre enfin le jeune homme doux et simple, aux mains meurtries et gonflées, au regard mélancolique fixé sur tant de victimes: «Vous n'avez donc contribué en rien, lui demande-t-il avec anxiété, par vos discours ou mal rendus, ou mal interprétés, à ces monceaux affreux d'ossements que j'ai vus sur ma route en venant vous consulter?» Eh bien, j'ignore si la réponse négative de Jésus le convainquit pleinement; mais ce que je sais, c'est que la vision des charniers des chrétiens, comme il les appelle, hanta jusqu'à la fin son imagination, et qu'il ne put se décider à voir dans un maître si mal compris ou si mal obéi autre chose qu'«un Socrate rustique; un théiste israélite, ainsi que Socrate fut un théiste athénien.»

---

mą̊l *J Ro.* se *J Bl Ri.* mõsoz *Bl Ri*; mõso(z) *Ro.* dõsmã *Ri*; dõsmã *J.* že *J Bl.* — 17. rutə *Ro.* vnã *J Ri.* ę bi̯ę̃ *Ri.* žįñôr *Ro.* — 18. plęnəmã *Ro Ri*; plĕnmã *Bl.* se *J.* — 19. se *J.* de *(bis) J Bl Ri.* lez *J Bl Ri.* ą̊pĕl *Ro Bl Ri.* — 20. imažinăși̯õ *Bl Ri.* pü s *Ri*; pü z *J.* deside *Bl Ri.* — 21. mą̊l kõpri *J Bl.* ǫbęi *Ri.* ôtr *Ri.* — 22. šôz *Ri.* sǫ́krą̊t *Ro*; sǫkrą̊t *J Ri.* rüstik *J*; rų̈stik *Bl.* iszrą̊elįt *Ro*; izraelįt *J*; izrą̊elįt *Bl Ri.* ĕsi k *Bl Ri.* — 23. teist *J.*

dú vįĕ, mẹsįœ, kə vǫltêr ẹ lẹ mẹįœr dătr lẹ filǫsǫf
dɔ̃ sõ tă für deist?   lə krįstįąnįsm etẹt įl dõ dẹpase?
lə deism ąrivẹt įl ą sǫn œ:r, kǫm lą nuvĕl kõsẹpsįõ
rlicœ:z ki repŏdẹt ą œ̃ devəlǫpəmă  nuvo də lẹsprit
5. ümẽ? . . .  e ki ąvẹt įl dŏk ătr levă′žil e lə dizüįtįẹm
sįẹklə?

sə kįl ¹į ąvẹ?  lą vīzįõ fünêbr kə vǫltêr ą pri
sųĕ də nu dẹkrīr.  vu sąve, dă sẹz ąle si vẹrt e si
riă:t u sə prǫmənẹ lẹ sāž e u įl ąlẹ lüį mêm də nümá
10. ą pitągôr, də pitągôr ą sǫkrąt : dẹ mõso dǫz blăši,
dẹz ǫmə mąsąkre pąr milįe o nŏ d žezü kri!  e kă,
sür lą kǫlin ki dǫminə tu, įl răkŏ:tr ăfẽ lə žœn ǫm
dus e sẽ:pl, o mẽ mœrtriz e gŏ′fle, o rgār melăkǫlik
fiksé sür tă d vįktim : «vu nąve dõ kǫtribüįe ă rįẽ,
15. lüį dmădtįl ąvẹk ăksįete, pąr vo dįskūr u mąl rădü, u
mąl ĕtẹrprete, ą sẹ mõso ąfrœ dosəmă kə žẹ vü sür
mą rut ă vənă vu kõsülte?»  e bįẽ, žiñôr si lą repŏs
negątiv də žezü lə kõvĕki plẹnmă; mê, sə kə žə sẹ,
sẹ kə lą vizįõ dẹ šąrnįe dẹ kretįẽ, kǫm įl lẹz ąpẹl,
20. ăta žüįską lą fẽ sǫn imažinasįõ, e kįl nə pü sə desidêr
ą vųār dăz œ̃ mêtr si mąl kŏpri u si mąl ǫbeí õtr
šõz kœ̃ sǫkrątə rüįstįk; œ̃ teįst izrąelįt, ĕsi kə sǫkrąt
füt œ̃ teįst ątenįẽ.

---

1. mẹsįœ *Ro*; mesįœ *J Ri.* vǫ́ltêr *Ro.*  e le *J Bl*; ẹ le *Ri.*
le *J Bl Ri.* — 2. deįst *Ro Ri.* dŏk *Bl.* depase *Ro*; depāse *J*;
depăse *Bl Ri.* — 3. deįsm *Ro.* — 4. devəlǫpmă *Ri.* — 5. ăt(r) *Ro.*
levăžil *Bl.* e l *J Ri*; ẹ l *Bl.* — 6. sįẹkl *Ro*; sįĕkl *Ri.* — 7. s kįl
*Ro.* fünẹbr *Ro*; fünĕbr *Ri.* — 8. d nu *Ri.* dekrīr *J.* sąve *Ro Bl.*
sez *J Bl.* — 9. u s *J Bl.* prǫmnẹ *Ro Ri.* le *J Bl Ri.* — 10. dẹ *Ro*;
de *J Bl Ri.* doz *J Ro Bl*; dǫsz *Ri.* — 11. dez *J.*  ǫm *J Ro Rl.*
krįst *Ri.* — 12. kǫlįn *Ro Ri.* dǫmin *J Bl*; dǫmįn *Ro Ri.* ră′kŏ:tr
*Ro Ri.* ăfẽ l *Ri.* — 13. duz *J.* mœrtri *Ro.* gŏfle *J Ro Bl Ri.* ɪgār *Bl.*
— 14. viktįm *Ro.* dŏk *Bl.* — 15. ăksįẹte *Ri.* mąl *J Ro Ri.* — 16.

C'est là qu'il faut chercher, non pas uniquement sans doute, mais en grande partie, l'origine du déisme de Voltaire te du XVIIIe siècle.

sę lá kįl fo šęršé, nõ paz ünikəmā sä′ dųt, męz ā
grād pąrti, lǫrižin dü deism də voltêr e dü dizüįtįęm
sįękl.

---

1. la *Ro.* šĕrše *RoBl.* sä *Ro.* dut *J.* — **2.** grä′d *Ro*
lǫrižįn *Ri.* deismo *J.* — 3. sįĕk¹ *J Ri.*

# FRANÇOIS GOT.

M. Got (né à Lignerolles [Orne], le 1^er^ octobre 1822, et venu de bonne heure à Paris) m'a déclamé par cœur ses monologues favoris de Figaro et de Sganarelle, dont il me répétait quelques passages à plusieurs reprises. Chaque fois, sa prononciation et son intonation étaient absolument les mêmes. Il va sans dire que sa prononciation est conforme aux règles professées par lui-même au Conservatoire ; son *r* est donc une *r* dentale bien articulée ; les mots *les, des, ses,* etc. ont chez lui l'*e* ouvert recommandé par tous les théoriciens de la scène ; les *e* fermés protoniques gardent leur nature, enfin toutes les voyelles et toutes les consonnes finales, médianes et initiales se font entendre distinctement et ne subissent que les modifications inévitables dans une prononciation courante. Je n'ai trouvé aucun bretonisme dans la bouche de M. Got ; ses *oa* ou *ọa* s'entendent partout, surtout si la diphtongue *ụa* se trouve dans une syllabe protonique et est frappée par l'accent oratoire. M. Got fait grand cas du profit qu'on peut tirer de la prononciation ou de la suppression de l'*e* sourd (muet) ; plus il y a d'emphase, plus il faut de *ə* prononcés ; plus il y a de familiarité, moins il faut en faire sonner. Dans les vers, on doit les faire sentir toujours d'une manière ou d'une autre. Les consonnes doubles au milieu d'un mot marquent, d'après lui, seulement que la voyelle précédente est brève ; il n'y a de véritables consonnes doubles que dans des mots savants commençant par *ill-, imm-, irr*, etc. *(illusion, immortel, irruption).* En récitant des vers, M. Got leur conserve leur rythme classique, mais, en même temps il les soumet au joug d'un accent oratoire des plus variés et il ne trouve pas d'inconvénient à glisser rapidement d'un vers à un autre si une marche rapide est indiquée, soit qu'il faille exprimer une grande émotion ou cacher l'insignifiance ou la nullité d'un passage.

*(Figaro, se promenant dans l'obscurité, dit du ton le plus sombre.)*

O femme! femme! femme! créature faible et décevante! . . . nul animal créé ne peut manquer à son instinct; le tien est-il donc de tromper? . . . Après m'avoir obstinément refusé quand je l'en pressais devant sa maîtresse; à l'instant qu'elle me donne sa parole, au milieu même de la cérémonie . . . Il riait en lisant, le perfide! et moi comme un benêt! . . . non, Monsieur le Comte, vous ne l'aurez pas . . . vous ne l'aurez pas. Parce que vous êtes un grand Seigneur, vous vous croyez un grand génie! . . . noblesse, fortune, un rang, des places; tout cela rend si fier! qu'avez-vous fait pour tant de biens? vous vous êtes donné la peine de naître, et rien de plus: du reste homme assez ordinaire! tandis que moi, morbleu! perdu dans la foule obscure, il m'a fallu déployer plus de science et de calculs pour subsister seulement qu'on n'en a mis depuis cent ans à gouverner toutes les Espagnes; et vous voulez joûter . . . On vient . . . c'est elle . . . ce n'est personne. — La nuit est noire en diable, et me voilà faisant le sot métier

---

de plą̊s *J Bl*; dé plą̊s *Ri.* slą *J Ro Ri.* — 11. tã də *Bl.* pĕn *J Ro*; pęn *Bl*; pên *Ri.* — 12. d plü *Ro Ri*; də plü *Bl.* ǫm *Ro Bl Ri.* moą *Ri.* — 13. pęrdü *Ro Ri.* ma *Bl Ri.* deplųąįe *J.* plü d *Bl R̆i*; plü t *J Ro.* — 14. sįã:s *Bl.* kąlkųl *Ro Ri*; kąlkül *Bl.* sœlmã *Bl Ro.* kǫn *J.* nǎn *Ro Bl Ri.* a *J.* — 15. sãt *Ro.* ã *Bl Ri.* tųt *J Ro*; tut *Ro Bl Ri.* lez *J Bl Ri.* ęspąñ *J Ro Ri.* — 16. žúte *Ro Bl Ri.* ĕl *J Ro Bl Ri.* sə nę *Bl*; s nę *Ri*; sᵉ ne *J*; s(ə) nę *Ro.* pęrsǫn *J Ro Bl Ri.* — 17. ę m *Ri.* sǫ *Bl Ri*; sǫ̇ *Ro.*

mąri̯āž də figaro.

ō fãmᵉ! fąmᵉ! fâmə! kreątü:r fê′bl e dézvătᵉ ...
nül ąnimăl kree nə pœ măkᵉr ą sǫn ĕstĕ; lə ti̯ĕ ę ti̯l
dŏ də trŏ′pe? ... ąprę mąvu̯ar ǫpstịnemä rəfüze
5. kã žə lã prêsę dvă są mętręs; a lĕ:stä kĕl mə dǫn są
pąrǫlə, o mili̯œ męm də lą seremǫniᵉ ... i̯l rięt ã lízã,
lə pęrfídə! e moą kǫm œ̃ bənê! ... nŏ, mǫsi̯œ l kõ:t,
vu nə lǫré pā ... vu nə lǫre pá. pąrs kə vuz ętz
œ̃ grã sęñœ:r, vu vu kru̯ąi̯ez œ̃ grã ženi! ... nǫblĕs,
10. fǫrtün, œ̃′ rã, dę́ pląs; tu sәlą rã si fi̯êr! kąve vu fę
pur tã d bi̯ĕ? vu vuz ęt dǫne lą pĕnᵉ də nêtr, e ri̯ĕ
t plü; dü ręst, ǫ̀m ąsez ǫrdinêr! tãdi kə mu̯ą, mǫrblœ!
pę̀rdü dã lą ful ǫpskü:r, il mą fąlü deploąi̯e plü de
siã:s e də kąlkülᵉ pur′ sübzịste sœlmã kõ nąn ą mi
15. dəpịi sä′t ãz ą guvęrne tutə lęz ęspąñᵉ; e vu vule
žute ... ō vi̯ĕ, ... sęt ĕlə ... sᵉ nę pę́rsǫnᵉ. —
lą nịi ę nu̯ar ã di̯ābl, e mə voąlą fəzã lə so meti̯e

---

1. figąro *Ro*′; figăro *Ri*. — 2. fąmᵉ! fâm̄! fâm̄! *J*; fãm!
fâm! fâm! *Ro*; fãm! fãm! fãm! *Bl*; fąm! fąmᵉ! fâmə! *Ri*. fêbl
*Ro Bl*. dezvä:t *J Ro Bl*; desəvä:t *Ri*. — 3. măke *Ro*; măker *Ri*;
măkęr *Bl*. e ti̯l *J*. — 4. dŏk *Bl*. trŏpe *Bl*. ŏpstinemä *Bl*.
rfüze *J Ro Ri*. — 5. kã ž *Bl*. mętrĕs *Ri*. lēstä *J Ro Bl Ri*. —
6. pąrǫl *J Ro Bl Ri*. mili̯œ *Ro*; mili̯œ *Bl*. seremǫni *Ro Bl*;
sęremǫni *Ri*. rię *Ro*; rii̯ęt *Bl Ri*. lizã *Ro*. — 7. 1 *Ro*.
pęrfīdᵉ *J*; pęrfid *Ro Bl Ri*. msi̯œ *Bl*. — 8. vu n *(bis) Ri*. lore
*Ri*; lore′ *Ro*; lǫre *Bl (bis)*. ęt *Bl*; êt *J*; ęt(z) *Ro*. — 9. kru̯ąi̯e(z)
*Ro*. grã′ *Ri*. nŏblĕs *J Ro Ri*. — 10. fǫrtün *J Ro Ri* œ̃ rã′ *J Bl*.

de mari, quoique je ne le sois qu'à moitié! *(Il s'assied sur un banc.)* Est-il rien de plus bizarre que ma destinée! fils de je ne sais pas qui; volé par des bandits! élevé dans leurs mœurs, je m'en dégoûte et je veux courir une carrière honnête; et partout je suis repoussé! J'apprends la chimie, la pharmacie, la chirurgie; et tout le crédit d'un grand seigneur peut à peine me mettre à la main une lancette vétérinaire! — Las d'attrister des bêtes malades, et pour faire un métier contraire, je me jette à corps perdu dans le théâtre; me fussé-je mis une pierre au cou! Je broche une comédie dans les mœurs du sérail; auteur espagnol, je crois pouvoir y fronder Mahomet, sans scrupule: à l'instant, un envoyé . . . de je ne sais où, se plaint que j'offense dans mes vers, la Sublime-Porte, la Perse, une partie de la presqu'île de l'Inde, toute l'Égypte, les royaumes de Barca, de Tripoli, de Tunis, d'Alger et de Maroc: et voilà ma comédie flambée, pour plaire aux princes mahométans, dont pas un, je crois, ne sait lire, et qui nous meurtrissent l'omoplate, en nous disant: *chiens de chrétiens!* — Ne pouvant avilir l'esprit, on se venge en le maltraitant. — Mes joues creusaient; mon terme était échu: je voyais de loin arriver l'affreux record, la plume fichée dans sa perruque; en frémissant je m'évertue. Il s'élève une question sur la nature des richesses; et comme il n'est pas nécessaire de tenir les

---

skrüpụ̈l *Ro.* ün *Ro*; ŏ̌n *Bl.* žə n *J Ri*; žə n(ə) *Ro.* sẹz u *Bl.* — 12. me *Bl Ri.* süblim *Ro.* — 13. d lạ *Ri.* tut *Bl.* ležịpt *Bl.* le *Bl Ri.* roạịōm *J.* — 14. tripọli *Ro.* e d *J Ro Ri.* mároḳ *J*; maroḳ *Ro Bl.* — 15. páz *J Ro Ri.* — 16. mœ̣rtris *Bl.* lomọplạt *Ri.* — 17. lespri *Bl.* ð z *J.* — 18. ã̱ l *Ro Bl Ri.* mạltrẹtã̱ *Ro Bl Ri.* krœzê *Ro.* ẹšü *Ri.* — 19. rkôr *Ro Ri*; ɹkôr *J.* fị̌še *Ro Bl.* — 20. perük *Bl.* fremisã̱ *J Ro.* mevẹrtü *Ro.* səlẹv *Ri.* — 21. de *Bl Ri.* ne *J Bl.* tənīr *Bl.* le *Ri.*

də mari, koa̱ kə žə nə lə soa̱ ka̱ moa̱ti̱e! ... e̱ ti̱l
ri̱ĕ də plü bizār kə ma̱ de̱stine? fĩs də žə nə se pa
ki; vo̱le pa̱r de̱ bãdi! elve dã lœ̱r mœ:rs, žə mã degu̱t e
žə vœ kurir ün ka̱ri̱êr o̱nêt; e pa̱rtu ž(ə) su̱i rəpuse! žăprã
5. la̱ ši̱mi, la̱ fa̱rma̱si, la̱ širu̱rži; e tu l kredi dœ grã
se̱ñœr pœt a̱ pĕn mə me̱tr a̱ la̱ mĕ ün lãse̱t veterinêr!
— la da̱tri̱ste de̱ be̱t ma̱lad, e pur fe̱r œ̃ meti̱e kõtrêr,
žəm že̱t a̱ ko̱r pe̱rdü dã l téatr; mə füsé žə miz ün
pi̱e̱r o ku! žə bro̱š ün ko̱medi dã le̱ mœr dü sera̱i̱ə;
10. otœr e̱spa̱ñŏl, žə kru̱a̱ puvu̱ar i frŏde ma̱o̱me̱, sã
skrü̱pül; a̱ lĕstã, œ̱n ãvu̱a̱i̱e ... də žə nə sez u, sə
plĕ kə žo̱fãs dã me̱ vêr la̱ su̱blim po̱rt, la̱ pĕrs, ün
pa̱rti də la̱ pre̱skil də lĕ:d, tu̱t ležipt, le̱ ru̱a̱i̱om də
ba̱rka, də tri̱poli, də tünis, da̱lže e də ma̱ro̱k : voa̱la̱
15. ma̱ ko̱medi flãbe, pur plêr o prĕs ma̱o̱metã, dõ paz
œ̃, žə kru̱a̱, nə se līr, e ki nu mœrtri̱s lo̱mo̱pla̱t, ã
nu dizã : ši̱ĕ t kreti̱ĕ. — Nə puvăt a̱vilīr le̱spri, õ sə
vã:ž ã lə ma̱ltre̱tã. — me̱ žu krœze̱; mõ te̱rm ete̱t ešü;
žə vu̱a̱i̱e̱ də loĕ a̱rive la̱frœ rəkôr, la̱ plüm fiše dã sa̱
20. pe̱rük; ã fre̱misã žə meve̱rtü. i̱l sele̱v ün ke̱sti̱õ su̱r
la̱ na̱tü:r de̱ rišĕs; e ko̱m i̱l ne̱ pa nese̱sêr də tnīr le̱

<hr>

1. d ma̱ri *Ro*; də mari *J.* koa̱ k *J.* žə n *Ri*; žə n(ə) *Ro.*
nə l *J.* mu̱a̱ti̱e *J*; mo̱a̱ti̱e *Ri.* e ti̱l *J.* — 2. riĕ d *Ro Ri.* fĩsz
*Ro*; fĩz *J.* žə n *J Bl Ri.* se̱ *Ri.* — 3. vo̱le *J.* de *J Bl.* bãʹdi
*J Ro.* e̱lve *Ro Ri.* mœ:r *Bl Ri.* degūt *Ro.* — 4. pa̱rtu *Ro.* žə
*J Ro Bl Ri.* ɹpūsé *J*; rpūʹse *Ro*; rəpúse *Ri.* — 5. šími *Ro*; šimí
*Ri.* fa̱rma̱si *Ro*; fãrma̱sí *Ri.* širürži *Ro.* — 6. pe̱n *Ro Bl Ri.*
lãʹse̱t *Ri*; lãsĕt *Bl.* ve̱terinêr *Ri.* — 7. de *Bl.* bêt *Ro.* mala̱d
*Ri*; mala̱d *Bl.* me̱ti̱e *Ro.* kõʹtrêr *Ri.* — 8. žêt *Ro.* kôr *Bl.*
teatr *Ro Bl Ri.* füse̱ ž *Bl Ri*; füse̱ žə *Ro.* mi *J Ri*; mi(z) *Bl Ro.*
— 9. le *Bl Ri.* mœrs *J*; mœrz *Ro.* sera̱i̱ *Ro Bl*; serãi̱ *J*;
serai̱l *Ri.* — 10. maome̱ *J*; ma̱o̱me *Ri.* sãʹRi (*ou* sã *Ro*). — 11.

choses, pour en raisonner; n'ayant pas un sou, j'écris
sur la valeur de l'argent, et sur son produit net: si-tôt
je vois, du fond d'un fiacre, baisser pour moi le pont
d'un château fort, à l'entrée duquel je laissai l'espérance
et la liberté. *(Il se lève.)* Que je voudrais bien tenir
un de ces puissans de quatre jours, si légers sur le
mal qu'ils ordonnent; quand une bonne disgrace a cuvé
son orgueil! je lui dirais . . . . que les sottises imprimées
n'ont d'importance qu'aux lieux où l'on en gêne le cours;
que sans la liberté de blâmer, il n'est point d'éloge
flatteur; et qu'il n'y a que les petits hommes, qui
redoutent les petits écrits. — *(Il se rassied.)* Las de nourrir
un obscur pensionnaire, on me met un jour dans la
rue; et comme il faut dîner, quoiqu'on ne soit plus en
prison, je taille encore ma plume, et demande à chacun
de quoi il est question: on me dit que, pendant ma retraite
économique, il s'est établi dans Madrid un système de liberté
sur la vente des productions, qui s'étend même à celles
de la presse; et que, pourvu que je ne parle en mes écrits,
ni de l'autorité, ni du culte, ni de la politique, ni de la
morale, ni des gens en place, ni des corps en crédit, ni
de l'opéra, ni des autres spectacles, ni de personne qui
tienne à quelque chose, je puis tout imprimer librement,
sous l'inspection de deux ou trois censeurs. Pour profiter de
cette douce liberté, j'annonce un écrit périodique, et, croyant
n'aller sur les brisées d'aucun autre, je le nomme *journal*

16. žə n *Ro Bl Ri.* mez *J Bl Ri.* ní *Ro.* d *Ro Ri.* lǫtǫrite *Bl.*
— 17. ní *(4 fois) Ro.* kül̦tə *Ro.* d lạ pǫl. *Bl Ri;* d lạ mǫr. *Ro*
*Bl Ri.* mǫral *Ri.* de *Bl Ri.* — 18. žãs *Ri.* ní *(3 fois) Ro.* de
*Bl Ri.* kôr *Bl Ri.* lǫpera *Ri.* dez *Bl Ri.* — 19. ǫtr *Ri.* spęktakl
*Bl.* ni d *Ro Bl Ri.* tįęn *Ro Bl Ri.* kęlk šôz *Ri.* — 20. tụt *Ro.*
dœ(z) *Ro.* — 21. t sĕt *Ri.* ün ekri *Ro.* periǫdįk *J;* periǫdik *Bl.*
— 22. kruạįã *Bl.* le *Bl Ri.* dok̆œn *Bl;* dokün *Ro.* žə l *J Bl Ri.*

šōz pur ã rȩzǫne; neḭã paz œ̃ su, žekri sür lą vąlœr
d ląržã e sür sõ prǫdüḭi nȩt : sito žǝ voą, dü fõ dœ̃
fḭąkr, bȩse pur muą lǝ põ dœ̃ šąto fôr, ą lätre dükȩl
žǝ lȩse lȩsperã:s e lą libȩrte.   kǝ žǝ vudrȩ bḭẽ tnīr

5.   œ̃ dǝ sȩ püisã t kątr žūr, si leže sür lǝ mąl kįlz
ǫrdôn; kät ün bǫn disgrąs ą küve sǫn ǫrgœḭ! žǝ lüḭi
dirȩ . . . kǝ lȩ sǫtiz ẽprime nõ dẽpǫrtã:s ko lḭœ
u lǫn ã žên lǝ kūr; kǝ sä lą libȩrte dǝ blăme,
įl nȩ puẽ delǫž flątœ:r; e kįl ni ą kǝ lȩ pǝtíz ǫm, ki

10.  rǝdųt lȩ pǝtíz ekri. — la dǝ nurīr œn ǫpskür päsḭǫnêr,
õ m mȩt œ̃ žur dã lą rü; e kǫm įl fó dine, koąk õ nǝ soą
plüz ã prizõ, žǝ tąḭį äkǫr mą plüm, e dǝmäd ą šąkœ̃
dǝ kuą įl ȩ kȩstḭõ : õ m di kǝ, pädä mą rǝtrȩt ekǫ-
nǫmįk, įl sȩt etąbli dã Mądrid œ̃ sįstȩm dǝ libȩrte sür

15.  lą vät dȩ prǫdüksḭõ, ki setã mȩm ą sȩl dǝ lą prês;
e kǝ, purvü kǝ žǝ nǝ pąrl ã mȩz ekri, ni dǝ lotǫrite,
ni dü kųlt, ni dǝ lą pǫlitįk, ni dǝ lą mǫrąl, ni dȩ
žäz ã pląs, ni dȩ kǫrz ã kredi, ni d lǫperą, ni dȩz
otr spȩktak[1], ni dǝ pȩrsǫn ki tḭen ą kȩlkǝ šōz, žǝ püḭi

20.  tut ẽprime librǝmã, su lẽspĕksḭõ dǝ dœz u truą säsœ:r.
pur prǫfite d[t] sȩt dus libȩrte, žąnõs œn ekri periǫdįk.
e kroąḭã nąle sür lȩ brize dokœn õtr, žǝ lǝ nǫm žurnąl

---

1. šōz *Ri.* neḭã *Ro.* — 2. dǝ *J.* nȩ *J*; nĕt *Ro Bl Ri.* síto
*Ri.* vuą *J Bl.* — 3. fḭąk(r) *J*; fḭakr *Ri.* — 4. lȩsȩ *Bl*; lese *Ri.*
kǝ ž *Bl Ri.* tǝnīr *J.* — 5. dǝ se *Bl Ri*; t se *J.* sųr l *Ri*; sür l(ǝ)
*Ro.* — 6. ǫrdǫn *Ri.* a *Bl.* ǫrgǫ̃l *Ri.* — 7. le *J Bl.* sǫtīz *J.*
lḭœz *J.* — 8. lŏn *Ro.* d *Ro.* blame *J Bl.* — 9. ne *J.* kįl nḭḭa
*J*; kįl ni a *Bl.* k le *J Ri.* ptiz *J Bl*; p(ǝ)tiz *Ro.* — 10. rdųt
*Bl Ri.* le *J Bl Ri.* ptiz *J.* d *Ri.* nųrīr *Ro.* œ̆n (*ou* ün) *Ro.* — 11.
mǝ *J Bl.* fo *Bl Ri.* õ n *Ro Bl Ri.* — 12. tąḭ̃l *Ri.* d'mäd *Ri.*
šąkœ̃ *Ro Ri.* — 13. il e *Ri.* õ m(ǝ) *Ro.* mą ɹtrȩt *J.* ȩkǫnomįk
*Ri.* — 14. ekǫnǫmik *Bl.* set *J.* Mądri *Bl Ri.* sistȩm *Ro.* d(ǝ) *Ro.* — 15.
de *Bl Ri.* sȩtä *Ri.* mêm *Ro.* (sĕl *ou*) sȩl *Ro.* d lą *Ro Ri.* —

*inutile.* Pou-ou! je vois s'élever contre moi, mille pauvres diables à la feuille; on me supprime; et me voilà derechef sans emploi! — Le désespoir m'allait saisir; on pense à moi pour une place, mais par malheur j'y étais propre: il fallait un calculateur, ce fut un danseur qui l'obtint. Il ne me restait plus qu'à voler; je me fais banquier de pharaon: alors, bonnes gens! je soupe en ville, et les personnes dites, *comme il faut,* m'ouvrent poliment leur maison, en retenant pour elles les trois quarts du profit. J'aurais bien pu me remonter; je commençais même à comprendre que pour gagner du bien, le savoir-faire vaut mieux que le savoir. Mais comme chacun pillait autour de moi, en exigeant que je fusse honnête; il fallut bien périr encore Pour le coup je quittais le monde, et vingt brasses d'eau m'en allaient séparer: lorsqu'un Dieu bienfaisant m'appelle à mon premier état. Je reprends ma trousse et mon cuir anglais; puis laissant la fumée aux sots qui s'en nourissent, et la honte au milieu du chemin, comme trop lourde à un piéton, je vais rasant de ville en ville, et je vis ainsi sans souci. Un grand seigneur passe à Séville; il me reconnaît, je le marie; et pour prix d'avoir eu par mes soins son épouse, il veut intercepter la mienne! intrigue, orage à ce sujet. Prêt à tomber dans un abîme, au moment d'épouser, ma mère, mes parents m'arrivent à la file. *(Il se lève en s'échauffant.)* On se débat; c'est vous, c'est lui, c'est moi, c'est toi; non ce n'est

---

*Ro.* — 17. razã *Bl.* vịl *Ri.* — 18. sevil *J.* ịl m *Ro.* mə rkǫnę *Ri*; mə ɹkǫnę *J.* žə lə *Ri.* mạ́ri *Ro*; mári *J*; mari *Bl.* — 19. me *Bl.* — 20. mịĕn *Ro Bl Ri.* süže *J.* prę *Ro.* a *Ro.* ün *Ro.* — 21. me *Bl.* pạ́rã *J.* mạrift *J Ro.* fil *Bl Ri.* — 22. ŏ s *Ri*; ŏ sz *Bl.* sе *Bl Ri*; sę́ *Ro (4 fois).* ne *Bl Ri.*

inütil ... pü! žə voą̆ selve kõtr moą̆, mil povr djablz
ą lą fœ̨i̧i̧; õ m süprim, e m voą̆lą̆ də rəš̨ef sąz äplu̧ą̆!
— lə dezęspu̧ar mą̆lę sęzir; õ pás ą mu̧ą̆ pur ün
pląs, mę pąr mą̆lœ̨:r ži etę prôpr : i̧l fą̆lęt œ̃ ką̆lkülą̆tœ̨:r,
5. sə füt œ̃ dásœ̨r ki lǫptĕ. i̧ n mə ręstę plü ką vŏle;
žə mə fę bäki̧e də fą̆rą̆õ : ą̆lôr, bǫn žăs! žə su̧p ă vi̧l
e lę pęrsǫn dit kǫm i̧l fo, mūvr pǫ́limä lœ̨r męzõ, ă
rətənä pur ĕl lę tru̧ą̆ kär dü prǫfí. zǫre bi̧ĕ pü mə
rəmôte; žə kǫmäsę męm ą kõprä:dr kə pur gą̃e dü
10. bi̧ĕ, lə sąvu̧ar fêr vo mi̧œ kə lə są̆vu̧är. mę kǫm
šą̆kœ̃ pii̧et otur də mu̧ą̆, ąn ęgzižä kə žə füs ǫnęt;
i̧l fą̆lü bi̧ĕ perir äkôr. pur lə ku, žə ki̧tę l mõ:d,
e vĕ brąz do mąn ąlę sepąre : lǫrskœ̃ di̧œ bi̧ĕfəzä
mąpęl ą mõ prəmi̧ęr etą̆. žə rəprä mą trūs e
15. mõ kü̧ir äglę : pü̧i lęsä lą füme o so ki sä nuri̧s, e
lą ŏt o mili̧œ dü šəmĕ, kǫm tro lurd ą œ̃ pi̧etõ, žə
vę rázä də vi̧l ä vil, e že viz ĕsi sä susi. œ̃ grä
sęñœ̨r pas ą sevi̧l; i̧l mə rəkǫnę, žə l mąri; e pur pri
dą̆vu̧ar ü pąr mę su̧ĕ sǫn epūz, i̧l vœt ĕtęrsĕpte lą
20. mi̧ên! ĕtrig, ǫráž ą sə süžę. pręt ą tõbe däz œu ą̆bim,
o mǫmä depuze, mą̆ mêr, mę pą̆rä mąrivt ą lą fi̧l ...
õ sə deba; sę vu, sę lü̧i, sę mu̧ą̆, sę tu̧ą̆; nŏ, sə nę

---

1. inütil *J.* puu *J Ro*; pu̧hu *Bl.* sęlve *Ri.* di̧abl *J Ro.* —
2. fœ̨i̧i̧ *Bl*; fǫ̂l *Ri.* mə *Ro.* — 3. sęzīr *J*; sézīr *Ro*; sezir *Bl.* — 4.
mą̆lœ̨:r *Ri.* ĕtę *Ri.* prǫpr *Ro Bl Ri*; prõp^r *J.* — 5. i̧l *Ro Bl Ri.*
— 6. žə m *J Ri.* fe *J.* farą̆õ *Ro*; faraõ *Bl*; fą̆raõ *Ri.* žă *J Ro
Bl Ri.* sup *Ri.* vil *Bl.* — 7. le *Bl.* põlimä *Ro Bl.* — 8. rətnä
*J.* lə *Bl.* prõfi *Ro.* žǫrę *Ro*; žǫrę *Bl Ri.* — 9. rmôte *Ro Bl*;
ɹmôtə *J.* gañe *J Ro Bl Ri.* — 10. kə l *J Bl Ri.* — 11. šakœ̃ *Ro Bl.*
pii̧ę *Ro*; pilęt *Ri.* d mu̧ą̆ *Ri.* egzižä *J Bl.* füs *Bl.* — 12. pęrīr
*Ri.* pur l *Ri.* — 13. brąs *Ri.* măn *Ro Ri.* lŏr s(ə) kœ̃ *Ro.*
bi̧ĕfęzä *Bl*; biĕfzä *Ri.* — 14. mąpêl *Ro.* žə rprä *Ro Ri.* — 15. lęsä
*Ro.* sǫ *Ri.* nuris *J Bl.* — 16. mili̧œ *Ro.* šmĕ *Bl Ri.* trǫ *Bl.* lu̧rd

pas nous; hé mais qui donc? *(Il retombe assis.)* Ah, bizarre suite
d'événements! Comment cela m'est-il arrivé? Pourquoi ces
choses et non pas d'autres? Qui les a fixées sur ma tête?
Forcé de parcourir la route où je suis entré sans le savoir,
comme j'en sortirai sans le vouloir, je l'ai jonchée d'autant
de fleurs que ma gaîté me l'a permis; encore je dis ma
gaîté, sans savoir si elle est à moi plus que le reste, ni
même quel est ce *Moi* dont je m'occupe: un assemblage
informe de parties inconnues; puis un chétif être imbécile;
un petit animal folâtre ; un jeune homme ardent au plaisir;
ayant tous les goûts pour jouir; faisant tous les métiers
pour vivre; maître ici, valet là, selon qu'il plaît à la
fortune ; ambitieux par vanité; laborieux par nécessité; mais
paresseux . . . avec délices! orateur selon le danger; poète
par délassement; musicien par occasion; amoureux par folles
bouffées; j'ai tout vu, tout fait, tout usé. Puis l'illusion
s'est détruite, et trop désabusé . . . Désabusé! . . . Suzon,
Suzon, Suzon! que tu me donnes de tourments! . . . J'entends
marcher . . . on vient. Voici l'instant de la crise.

---

le *Bl Ri.* — 10. tə′za *Ro*; fęzã *Ri.* le *Bl.* válę *Ro*; vąle *J.* slŏ
*Ri.* — 11. ãbisįœ *Ri.* lądborįœ *Ro Ri.* — 12. dęlis *Ri.* səlŏ l
*J Ro Bl*; slŏ l *Ri.* — 13. dãže *J.* delãsmã *J*; delãsəmã *Ri.* mü′zisįĕ
*Ro.* ǫkąziŏ *Bl.* àmurœ *Ro.* — 14. fŏl *Ro Bl.* tųt *J.* se *Bl.* —
15. dęząbüze *Ri.* dęząbüze *Ri.* sü′zŏ! süzŏ′ *Ro.* süzŏ *Bl Ri.* —
16. süzŏ *Bl Ri.* tü m *J.* — 17. d lą *J Ro Bl Ri.*

pa nú; e mê, ki dŏk? ā! bizār sü̯it devęnəmã! kǫmã
sələ męt i̯l a̯rive? purku̯ą sę̣ šoz e nŏ pa dōtr? kí
lęz ą fi̯kse sür mą tęt? fǫrse də pa̯rkurir lą ru̯t u
žə sü̯iz ătre sã l sa̯vu̯ār, kǫm žã sǫrtire sã l vulu̯ār,
5. žə le žŏše dotã t flœr kə mą gęte mə lą pęrmi; ãkôr
ž di mą gę́te, sã sa̯vu̯ar si ęl ęt ą mu̯ą plü kə lə ręst;
ni męm kęl ę sə moą dŏ žə mǫküp : œn a̯sãblaž ẽfǫrm
də pa̯rtiz ẽkǫu̯ü, pü̯iz œ̃ šetif ętr ẽbésil, œ̃ pətit a̯nima̯l
fǫlātr; œ̃ žœn ǫm a̯rdãt o plęzīr, ęi̯ã tu lę gu pur žu̯īr,
10. fəzã tu lę meti̯e pur vīvr; mêtr i̯si, va̯lę la, sələ̃ ki̯l
plęt ą la fǫrtü̯n; ãbisi̯œ pa̯r va̯nite; la̯bǫri̯œ pa̯r
nesę̣site; mę pa̯ręsœ ... ā! a̯vęk delis! ǫra̯tœr sələ̃ lə
dãže, poęt par delasəmã; müzisi̯ẽ pa̯r ǫkāzi̯ŏ; a̯murœ
pa̯r fǫ́l bufe; že tú vü, tú fę, tu̯t üze. pü̯i, lii̯üzi̯ŏ sę̣
15. detrü̯i̯t, e trǫ dezą̃büze ... dézą̃büze! — süzŏ, sǘzŏ,
sǘ:zŏ! kə tü mə dǫn də tu̯rmã! ... žãtã ma̯rše ... ŏ
vi̯ẽ. voạsi lẽstã də lą krīz.

---

1. dŏ *Ri.* devęnmã *JBl.* — 2. slą *RoBlRi*; sla *J.* met *J.* pǫлkoą (*ou* purku̯ą) *J.* se *JBlRi.* šôz *Ri.* dôtr *Ri.* — 3. lez *J͡BlRi.* a *J.* fi̯′kse *Bl.* têt *Ro.* fǫrse *J.* t pa̯rkurīr *Ro.* rut *RoBl.* — 4. ž *JRi.* vuloār *Bl.* — 5. ž le *Ri.* la *Bl.* pę́лmi *J.* — 6. žə *RoBl.* gęte *Ri.* et *J.* plüs kə l *J*; plü k(ə) lə *Ro*; plü k lə *Bl.* — 7. e *J.* mu̯ą *J.* ŏen *Bl*; ün *Ro.* ẽ′fǫrm *J.* — 8. pü̯i *Ro.* êtr *Ro.* ẽbesil *BlRi.* ptit *BlRoRi*; ptit *J.* — 9. žœn *Ri.* a̯rdã *RoBl.* plęzīr *Ri.* ęi̯ã *J.*

Sganarelle.   Sc. XVII.

Que le ciel la préserve à jamais de danger!
Voyez quelle bonté de vouloir me venger!
En effet, son courroux, qu'excite ma disgrace,
5.  M'enseigne hautement ce qu'il faut que je fasse;
Et l'on ne doit jamais souffrir sans dire mot
De semblables affronts, à moins qu'être un vrai sot.
Courons donc le chercher, ce pendard qui m'affronte;
Montrons notre courage à venger notre honte.
10.  Vous apprendrez, maroufle, à rire à nos dépens,
Et, sans aucun respect, faire cocu les gens.
                    (Il revient après avoir fait quelques pas.)
Doucement, s'il vous plaît! cet homme a bien la mine
D'avoir le sang bouillant et l'ame un peu mutine;
Il pourrait bien, mettant affront dessus affront,
15.  Charger de bois mon dos, comme il a fait mon front.
Je hais de tout mon cœur les esprits colériques,
Et porte un grand amour aux hommes pacifiques;
Je ne suis point battant, de peur d'être battu,
Et l'humeur débonnaire est ma grande vertu.

nŏtr *J Bl Ri.*  ŏ:t *J Ro Bl Ri.* — 10. marūf¹ *J*; mạrụf¹ (*ou* mą́ruf¹)
*Ro*; mạrufl *Bl*; mạruflə *Ri.*  a rīr *Ro.* — 11. rẹspẹ *J*; rĕspẹ *Ro*
*Bl*; rĕspẹk *Ri.*  kokü *Ri.*  le *J Bl Ri.* — 12. dúsmã *J Ri.*  a *Bl Ri.*
mịn *Ro.* — 13. buiị̃ã *Ro Ri.*  mütịn *Ro Bl Ri*; mǘtịn *J.* — 14. pūrẹ *Ro.*
mẹtã(t) *Ro.*  dəsü *Ro Bl*; dsüz *Ri.* — 15. šắrže *Ro*; šạrže *Bl Ri*;
šạɹže *J.*  mŏ *Ro Bl Ri.* — 16. lẹz *Ro*; lez *Bl Ri.*  kọlerịk *Ro Ri*;
kọlerịk *J*; kọlerik *Bl.* — 17. pọrt ø̃ *J Ro Bl Ri.*  grã̃t *Bl.*  ọm *J*
*Ro Bl Ri.*  pạsifịk *Ro Ri*; pạsifik *Bl.* — 18. žə nə *J Ri.*  dêtr *Bl*
*Ri.*  bạtü *J Ro Bl Ri.* — 19. e *J Ri.*  grã:də *J.*  vẹrtü *J Ro Bl Ri.*

zgą̊ną̊rę̇l.

kəl sį̇êlᵊ lą̊ prezêrv ą̊ žą̊mę̇ də dă′že! —
vu̯ai̯e kĕl bŏ′te də vulu̯ár mə vă′že! —
ą̊n ęfę̇, sõ kǖ̯u, kęksīt mą̊ dį̇zgrās,
5. mă′sêñə hótəmā sə kį̇l fo kə š fą̊s,
e lõ nə ḍoą̊ žą̊mę̇ su̯frīr, sā dīr mo,
də sā′blabləz ą̊frõ, a mu̯ê kêtr œ̃ vrę̇ so.
kúrõ dõ l(ə) šę̇ŕše, sə pădār ki mą̊frõ:tə;
mõ:trŏ: nôtr kurăžᵊ, ą̊ vă′že nǫtrə hõ:tə:
10. vuz ą̊prădre, mą̊ru̯flə, ą̊ rīr ą̊ no depă,
e, sāz okœ̃ rĕspę̇(k), fêr kǫkü lę̇ žă!
[į̇l rəvį̇ê ą̊pręz ą̊vu̯ār fę̇ kĕlkə pa.]
dúsəmā, sį̇l vu plę̇!  sę̇t ǫm ą̊ bį̇ê lą̊ min
dą̊vu̯ar lə sā bùiį̯ā e lām œ̃ pœ mütinə;
į̇l purê̄ bį̇ê, mę̇tāt ą̊frõ dəsüz ą̊frõ,
15. šâ̂′ŕže də bu̯ą̊ mõ do, kǫm į̇l ą̊ fę̇ mõˋ frõ.
žə ę̇ də tu mõ kœ:r lę̇z ęspri kǫ̀lerį̇k,
e pǫrtə grăˋt ą̊mūr oz ôm pą̊̀sifį̇k;
že n sü̯i pu̯ê bą̊tă, də pœr dêtrə bą̊̀tü,
e lümœ:r debǫnêr ę̇ ma gră:d vę̇̀rtü′ . . .

_______

1. szgą̊ną̊rĕl *Ro.* — 2. kə le *J Ro Bl.* sį̇êl *Ro Bl*; sį̇el *J Ri.*
prezĕrv *Ro Bl Ri*; prezę̇ɹv *J.* d dăže *Ro.* — 3. vúai̯e *Ro*; voai̯e
*Ri.* bŏte *Bl.* vulu̯ar *Ro Ri.* văže *J Bl Ro.* — 4. efę̇ *J*; efę̇ *Ro Bl Ri.*
kų̊ru *Bl.* kęksitə *J.* — 5. mäsę̇ñ *J Ri*; mă′sę̇ñ *Bl.* ōtəmā *Ro*; otəmā
*Bl*; ōtmă *Ri.* sə kį̇l *Ro*; s kį̇l *Bl Ri.* kə žə *J Bl.* fą̊s *Ro.* —
6. lõ n *J Ro.* žą̊mę̇ *Ro Bl.* sufrīr *J.* mǫ *Ri.* — 7. sãblabləz
*Ro Bl*; sãblablz *Ri.* vrę̇ *J.* sǫ *Bl Ri.* — 8. kurõ *Ro.* dõk *J Ro Bl.*
lə *J Ro Bl Ri.* šę̇rše *Ro*; šę̇ɹše *J.* mą̊frõ:t *J Ro Bl Ri.* — 9. mõ′trõ
*J Ro*; mõtrõ *Ri.* nŏtr *J Ro Bl Ri.* kurăž *J Ro Bl Ri.* văže *J Ro Bl Ri.*

>     Mais mon honneur me dit que d'une telle offense
>     Il faut absolument que je prenne vengeance:
>     Ma foi, laissons-le dire autant qu'il lui plaira:
>     Au diantre qui pourtant rien du tout en fera!
> 5.  Quand j'aurai fait le brave, et qu'un fer, pour ma peine
>     M'aura d'un vilain coup transpercé la bedaine,
>     Que par la ville ira le bruit de mon trépas,
>     Dites-moi, mon honneur, en serez-vous plus gras?
>     La bière est un séjour par trop mélancolique,
> 10. Et trop malsain pour ceux qui craignent la colique.
>     Et quant à moi, je trouve, ayant tout compassé,
>     Qu'il vaut mieux être encor cocu que trépassé.
>     Quel mal cela fait-il?  La jambe en devient-elle
>     Plus tortue, après tout, et la taille moins belle?
> 15. Peste soit qui premier trouva l'invention
>     De s'affliger l'esprit de cette vision,
>     Et d'attacher l'honneur de l'homme le plus sage
>     Aux choses que peut faire une femme volage!
>     Puisqu'on tient, à bon droit, tout crime personnel,
> 20. Que fait là notre honneur pour être criminel?
>     Des actions d'autrui l'on nous donne le blâme:
>     Si nos femmes sans nous ont un commerce infâme,
>     Il faut que tout le mal tombe sur notre dos:
>     Elles font la sottise, et nous sommes les sots.

---

*J Ro Bl Ri.* kŏpąse *Bl Ri.* — 12. mįœ *Ro.* trępase *Ri*; trepąse *Bl.*
— 13. sełą *J.* ĕl *Bl.* — 14. tąῖ *Ro Ri.* bĕῖ *Ro*; bĕl *J Bl Ri.* — 15.
truva *Ri.* — 16. d sęt *Ri*; t sĕt *Ro*; də sętə *J.* — 17. sãž *Ro
Bl Ri.* — 18. fãm *Ro.* vǫlãž *J Ro Bl Ri.* — 19. tįĕt *J Ro Bl Ri.*
krįm *Ro.* pęrsǫnĕl *J Ro Bl Ri.* — 20. êtr *Ri.* kriminĕl *J Ro Bl Ri.*
— 21. dez *Bl.* ăksįŏ *Ro.* blãm *J Ro Ri.* — 22. nó *J.* fãm *J Ro
Bl Ri.* nuz *J.* ĕfãm *J Ro Bl Ri.* — 23. tu l *Bl.* tŏ:b *Bl.* nŏtr *J Ro Bl.*
— 24. sǫtῑz *Ro Bl.* le *J Bl Ri.* sǫ *Ri.*

mê, mọn ọ̀nœ:r mə di kə dün tĕl ọfã:s
įl fot ạpsôlümã kə ž prĕn vã:žãs:
mạ fụạ, lêsŏ lə dīr otã kị̈l lụ̈i plẹrạ:
o dịã:tr ki purtã rịĕ dü tu ã frạ.

5. kã žọre fẹ lə brāvə, e kœ̃ fêr, pur mạ pĕnᵉ
mọra dœ̃ vilĕ ku trãspĕrse la bədĕnə,
kə pạr lạ vị̈l irạ lə brụ̈i de mŏ trẹ̀pa,
dit moạ, mọn ônœ:r, ã sre vu plü gra?
lạ bịêr ẹt œ̃ sežūr pạr trọ́ melãkọlịk,

10. ē, trọ mạ̀lsĕ pur sœ ki krêñ lạ kọlịk.
e, kät ạ mụạ, žə trūvᵉ, ẹịã tu kŏpase,
kị̈l vo mịœz ẹtr äkọr kọkü kə trepase.
kẹl mạl slạ fẹt ị̈l? lạ žã:b ã dəvịĕt ĕl ∾
plü tọrtü, ạprẹ tu, e lạ tạịị̈ mụĕ bĕlə?

15. pẹstə sụạ ki prəmịe trụvạ lĕväsịŏ ∾
də sạfliže lẹspri də sẹt viziŏ,
e dạtạše lọnœ:r də lọm lə plü sāžə
o šŏz kə pœ fêr ün fạm vọlāžə!
pụ̈iskŏ tịĕ, ạ bŏ drụạ, tu krim pẹrsọnĕ̄lᵉ,

20. kə fẹ la nọtr ọnœ:r pur ẹtr kriminĕ̄lᵉ?
dẹz ạksĭŏ dotrüi lŏ nu dọn lə blāmə:
si no fämᵉ sä nu ŏt œ̃ kọmẹrs ĕfāmə,
ị̈l fo k tu lə mạl tŏb sür nọtrə do:
ẹl fŏ lạ sọ́tīz, e nu sọm lẹ so!

---

1. ọnœ:r *J Ro Bl Ri.* tẹl *Ro.* — 2. ạpsọ́lümã *Ro Bl Ri;* ạpsọlümã *J.* žə *J Ri.* prẹn *Bl.* vãžã:s *Bl.* — 3. lẹsŏ l *Bl.* plẹra *Bl Ri.* — 4. pŭrtã *Ro.* tut *Ri.* fərạ *Ro Bl.* — 5. žore *Ro Ri;* žọrẹ *Bl.* fẹ l *Ro Ri.* brāv *J Ro Bl Ri.* pẹn *Ro Bl Ri;* pĕn *J.* — 6. morạ *J.* bədẹn *Ro Bl;* bədĕn *J;* bdên *Ri.* — 7. vil *J Bl Ri.* ira *J Bl Ri.* trepa *J Bl Ri.* — 8. dít *Ro.* ọnœ:r *Ro Bl Ri.* səré vu *J.* — 9. bịẹr *Ro.* et *J.* trọ *Ro Bl Ri.* melãkọlik *Bl.* — 10. trọ́ mạlsĕ *J Ro Ri;* trọ mạlsĕ *Bl.* krĕñ *Ro.* kọlik *Bl.* — 11. trūv

C'est un vilain abus, et les gens de police
Nous devraient bien régler une telle injustice.
N'avons-nous pas assez des autres accidents
Qui nous viennent happer en dépit de nos dents?
5. Les querelles, procès, faim, soif, et maladie,
Troublent-ils pas assez le repos de la vie,
Sans s'aller, de surcroit, aviser sottement
De se faire un chagrin qui n'a nul fondement?
Moquons-nous de cela, méprisons les alarmes,
10. Et mettons sous nos pieds les soupirs et les larmes.
Si ma femme a failli, qu'elle pleure bien fort;
Mais pourquoi, moi, pleurer, puisque je n'ai pas tort?
En tout cas, ce qui peut m'ôter ma fâcherie,
C'est que je ne suis pas seul de ma confrérie.
15. Voir cajoler sa femme, et n'en témoigner rien,
Se pratique aujourd'hui par force gens de bien.
N'allons donc point chercher à faire une querelle
Pour un affront qui n'est que pure bagatelle.
On m'appellera sot de ne me venger pas;
20. Mais je le serais fort, de courir au trépas.

(Mettant la main sur sa poitrine.)

Je me sens là pourtant remuer une bile
Qui veut me conseiller quelque action virile:

---

*Ri.* supīr *Bl*; supīr(z) *Ro.*  larm *J Ro Bl Ri.* — 11. faḷi *Ri*; faı̣i *J.*  bı̣ẽ *Ro Bl Ri.* — 12. plœre *Ri.*  že *Ro.*  ne *J Ri.* — 13. pœ *Ro.* fašri *J*; faš(ə)ri *Ro.* — 14. sẹ *Bl*; sẹ *Ri.*  d mạ *Ro Ri.*  kõfréri *Bl.* — 15. fãm *J Ro Bl Ri.* — 16. prạtik *J*; prạtik *Bl*; prạṭik *Ri.* ožọrdüi *Bl.*  d(ə) *Ro.* — 17. nạlõ *Bl Ri.*  dõk *Bl.*  pụẽ *J.*  šẹrše *Ro Bl*; šẹ̣šə *J.*  krẹl *Ro Bl Ri*; kərĕl *J.* — 18. ün *Ro.*  ne *J Bl.* bạgạtẹl *Ro Bl*; bagạtĕl *J*; bạgạtĕl *Ri.* — 19. sọ *Ri.*  ne m *J.* — 20. žə lə *Ro Ri.*  sərẹ *Ro.*  trẹpa *Ri.* — 21. lạ *J*; la *Ri.*  bil *Ro Bl Ri*; bil *J.* — 22. kõsẹi̯e *Ro Bl*; kõsẹle *Ri.*  viril *J.*

sęt œ̃ vilęn ạbü, e lễ žä də pǫlis
nu dəvrę bịẽ reglęr ün tĕl ēžụstis.
nạvõ nu paz ạse dęz ōtrz ạ̀ksidä
ki nu vịĕnə ạper ä depi də no dä?

5. lę kərêlə, prǫsê, fẽ, sụắf e mạlạdīə,
trublə tịl pạz ạse lə rpo də lạ vīə,
sä sạle, də sụ̈rkroạ, ạvize sǫ̀tmä
də s fêr œ̃ šạgrẽ ki nạ nụ̈l fõ`dəmä?
mǫkõ nu də slạ! męprizõ lęz ạlạrmᵉ.

10. e mętõ su no pịe lę supīrz e lę lạrmᵉ.
si mạ fạm ạ fạịịi, kĕl plœr bịẽ´ fôr;
mę purkụạ, mụạ, plœre, pịịiskə ž nę pa tôr?
ä tu ka, sə ki pœ mote mạ fāšəri,
sê kə žə nə sụ̈i pa sœl də mạ kõfrēri.

15. vụār kạžǫle sạ fämə, e nä temụạñe rịẽ,
sə prạtịk ožurdịi pạr fǫrsə žä də bịẽ.
nạlõ dõ poĕ šęršęr ạ fęr ün kręlə
pur œn ạfrõ ki nę kə pü:r bạgạtęlə.
õ mạpęlra so də nə mə väže pa!

20. mę žə l ęrę fôr, də kurīr o trepa!

[mĕtä lạ mẽ sụ̈r sạ pụạtrin.]

žə mə sä lá purtä rəmüer ün bīlə
ki vœ̀ mə kõ`sęịé kĕlk ạksiõ vịrīl:

---

1. set *J.* vilĕn (*ou* vilẽ) *Ro.* lę *Ro*; le *J Bl Ri.* pǫlisᵉ *J*;
pǒlịs *Ro.* — 2. regle *Ro Bl*; regler *Ri.* — 3. dez *Bl Ri.* ôtrz *Ri.*
ăksidä *Ro Bl Ri.* — 4. vịĕn *J Blị Ri*; vịęn(ə) *Ro.* ạpe *J Ro Bl.* —
5. le *J.* kə´rĕl *J*; kəręl *Ro*; kręl *Bl*; krêl *Ri.* prǫ́sę *J*; prǫsę
*Bl Ri.* mạlạdi *J Ro Bl Ri.* — 6. trụp tịl *J*; trub tịl *Ro*; trubl tịl
*Bl Ri.* paz *J Ro.* d lạ *Ro.* vi *J Ro Bl Ri.* — 7. sü̃ɹkroạ *J.*
ạvíze *Bl.* sǫtəmä *Bl*; sǫtmä *Ro Ri.* — 8. t sə *Ri*; də sə *J R̆o Bl.*
na *J.* nül *J.* fõdəmä *Ro Bl*; fõdmä *Ri.* — 9. nú *J.* méprizõ
*Ro*; meprizõ *Bl.* lez *Bl Ri.* ạlạrm *J Ro Bl Ri.* — 10. le *(bis) Bl*

> Oui! le courroux me prend; c'est trop être poltron:
> Je veux résolument me venger du larron.
> Déjà pour commencer, dans l'ardeur qui m'enflamme,
> Je vais dire partout qu'il couche avec ma femme.

---

mãfląm *J Ri*; mãflăm *Ro*; mãflām *Bl.* — 4. ve *J.* pą́rtu *Ro.*
kuš *Ri*; kųš(ᵃ) *Ro.*  fąm *Ro Bl Ri*; fâm *J.*

u̬ui! lə ku̬ru m prã; sę trǫp ętrᵊ pǫ́ltrð:
žə vœ rę́zǫlümã mə vãže dü lãrð.
déža, pur kŏmãse, dã lą̇rdœ:r ki mãflãmə,
žə vę dīr pą̇rtu ki̧l kŭš ą̇vęk mą̇ fą̇mə.

1. u̬i *Ro.* ku̬ru *Ro.* mə *J.* êtr *J Ro Bl Ri.* pŏltrð *J Bl Ri.*
— 2. rezǫlümã *J Bl*; rę́zǫlümã *Ri.* larð *Bl Ri.* — 3. lą́rdœ:r *J.*

# Henri de Bornier.

M. de Bornier, né à Lunel (Hérault), le 25 décembre 1825,
à Paris depuis 1845, a adopté sa prononciation actuelle en Touraine.
Il croit que la prononciation française idéale est celle d'un méri-
dional qui a su se défaire de ses provincialismes. Sa déclamation
(de la scène 2, acte 1er de la Fille de Roland) qu'il disait conforme
à celle de Victor Hugo, était celle d'un acteur: les vers furent
prononcés comme de la prose, sans que, toutefois, leur rythme
fût entièrement supprimé. Selon lui aussi, les *e* sourds (muets)
servent à marquer l'importance d'un mot ou d'un passage; plus
on appuie, plus il faut en prononcer. Il les faisait sonner plusieurs
fois même devant des voyelles, au milieu de l'hémistiche (p. 111,
l. 18; p. 115, l. 3, 12, 15. Si le sens le demandait, il passait
d'un vers à un autre sans faire la moindre pause. — M. de
Bornier n'a gardé de son origine méridionale qu'une prononciation énergique (probablement dentale) de *r;* une fois, il a
prononcé *e* ouvert contre les règles des orthoépistes. Les mots
*les, des,* etc. avaient un *e* ouvert ou mi-ouvert; les ə disparaissaient
fréquemment et causaient les assimilations habituelles.

Fille de Roland.  A. I, sc. 2.

Vous connaissez, Radbert, le but de mon voyage,
Ou plutôt de ce long et dur pèlerinage :
Je sentais, j'étais sûr, qu'en retrouvant les lieux
5. Témoins de mon forfait, je le pleurerais mieux.
Poussé par ce désir qu'en vain l'âme comprime
J'avais soif de revoir le théâtre du crime,
Ces monts pyrénéens et ce fatal vallon
Où Roland a péri, livré par Ganelon!
10. Je les reconnus trop, ces pics tristes et sombres;
Ces torrents, ces pins noirs aux gigantesques ombres;
C'était bien Roncevaux!  Seulement, par endroits
L'herbe verte était plus épaisse qu'autrefois!
C'est qu'ils ont lutté là, lutté sans espérance,
15. Pour le grand Empereur et pour la douce France,
Les superbes héros, mes nobles compagnons,
Dont j'ose à peine encor me rappeler les noms;
C'est que de leur sang pur cette terre est trempée,
C'est que si je cherchais du bout de mon épée,

----


J. se *Ri.* nu̯ār *Ro*; noār *J.* — 12. sętę *Ri.* rŏsəvo *J Bl*; rŏsəvo
*ou* rŏzvo *(pron. rap.) R̆o.* sœlmã *Bl*; sœləmã *Ri.* ădru̯ą *Ro*;
ădroą̆ *J.* — 13. lęrbə *Ri*; lęɹbe *J*; lęrb(ə) *Ro.* vęrt *Bl Ri*; vęɹt *J*;
vęrt͡(ə) *Ro.* ętę *Ri.* kôtr *Ri*; kōtrə *J.* — 14. sę *Ro*; se *J Bl.*
lĭi̯'te *(bis) Ro.* lüte sãz *Bl.* esperã:s *Bl.* — 16. le *J Bl Ri.* ero
*Ro Bl.* me *J Bl Ri.* nǫblə *J.* — 17. žôz *Ri.* rą̆pəle *J Bl.* le *J Bl.*
— 18. sę *Ro*; se *J.* k də *Bl Ri.* sętə *J.* ə *J Bl.* trã̆'pe *J Ro.*
— 19. sę *Ro*; se *Bl.* kə *Ro Ri*; k *Bl.* də *J.*

fiį̃ də rǫlă.

vu kǫnęse, rą̈dbêr, lə bü də mõ vṷaįãž°,
u plüto də sə lõ: e dü:r pĕlərinãž:
žə sãtę, žetę sü:r, kă̈ rətruvã lę lįœ
5. temṷĕ də mõ fǫrfę, žə l plǫęrərę mįœ.
puse pąr sə dezīr kă̈ vĕ lāmə kõprīm
žąvę sṷāf də rvṷār lə teatr dü krīm,
sę mõ pireneĕ e sə fątąl vąlõ
u rǫlă ą perī, livre pąr gąnəlõ!
10. žə lę rəkǫnü trǫ, sę pįk trįstəz e sõ:br,
sę tǫrã, sę pĕ nṷārz o žigătęskəz õ:br;
setę bįĕ rõ′səvo! sœ̨ləmã, pąr ä̈drṷā,
lęrb vęrtə etę plüz epęs kõtr fṷą!
sę kįlz õ lüte la, lüte sãz ęsperã:s
15. pūr lə grä̈t ä̈prœ̨:r e pur lą dūs frã:s,
lę süpęrbə èró, mę nǫbl kõpąñõ,
dõ žõz ą pĕn ä̈kôr mə rąple lę nõ;
sę kə də lœr sã pü:r sęt têr ę trã:pe,
sę kə′ si žə šęršę dü bu d mǫn epe,

---

1. fĩ̃l *Ri.* — 2. bį̈t *Ri.* d mõ *Ro.* vṷaįãž *J Ro Bl*; vǫaįãž
*Ri.* — 3. lõ *J Ro*; lõk *Ri.* pęlrinãž *Ri*; pĕlrinãž *J Bl*; pęl-, *ou*
pĕlrinãž *Ro.* — 4. sä̈tę *J.* žętę *Ri.* rtruvã *Ri.* lę *Ro*; le *J Bl*
*Ri.* lįœ ∾ *Ri.* — 5. fǫrfe *J.* žə lə *J Ro.* plǫęrərę *ou (pron.*
*rap.)* plǫęrę *Ro.* — 6. púse *Ro Ri.* s *Ri.* lām *J Ro Ri.* kõprįm *Bl Ri.*
— 7. sṷãf *Ro Ri.* rəvṷār *J*; r(ə)vṷār *Ro.* teãtr *Bl.* krįm *Ri.*
— 8. sę *Ro*; se *J Bl Ri.* e s *Bl Ri.* fątăl *Bl.* — 9. a *J.* lívre *Ri.*
gąnlõ *Ri.* — 10. lę *Ro*; le *J Bl Ri.* rkǫnü *Ri.* sę *Ro*; se *J Bl Ri.*
pik(ə) *Ro*; pik *Bl Ri.* tristəz *Bl*; trįstz *Ri.* — 11. sę *Ro*; se *Bl.* tǫrã

En remuant le sol, sans doute je pourrais
Retrouver un ami dans ce que j'y verrais!
C'est qu'on découvre encor, sous les roches voisines,
Des cadavres percés des flèches sarrazines! ...
　　　　　　　[Radbert.
　Calmez - vous, Amaury!
　　　　　　　Amaury.]
5.　　　　　　　　Moi?　Je suis Ganelon,
Ganelon le Judas, le traître, le félon!
Je restai là trois jours; au fond de ma pensée
Je revoyais mon crime et ma honte passée,
Ma haine pour Roland, ma jalouse fureur,
10.　Nos défis échangés aux yeux de l'Empereur,
Les douze pairs livrés aux Sarrazins d'Espagne
Par moi comte et baron, parent de Charlemagne!
Il me semblait entendre, au milieu des rochers,
Nos preux tomber surpris par les coups des archers,
15.　Olivier et Turpin, mouvantes citadelles,
Terribles, se ruer parmi les infidèles,
Et Roland, dans la mort sublime et triomphant,
Faisant trembler les monts du son de l'oliphant!
— J'étais là seul, mon âme en mon crime absorbée,
20.　Frissonnant, à genoux, la poitrine courbée;
Je priais, je pleurais; la nuit autour de moi
Descendait, pénétrant mon cœur d'un vague effroi.

---

— 11. lę *Ro*; le *Bl.* dus *J.* livre *Ro Bl.* despąñ *J*; dęspąñ *Ro Bl Ri.* — 12. bárŏ *J*; bąrŏ *Ro.* də *J.* šąrləmąñ *J Ro Bl Ri.* — 13. dę *J*; de *Bl.* — 14. le *J Bl Ri.* dęz *Ro*; dez *J Bl Ri.* — 15. olí´vįe *Bl.* tüͪ´rpĕ *J.* sitądęl *J Ro Ri.* — 16. tę̄ribl *Ri*; tę̄ribl *Bl Ro.* lez *J Bl.* ĕfidĕl *J*; ĕfidęl *Ro Bl Ri.* — 17. (rǫ́lă *Ro*). triŏfă *Ro Bl.* — 18. le *J Bl.* — 19. la *Bl Ri.* sǫel *J Ro.* — 20. frísŏnă *Ro.* ą žənu *J.* poątrin *Ri.* — 21. žə *J Ro Bl Ri.* plœrę *Ri.* nüͪi *Ro Bl.* — 22. dẽsădę *Bl.* pęneträ *Ri.* vąg *Ro.* efrųą *Ri Bl.*

ã‟rəmüä l sǫl, sä dūtə žə purę
rətruvêr œ̨n ami dã̈ sə kə ži vęrę!
sę kŏ dekūvr ã̈kôr, su lę rǫš vu̯ą̈zīn,
dę ką̈dāvr pĕrse dę flêš są̈razīu.
       [rą̈dbêr.
ką̈lme-vú, ą̈morí.
       ą̈mori.]

5.       mu̯ą̈? — žə sų̈i gą̈nlõ,
gą̈nlõ lə žüdá, lə trêtr, lə fəlõ!
žə ręste la, tru̯ą̈ žūr; o fõ d mą̈ pãse
žə rəvu̯ą̈ję mõ krīm e mą̈ õ:t pase,
mą̈ ên pur rǫlã, mą̈ žą̈lūz fürœ̨:r,
10. no defiz ešäžez oz i̯œ də lãpərœ̨:r,
lę dūz pêr livrez o są̈rą̈zẽ dęspäñ
pą̈r mu̯ą̈, kõt e barõ, parä t šą̈rləmą̈ñ!
i̯l mə sãblęt ätä:dr, o miljœ dę rǫše,
no prœ tõbe sürpri pą̈r lę ku dęz ą̈rše,
15. ǫlivi̯e e türpẽ, muvä:t sitą̈dĕl,
tęrībl, sə rüe pą̈rmi lęz ẽfidêlə,
e rǫlã, dã̈ lą̈ môr, süblim e triõfã:,
fəzã träble lę mõ dü sõ də lǫlifã!
žetę lá, sœ:l, mǫu ām ã̈ mõ krīm ą̈psǫrbe,
20. frisǫnã, a žnu, lą̈ pu̯ą̈trin ku̯rbe;
žə prii̯ę, š plǫęrę; lą̈ nų̈it otūr də mu̯ą̈ ∾
dəsãdę, peneträ mõ kœ̨:r dṏ vag ęfru̯ą̈.

---

1. ã rmüä *Bl.* lə *J.* dūt *Ro Bl Ri*; du̯t *J.* purę *Ro*; pûrę ∾ *J.* ∾ *Ri.* — 2. rətruve *Ro.* ün *Ro.* dã̈ s *Bl Ri.* verę *Ri.* — 3. sę *Ro Ri*; se *J Bl.* lę *Ro*; le *Bl Ri.* voą̈zįn *Ri.* — 4. dę *Ro*; de *Bl Ri.* dę *Ro*; de *J Ri.* flĕš *J Ro*; flęš *Ri.* są̈razin *J*; są̈razin *Ro*; są̈razīn *Bl*; są̈razįn *Ri.* — 5. gą̈nlõ *J.* — 6. fęlõ *J*; fə̈lõ *ou* félõ *Ro*; félõ *Bl*; fə̈lõ *Ri.* — 7. ręstę *Bl.* tru̯ą̈ *J.* də *J Bl.* — 8. krim *Ri.* õ:tə *J.* pãse *Bl Ri.* — 9. rǫlã *J.* žą̈lūz *Ro Ri*; žą̈lūzə *J.* — 10. defi *Ro Bl.* ešäže *Bl*; ęšäžez *Ri.* lãprœ̨:r *J Ro Bl Ri.*

Tout à coup retentit le tonnerre, et la rage
De l'ouragan me vient rappeler cet orage
Dont Charlemagne, au bruit du tonnerre roulant,
Disait: C'est le grand deuil pour la mort de Roland!
5. A tous ces souvenirs la force m'abandonne,
Et j'embrasse la terre en m'écriant: Pardonne!
Avant la mort, grande ombre, accorde-moi la paix,
Suis-je donc condamné pour jamais? — Pour jamais!
Répondit une voix.  Je relevai la tête,
10. Et je crus voir, je vis, sous l'horrible tempête,
Parmi les rocs fumants qui m'entouraient partout,
Un homme, un chevalier, immobile et debout.
Un blanc linceul couvrait jusqu'aux pieds le fantôme,
Mais laissait deviner la cuirasse et le heaume;
15. Et la voix même avait cet accent souverain
Et rude qu'elle prend dans le casque d'airain.
— Eh! quoi, Roland! criai-je, ô martyr que j'implore,
Pas de pardon, jamais? — Jamais! répond encore
La voix sinistre.  Au loin, de sommets en sommets,
20. La montagne redit le mot fatal: Jamais.
Et moi, qu'avait brisé cet arrêt de la tombe,
Je tombais sur le sol comme un cadavre tombe.
Quand je me relevai, le jour brillait aux cieux,
Et je redescendis le mont silencieux.

---

dvine *Bl.* küiras *J*; küiras *Bl.* ôm *Ri.* — 15. mem *J Ro Bl Ri.*
súvrě *Ro*; suverě *J.* — 16. dã l *Bl Ri.* kăsk(ə) *Ro*; kaskə *J*;
kăskə *Ri*; kăsk *Bl.* derě *Bl.* — 17. žěplôr *J Ro Bl Ri.* — 18.
pa də *Bl.* žamé *Ro Ri.* repŏ *Ro.* — 19. sinistr *Ri.* sǫmę ä *Ro.*
sǫmę *Bl.* — 20. mŏtãñə *J.* mǫ *Ro Ri.* fatal *Ri.* žamé *J Ro*
*Bl Ri.* — 21. moã *Ri.* də lą *J Ro.* — 22. tŏbę *J.* sür l *Ri.*
tŏ:b *J Ro Bl Ri.* — 23. kã ž *Bl.* brilęt *Ri.* — 24. rədesãdi *Bl*;
rədęsãdi *Ri.*

tut ą ku, rətãti l tǫnêr, e lą rāž
də lurągã mə vįĕ rąple sęt ǫrāžə
dŏ šąrləmâñə, o brų̈i dü tǫnêr rulã,
dizę: sę lə grã dœ:į pur lą môr də rǫlã!
5. ą tu sę sųvənīr lą fǫrs mądãdǫnə,
e žābrąz lą têr ã mekriįã: pąrdǫnə!
ąvã lą môr, grãd ŏ:br, ąkǫrdə mųą lą pę,
sų̈i žə dŏ kŏdąnc pūr žąmê'? — pur žâmê'! ∞
repŏdit ün vųą. žə rəlve lą tęt
10. e š krü vųār, žə vi, su lǫriblə tãpêt,
pąrmi lę rǫk fümã ki mãturę pąrtu, ∞
œn ǫm, œ̃ šəvąlįe, imǫbīlə, e dəbu.
œ̃ blã lēsœl kuvrê žų̈sko pįe lə fãtōmə,
mê lęsę dəvine lą kų̈irąs e lə ōm;
15. e lą vųą męmə ąvę sət ąksã suvrē ∞
e rüd, kęl prã dã lə kąsk dęrĕ.
— e! kųą, rǫlã! kriįê ž, o mąrtīr kə žĕplôrə,
pa d pąrdŏ, žâmê? — žâmę́! repŏt äkôr ∞
lą vųą sinīstr. — o lų̆ĕ, də sǫmęz ã sǫmê,
20. lą mõtañ rədi lə mo fątąl: žâmê'.
e mųą, kąvę brize sət ąrę d lą tõ:b,
žə tõbę sür lə sǫl kǫm œ kądāvr tõ:bə.
kã žə mə rələve, lə žūr briįęt o sįœ,
e žə rədəsãdi lə mõ silãsiœ. —

1. tųt *Bl.* lə *J.* rāž ∞ *J Ri.* — 2. sĕt *Bl Ri.* ǫrāž ∞ *Ro*; ǫrāž *J Bl Ri.* — 3. šąrləmąñ *J Ro Bl Ri.* rúlã *Ri.* — 4. dízę *Ri.* sę l *Bl*; se lə *J*; sę lə *Ro.* dǭl *Ri.* — 5. se *J Bl Ri.* mąbãdǫn *J Ro Bl Ri.* — 6. žãbrąs *J Ro Bl.* pąrdǫn *J Ro Bl Ri.* — 7. grã'd *Ro.* — 8. sų̈i ž *Ri.* dŏ' *J.* kŏdąne *Ro Bl Ri.* žąmę́ *J Ro Ri*; žâmę *Bl.* žąmę́ *Bl*; žąmę *Ri.* — 9. ünə *J.* rələvę *J Ro Ri.* tĕt *J.* — 10. žə krü *J Bl*; ž krü *Ri.* lǫriblə *Ro*; lǫrībl *Bl Ri.* — 11. le *J Bl. Après* pąrtu *un petit repos: J Bl Ri (Ro).* — 12. ün *Ro*; œ̆n *Ri.* imǫbil *Ro Bl Ri*; imǫbil *J.* — 13. pįe l *Ro Ri.* fãtōm *J Ro Bl*; fãtôm *Ri.* — 14.

Un moment, je voulus au fond de ces retraites
M'ensevelir, ainsi que vos anachorètes;
Mais je me rappelai, mon père, vos avis:
D'autres devoirs me sont imposés: j'ai mon fils!

œ mǫmã, že vulüz o fõ d sę rətręt
mäsəvəlīr, ēsi kə voz ąnąkǫręt;
mę žə m rąple, mõ pêr, voz ąvi:
dōtr dvu̯ār mə sõt ēpoze: žę mõ fis.

1. məmã *Bl Ri.* vulü *Ro Bl.* d sę *Ro*; d sə *J Ri*; t sə *Bl.*
rətręt ∽ *Ro.* — 2. mäsəvlīr *Ri*; mäsvəlīr *Bl.* k *Ri.* — 3. mə *J.*
rąple *Ro Bl*; rąpəlę *J.* — 4. dəvu̯ār *J.* ēpǫze *Ri.*

# M. Silvain et M<sup>me</sup> Bartet.

Pour voir comment on déclame sur la scène des vers
lyriques, j'ai assisté à plusieurs représentations de la Grisélidis
de MM. Sylvestre et Morand, mystère représenté pour la 1<sup>re</sup> fois
à Paris, sur la scène de la Comédie Française, le 15 mai 1891, et
qui abonde en vers lyriques. J'ai choisi comme exemples le dialogue d'adieu du premier acte (sc. 10) et le monologue en vers
libres de Grisélidis (M<sup>me</sup> Bartet) de l'acte deuxième. La déclamation des deux acteurs correspondait au caractère de la poésie:
les vers furent prononcés avec une certaine solennité qui elle-même
prenait son expression acoustique par une lenteur relative de la
récitation, par un plus grand soin dans l'articulation des phrases,
des mots et de leurs éléments constitutifs, surtout des *e* sourds qui
ne disparaissaient qu'en petit nombre, enfin par une attention
suivie faite au rythme, aux accents (logiques) du vers, qui se
faisaient valoir beaucoup plus que dans la déclamation de vers
héroïques. La prononciation des deux acteurs était celle qui est
enseignée par les professeurs du Conservatoire: *r* dentale; *les, des,
mes*, etc. avec *e* ouvert, etc., ce qui ne les empêchait pas, du reste,
de faire entendre, de temps à autre, une *r* vélaire, même grasseyée,
des *e* mi-ouverts au lieu d'*e* fermés, et de commettre d'autres
petites infractions aux règles des orthoépistes. Il y avait, dans
chaque représentation, de petites divergences que je n'ai pas notées.

Grisélidis.   A. I, sc. 10.

Grisélidis (M<sup>me</sup> Bartet).

Il est donc vrai! c'est l'heure,

L'heure si triste des adieux!

Jusqu'ici dans cette demeure

Vous n'aviez fait jamais encor pleurer mes yeux!

Le Marquis (M. Silvain).

5.  Va, le ciel nous réserve un retour radieux!

Grisélidis.

Ne tardez pas.  J'ai peur.   Un pressentiment sombre

Me fait craindre un désastre où notre amour ne sombre.

Pensez à ma détresse au moins dans le combat!

Si vous avez là-bas toujours l'âme occupée

10.  De moi, je porterai bonheur à votre épée!

(Elle se cache la tête dans les mains.)

A! Dieu, je sens mon cœur qui sanglote et qui bat

(à se briser).

Pardon, mon seigneur et mon maître!

Je voulais être forte et vous voyez mes pleurs.

Le Marquis.

J'y vois, Grisélidis, ta tendresse apparaître.

15.  Les larmes du matin font plus belles les fleurs!

Mais mon cœur en goûtant ces trop dangereux charmes


dã 1 *Ro Bl*. — 10. la *Ri*. — 11. d(ə) *Ro*. pǫrtre *Ro*; pǫrtrę *Bl*.
a *Ro*. — 12. säglǫt *Ro Bl*. ba *J Bl Ri*. a s ə *Bl*; a s *Ri*. —
14. me *J Ri*. — 15. grizęlidɪs *Ro*; grizęlidis *Ri*. tädrěs *J*; tädręsz
*Bl*; tädręs *Ri*. — 16. le *J*. lạrmə *Ro*; lạrmə *J*. le *J Bl Ri*. —
17. gútä *Ro*. se *J Bl*. däžrœ *Bl Ri*. šạrm *Ro Bl Ri*.

grizelidīs.

il ę dŏ vrę; sę́ lœ̨:r,
lœ̨:r si trįstə dęz ạdįœ!
žüskįsi dä̆ sĕtə dəmœ̨:r
5. vu nạvįe fę žạ̈męz ä̆kôr plœ̨re męz įœ!
   lə mạrki.
va, lɔ sįĕl ɲu rezęrv œ̃ rətūr rádįœ!
   grizelidīs.
nə tą̣rde pá. že pœ̨:r. œ̃ pręsätimä̆ sŏ:br
mə fę krĕ:dr œ̃ dezạstr u nǫtr ạmūr nə sŏ:br.
päsez ạ mạ detręs o mụĕ̃ dä̆ lə kŏba!
10. si vuz ạvc lą̣ ba tužūr lǟm ǫküpe ∽
də moạ̈, žə pǫrtəre bǫnœ̨:r ạ vǫtr epe! . . .
   ⌣(ĕl sə kạš lạ tęt dä̆ le mɛ̃.)
a! dįœ, žə sǟ mŏ kœ̨:r ki sǟ'glǫt e ki bạ̈
                           ạ̈ z brizc.
pạrdŏ, mŏ sęñœ̨:r e mŏ mêtr!
žə vulęz êtr fǫrt e vu vụạįc mę plœ̨:r.
   lə mạrki.
15. ži vụạ̈, grizelidīs, tạ tǟdręz ạparêtr.
lę lạrm dü mạtɛ̃ fŏ plü bĕl lę flœ̨:r!
mę mŏ kœ̨:r ǟ gutä̆ sę trǫ dǟžərœ šạ̈rmᵊ

---

1. grizęlidīs *Ro*; grizęlidįs *Ri.* — 2. e *Bl.* dŏk *J Ro Bl*;
dŏ′ *Ri.* sę *Ro Bl*; se *J.* — 3. trist(ə) *Ro*; trist *Bl*; tristə *Ri.*
dez *Bl Ri.* — 4. sĕt *Ro Bl Ri.* — 5. žạ̈męz *Ro Bl.* plœre *Ri.* mĕz
*Bl*; mez *Ri.* — 6. œ̃ rtūr *Ro Ri.* radįœ *Ro Bl.* — 7. tạrdə *Ro Bl.*
žę *Ri.* sŏ:br ∽ *Ri.* — 8. m *Ri*; m(ə) *Ro.* dezǟstr *Bl.* — 9. pǟ:sez *Ro.*

S'en pourrait amollir.
Grisélidis, cache-moi donc tes larmes,
Car devant le devoir je ne veux pas faiblir,
En combattant pour Dieu nous aurons la victoire!

5. Toi qui, bien que mon front déjà fût argenté
Par la guerre et le temps, m'as donné ta beauté,
Je te dois bien un peu de gloire
Et mon bonheur du moins je l'aurai mérité.
Grisélidis.
Si longtemps loin de vous, mon Dieu, je n'y puis croire!
Le Marquis.

10. Pour te faire moins long le temps de cet exil
Et, bien qu'un nécromant menaçât d'un péril
Ta vertu, si jamais tu passais cette enceinte,
Te jugeant impeccable à l'égal d'une sainte,
Je veux que librement tu vives dans ces lieux

15. Comme l'oiseau qui vole au soleil dans l'espace.
Grisélidis.
Le ciel est sans soleil quand je n'ai plus vos yeux,
C'est eux que chercheront les miens dans l'air qui passe.
J'accepte pour cela seulement, cher époux.
Merci de croire en moi comme je crois en vous!
Le Marpuis.

20. Vois-tu, c'est que je t'aime et que j'ai foi, chère âme,
Aux serments que jadis nous avons échangés!
Grisélidis.
Depuis ces jours heureux nos cœurs sont-ils changés!

---

*J Bl Ri.* — 15. sǫlęî *Ri.* lęspạs *Ro Ri*; lęspạs *J*; lęspãs *Bl.* —
16. e *J.* sã *Bl.* sǫlęî *Ri.* ž nę *Ro.* — 17. set *J.* le *J Bl Ri.*
pãs *J Ro Bl*; pạs *Ri.* — 18. žạksĕpt *Bl.* slạ *Bl.* sǫləmã *J Ro Ri.*
šęr *Bl.* ępu *Ri.* — 19. męrsi *Bl Ro.* krụạ(z) *Ro.* — 20. se kə *J*;
sę k *Ri.* e kə *Ro Ri.* žę *Ro Bl.* šęr *Bl Ri.* — 21. žạdis *Bl Ri.*
— 22. se *J Bl.* žūr(z) *Ro.* œrœ *Ri.* šãže *Bl.*

sä purẹt ạmọlīr.

grizelidīs, kạš moạ dõ tẹ lạrm,
kạr dəvä l dəvu̯ār žə nə vœ pa fẹblīr,
ä kõbạtä pūr dị̯œ nuz orõ lạ viktu̯ār!

5. tu̯ạ ki, bị̯ē kə mõ frõ dežạ füt ạržăte
pạr lạ gêr e l tä, ma dọne tạ bote,
žət du̯ạ bị̯ē œ̃ pœ d glu̯ār
e mõ bọnœ̃:r dü mu̯ē žə lọre merite.

grizelidīs.

si lõtä lu̯ē də vu, mõ' dị̯œ, žə ni pu̯ị̯i króār!

lə mạrki.

10. pūr tə fêr mu̯ē lõ lə tä də sẹt ẹgzil
e, bị̯ē kœ̃ nekrọmä mənạsa dœ̃ peril ∽
tạ vẹrtü, si žạmẹ tü pāsẹ sêt āsẽ:t,
tə žüžät ēpe'kạbl ạ legạl dün sẽ:t,
žə vœ kə librəmä tü vīv dä sẹ lị̯œ
15. kọm lu̯ạzo ki vọl o solêị̯ dä lẹspas.

grizelidīs.

lə sị̯ẹl ẹ sä' sọlẹị̯ kä žə ne plü voz ị̯œ.
sẹt œ kə šẹršərõ lẹ mị̯ē dä lêr ki pāsə.
žạksẹptə pur səlạ sœ̃lmä, šêr epu.
mẹrsi də kru̯ār ä mu̯ạ kọm žə kru̯ạz ä vu!

lə mạrki.

20. vu̯ạ tü', sẹ kə žə têm e k že fu̯ạ, šê'r ām,
o sĕrmä kə žạdi nuz ạvõz ešäže!

grizelidīs.

dəpu̯ị̯i sẹ žūrz œ̃rœ no kœ̃:r sõt ạl šäžé!

2. *grizẹlidīs Ro.* mu̯ạ *J.* dõk *Bl.* te *Bl Ri.* — 3. lə *J Ro.*
fẹblir *Bl*; feblīr *Ri.* — 4. orõ *J.* — 5. bị̯ē k *Ri.* ạržăte ∽ *Ro.*
— 6. ẹ l *Bl Ri*; e lə *J Ro.* — 7. žə tə *J Ro Bl Ri.* doạ *J.* də
*J Bl Ri.* — 8. lọrẹ *Ro Ri*; lọre *J*; lọrẹ *Bl.* mẹrite *Bl.* — 9. loẽ *Ri.*
mõ *Ro Bl.* kroār *Ro*; kru̯ār *Bl.* — 10. tᵊ *Ri.* dt *Ro.* sĕt *Bl.*
ẹgzil̄ *J.* — 11. peril̄ *J.* — 12. pạ̄sẹ *Bl.* sẹt *Ro*; sĕt *Bl.* — 13.
žüžã *Ro.* ĕpẹkabl *J*; ĕpekabl *Ri.* — 14. k *Ri.* líbrəmã *Ro.* se

Le Marquis.

Eh bien! redis-les-moi, ces mots, ces mots de flamme
Qui me consoleront : promesses de vertu
Et promesses d'amour que mon amour adore!
     Redis-mois tout cela, veux-tu?

Grisélidis.

5. Ce que j'avais juré, je vous le jure encore:
Devant ce soleil qui monte aux cieux clairs
Et rayonne au-dessus du calice des mers,
     Comme aux mains du prêtre l'hostie,
Je vous donne ma foi librement consentie;
10. Que mes gages d'amour vous soient donc confirmés,
Sachez que je vous aime autant que vous m'aimez.
     Votre volonté me fût-elle même
     Cruelle à mourir, j'accepte mon sort
     Et j'obéirai puisque je vous aime
15.      Jusque dans la mort.

Le Marquis,
*(lui montrant la campagne baignée de lumière).*

Le ciel se réjouit à voir notre tendresse.
Les beaux jours sont venus! C'est la grande allégresse
Des choses, dans l'air tiède et vibrant de l'été.
De voix et de parfums le bois est enchanté,
20.      Le monde n'est qu'une caresse!
Savoure ces douceurs cependant que là-bas,

---

*Ri.* meme *Ri.* — 12. m *Bl.* męm *Ro*; mêm | *Ri.* — 13. krüĕl
*Bl.* — 14. žǫbęire *Bl.* ęm *Ro.* — 16. sįęl *Ro Bl.* režui *J Ro.*
— 17. le *J Ri.* bo *Ri.* vnü *Bl Ri.* se *J.* ąlegręs *Bl Ri.* —
18. dę́ *Ro*; de *J Ri.* tįęd *Bl.* — 19. vųą *Ro.* e d *Bl.* bųą
*Ro Bl.* et *J Bl.* — 20. mŏ:də *J.* ne *J Bl.* kün *Ro Bl Ri.* kąręs
*Bl.* — 21. sąvūr *J Ro Bl Ri.* se *J Bl Ri.* la *Ri.*

le mạrki.

ẹ bị̃e! rədi lẹ mụạ, sẹ mo, sẹ mo də flãm
kị̀ mə kõsọlərõ, prọmêz də vẹrtü
e prọmẹz dạmūr kə mọn ạmūr ạdôr!
rədi mụạ tú sələ, vœ tü?

grizelidīs.

5.  sə kə žạvẹ žüre, žə vu lə žü:r ăkôr:
    dəvǎ sə sọ̣lêị̀ ki mõt o sịœ klêr ↄ
    e rẹ̣ịọn o dəsü dü kạlīz dẹ mêr,
         kọm o mẽ: dü prêtr lọstī,
    že vu dõn mạ fụạ lībrəmã kõsãtī;
10. kə mẹ gaž dạmūr vu sụạ dõ kõfirme,
    sạšc kə žə vuz ẹm otã kə vu mẹme.
         vọtr vọlõtc mə füt ẹl mêm ↄ
         krüẹl ạ murīr, žạksĕptə mõ sôr
         e žọbeire, pụ̣ịskə žə vuz êm
15.           žüskə dã lạ môr.

le mạrki.
(lụ̈i mõträ lạ kãpạñ bẹ̃e d lümị̣êr.)

lə síêl sə režuit ạ vụār nọtr tãdrẹs.
lẹ bò žūr sõ vənü! sẹ lạ grä:d ạlegrẹz ↄ
dẹ šõz, dä lêr tị̣êd e vibrä də lete.
də vụạz e də pạrfœ̃ lə bụạz ẹt ăšäte,
20.      lə mõ:d nẹ künⁿ kạrês!
sạvūrə sẹ dusœ:r səpädä kə lạ ba,

<hr>

1. e bị̃e *J.*  le *J Bl Ri.*  se *(bis) J Bl.*  mọ *(bis) Ri.*
d(ə) *Ro.* flạm *Ri.* — 2. ki m *Bl Ri*; ki m(ə) *Ro.* prọmẹs *Bl Ri*;
prọmẹsz *J.* vẹrtü *Ro Bl Ri.* — 3. prọmẹs *Ri*; prọmĕz *J.* — 4.
tu *Ro.* — 5. vu l *Bl*; vu l(ə) *Ro.* ă′kôr *Bl.* — 6. sọlẹị *Ro Bl*;
sọlẹ̃l *Ri.* klêr | *Ri.* — 7. rẹịọn *J Ro Bl Ri.* dsü *Ri.* kạlīs *J Ri.*
de *Bḷ Ri.* — 8. mẽ *Ro Bl.* — 9. dọnⁿ *J.* kõsãti *Ro.* — 10.
me *Bl Ri.* gạž *Ri.* sụa′ *Ro.* dõk *Bl.* — 11. êm *J.* õtã k

L'âme d'un souvenir blessée,
Je porterai dans les combats
Un cœur tout plein de ta pensée.
Grisélidis.
Dans la nature, hélas! sans vous rien ne m'est doux.
5.          L'aumône emplira mes journées
Et de ces libertés que vous m'avez données,
La seule que je veuille est de prier pour vous.
On est plus près de Dieu sur les collines vertes
Dans la solitude des soirs,
10.          Quand les roses encore ouvertes
Se balancent dans l'air comme des encensoirs!
Tout prie autour de nous, à ces heures bénies.
Leurs vœux avec les miens vers le ciel monteront
Et les astres, le long des voûtes infinies,
15. Verseront la pitié de Dieu sur votre front!
*(On entend au dehors sonner une fanfare.)*
Le Marquis.
Il faut partir!
Grisélidis.
Non pas sans avoir, je l'espère,
Embrassé notre enfant.
Le Marquis.
C'est vrai, chez moi l'époux
20. Allait presque oublier le père.
*(Appelant Bertrade qui entre.)*
Bertrade . . . fais venir Loys auprès de nous.

---

d nu *Ri.* sez *J Bl Ri.* bẹ́ni *Ri*; beni *Ro Bl.* — 13. vœ *Ro Bl.*
le *Ri.* vẹr 1 *Ri.* mŏtərŏ *Bl.* — 14. lez *J Bl Ri.* de *J Ri.* vūt'z
*Ro Bl Ri.* — 15. vẹrsrŏ *Ro.* vǫtr *Bl Ri*; vǫtr(ə) *Ro.* — 18. ăbrạse
*Ro Ri.* notr *Ri.* ăˊfă *Ro.* — 20. ublịje 1 *Bl Ri.* — 21. vənīr
*J Ro.* lois *Bl.* d nu *Ri.*

lām dœ̃ suvnīr blę́se,
žə pǫrtre dǟ lę kõba
œ̃ kœ̨:r tu plĕ dᵊ tą pǟse.
>grizelidīs.
dǟ lą nątü:r, elǟs! sǟ vu rį̆ẽ nə mę du.
5. 	lómon ăplira mę žurne
e də sę libęrte kə vu mąve dǫne,
lą sœl kə žə vœ̨:i ę̆ də prįįe pur vu.
ǫn ę plü prę̆ də dįœ sür lę kǫlīn vęrt
>dǟ lą sǫ́lįtüdᵊ dę sųār,
10. 	kǟ lę rōzəz ăkôr uvĕrt
sə bą́lǟ:s dǟ lêr kǫm dęz ăsǟsųār!
tu pri otūr də nu, ą sęz œ̨:r béni.
lœr vœz ąvęk lę mⁱį̃ẽ vęr lə sįę̆l mõtrõ
e lęz āstr, lə lõ dę vūtəz ẽfini
15. vęrsərõ lą pitįe də dįœ sür vǫtrə frõ!
>(ǫn ătăt o dəôr sǫne ün fǟfār.)
>>lə mąrki.
įl fo pątīr!
>>grizelidīs.
>>nõ pa, sǟz ąvųār, žə lęspêr,
ăbrą́se nǫtr ǟfǟ.
>>lə mąrki.
sę́ vrę, še mųą lepu
20. ąlę pręsk ublįįe lə pêr.
>>(ąpəlǟ bęrtrād ki ǟ:tr.)
bęrtrād . . . fę vnīr loiz oprę də nu.

---

1. lāmᵊ *J.* suvənīr *J Ro.* blęse *Ro Bl Ri.* — 2. pǫrtəre *J*; pǫrtrę *Bl.* le *J Bl Ri.* kõbą *Ri.* — 3. d(ə) *Ro*; d *Bl Ri.* — 4. ęlǟs *Ri.* rį̆ẽ n *Ro.* me *J.* — 5. lomōn *Bl.* me *J Bl Ri.* — 6. də se *J*; t se *Bl Ri.* — 7. vœ̨ĩ *Ri.* ę *Ro*; e *J Ri.* prie *Bl.* — 8. le *Bl Ri.* — 9. sǫlįtüd *Ro Bl Ri.* de *J Ro Bl Ri.* — 10. le *J Ri.* rōz *Ro Ri.* — 11. bąlǟ:s *Ro Bl.* dez *J Bl Ri.* — 12. tú *Ro.*

La mer! et sur les flots toujours bleus, toujours calmes,
Jusqu'au sable roulant l'argent clair de leurs palmes,
Des voiles comme des oiseaux,
5. A la fois changeants et fidèles,
Effleurent d'une blancheur d'ailes
La face tremblante des eaux!
Mais, hélas! sur ces bords, où tristement je marche,
En vain j'attends ton vol, ô colombe de l'arche,
10. Messagère d'espoir m'annonçant le retour! . . .
Six mois déjà que, chaque jour,
Devant comme après l'heure où, dans le crépuscule,
Palpite le voile des airs,
Que le soleil se lève ou dans le ciel recule,
15. Mes yeux fouillent en vain les horizons déserts.
Sourire de l'aube vermeille,
Adieu du soir éblouissant,
N'ont pour moi qu'une ombre pareille.
Tout m'est douleur quand je pense à l'absent!
20. — Il partit au printemps.  Voici venir l'automne

---

šak(ə) *Ro*; ša(k)g *J.* — 12. dã l *Bl.* krepü̈skü̈l *J*; krepü̈skül ∽
*Ro.* — 13. pạlpit *Bl Ri.* dez *J Bl Ri.* — 14. sọlẹ̃l *Ri.* dã l *Bl Ri.*
rəkül *Ro Bl Ri*; rəkü̈l *J.* — 15. mẹz *J Bl.* fuiᵹt *J Ro*; fúi̯t *Ri.*
lez *J*; lẹz *Bl.* dẹzêr *Ro.* — 16. surīr *Ro Bl.* vẹrmẹ̃l *Ri*; vẹrmẹi̯
*Bl.* — 17. ebluisa | *J Ro Ri.* — 18. õ:br *Bl Ri.* pạrẹ̃l *Ri*; parẹi̯ |
*Ro.* — 19. tú *Ro.* me *J Bl Ri.* kã ž *Ri.* — 20. pạrti(t) *Ro.*
prẽtã *J.* vu̯ạsi *Bl.* vnīr *Ri.*

grizelidīs.

lą mêr! e sür lę flo túžūr blœ, túžūr kąlm,
žŭsko sabl rulă ląržă klêr də lœr pąlm,
    dę vŭal kǫm dęz ŭazo,
5.     ą lą fŭą šăžăz e fidęl,
    ęflœ:r dün blăšœ:r dêl ∽
    lą fąs trä′blätə dęz o!
mêz elās! sür sę bôr, u trįstəmä žə mąrš,
ä vĕ žątä tŏ vǫl, o kǫlŏ:b də ląrš,
10. męsažêrə dęspŭār mąnŏsä lə rətūr! ...
    si mŭą déžä, kə, šąk žūr
dəvä kǫm ąprę lœ:r u, dä lə krepüskül,
    pąlpitə lə vŭąl dęz êr,
kə lə sǫlęį sə lêv u dä lə sįĕl rə′kül,
15. męz įœ fuiįt ä vĕ lęz ǫrizŏ dezêr.
    súrīr də lōb vęrmêį,
    ądįœ dü sŭār ebluisä ∽
    nŏ pur mŭą kün ŏbrə pąręį ∽
tu mę dulœ:r kä žə p
äs ą ląpsä!
20. — įl pąrtit o prĕ′tä. voąsi vənīr lotŏn

<hr>

1. grizęlidīs *Ro*; grizęlidīs *Ri*. — 2. lę *Ro*; le *J Bl Ri*.
tŭžūr *J*; tužūr *Ro Bl Ri (bis)*. — 3. žüsko *Bl*. sąbl *Ri*; sablə *J*. d lœr
*Ri*. — 4. de *J Bl Ri*. vŭāl *Bl*. dez *J Bl Ri*. ŭazo ∽ *Ro*. —
5. šăžă *Ro*. fidĕl *J Ro Bl*. — 6. eflœ:r *Bl*. dĕl *J Ro Bl*. — 7.
träblä:t *Ro Ri*; trä′blät *Bl*; träblä(t) *J*. dez *J Bl Ri*. — 8. méz
*Bl*. se *J Bl Ri*. tristəmä *Bl*. mąrš(ə) *Ro*. — 10. mĕsažêr *J Ro*
*Bl Ri*. 1 rətūr *Ro Bl*; lə rtūr *Ri*. — 11. deža *Ro Bl*. šak *Bl*;

Qui dépouille les rameaux verts!
Des roses, sous l'été, les cœurs se sont ouverts,
    Et, du temps, le pas monotone
N'a sonné, dans mon cœur, que le glas des hivers.
5.     Bientôt la mer sera farouche
    Et, telle qu'un monstre qui mord,
    Avec des baves à la bouche,
    Dans ses flancs bercera la mort!
Ah! qu'il revienne, avant que, sur le flot sauvage,
10. Sanglote la clameur des naufragés perdus,
    Ou je mourrai, sur le rivage,
    Les bras vers sa tombe tendus!
— Dieu ne le voudra pas pour l'enfant qui nous aime.
Quelquefois la douleur au cœur met un blasphème!
15.     Tout est bien, puisque tu le fis!
    Seigneur, pardonne à ma démence:
    Je vais, dans les yeux de mon fils,
Comme en un ciel plus pur adorer ta clémence.

---

— 10. săglọtə *J*; să'glŏt *Ro.* de *J Bl Ri.* — 11. mu͞re *Ro Ri* mu͞re *J.* lə *J Ro.* — 12. tŏ:b *Ro Bl.* — 13. Djọ̭ *Ro.* n *Bl.* — 14. kĕlkfụạ *Ri.* dulœ:r *Ri.* kœ:r *Ri.* blạsfêm *Ro Bl Ri.* — 15. e *J.* tü l *Ri.* — 16. dẹmã:s *Ro.* — 17. lez *J Bl Ri.* d mŏ *Ri.* — 18. ăn *Ro Ri.* ạdọre *Bl Ri.* klẹmã:s *Ro Ri.*

ki depuiį lę rąmo vêr!
dę rozə su lete, lę kœ̨:r sə sŏt uvêr,
e, dü tã, lə pa mǫnǫtŏn ∞
na sǫne, dã mŏ kœ̨:r, kə lə gla dęz ivêr.

5.　　　bįĕto lą mêr səra fąruš<sup>ə</sup>
e, tĕl kœ̃ mõ:strə ki môr,
ąvĕk dę bāvəz ą lą buš,
dã sę flã bęrsəra lą môr!

a! kįl rəvįĕn, ąvã kə, sür lə flo sovãž,
10. sãglǫt lą klāmœ̨:r dę nofraže pęrdü,
u žə mure, sür l rivāž,
lę bra vęr są tõ:bə tãdü!

— Dįœ nə lə vudra pa pur lãfã ki nuz ęm.
kęlkəfųą lą dulœ̨:r o kœ̨:r męt œ̃ bląsfêm<sup>ə</sup>!

15.　　　tut ę bį̃ĕ, pų̈įskə tü lə fi!
sę̨ñœ̨:r, pąrdŏn ą mą demã:s :
žə vę, dã lęz įœ də mõ fis,
kŏm ąn œ̃ sįĕl plü pü:r ądôre tą klemã:s.

---

1. depuî *Ri.* le *Bl.* — 2. dę *J*; de *Bl.* rŏz *Ro Bl.* le
*Bl.* — 3. 1 *Ri.* — 4. ną *Ro Bl.* sǫne *J.* dez *J Bl Ri.* — 5. sra
*Ri.* fąrūš *Ro*; fąruš *Bl Ri*; faruš *J.* — 6. tęl *J.* mõ:str *Ro Bl Ri.*
— 7. de *J Bl Ri.* bāvz *Ro Bl Ri.* bųš *J.* — 8. se *J Ri.* — 9.
rəvįęn *Ro.* ąvã k *Bl Ri*; ąvã k(ə) *Ro.* sų̈r *J.* flǫ *Ri.* sǫvãž *Ri.*

# François Coppée.

M. Coppée, né à Paris, le 12 janvier 1842, m'a lu, avec beaucoup de verve, sa poésie «Pour ne pas vieillir» (les Paroles sincères, 2ᵉ éd., Paris 1891, p. 51 ss.), assez lentement au commencement, et avec plus de rapidité vers la fin, et il en a répété les premières strophes très lentement, pour me permettre d'observer tout à mon aise les détails de sa prononciation. Les césures et les rimes furent marquées distinctement; si le sens le demandait, la parole glissait d'un vers à l'autre avec une pause presque inaperceptible. L'accent oratoire ne frappait que rarement des syllabes non sujettes à l'accent logique des phrases. Les *e* sourds furent presque toujours gardés au corps des hémistiches; deux fois seulement, p. 135, l. 10 et p. 137, l. 4 l'*e* de *me* disparaissait presque entièrement et fut remplacé par la longueur des voyelles voisines. Dans le v. 46 (p. 139, l. 6), la perte de l'*e* dans *gardent* (phonétiquement *gard*) fut réparée par la pause qui suit ce mot. Souvent, M. Coppée prononçait les *e* sourds à la fin du vers ([p. 135, l. 10]; p. 137, l. 7; p. 139, l. 1, 9, 15), avec une certaine hésitation, il est vrai; il ne recula même pas devant un *e* féminin prononcé devant une voyelle, à la fin du premier hémistiche (p. 135, l. 4; p. 137, l. 20, dans la répétition lente de ces vers) ou même au beau milieu d'un demi-vers (p. 139, l. 11). — Quant à sa prononciation proprement dite, M. Coppée roula énergiquement les *r* qu'il croit faire grasseyer un peu; il prononça *les, des,* etc. avec un *e* ouvert, et fit sonner souvent la diphtongue *ua* comme *oa*: p. 135, l. 2, 4, 16; p. 137, l. 2, 22; p. 139, l. 9.

Pour Ne Pas Vieillir.

Sais-tu que voilà dix ans, ma sincère,
Que nous nous aimons si fort et si bien?
Et c'est, pour ma route, un poids nécessaire,
5. Ton bras confiant posé sur le mien.

Le charme profond par qui tu m'attires,
Pour jamais, ma douce, a su me fixer,
Depuis le moment où nos deux sourires
Se sont confondus en un seul baiser.

10. Je m'offrais alors pour que tu me prisses;
Mais cela pouvait ne durer qu'un jour.
L'aveugle désir sème les caprices;
A peine un sur cent fleurit en amour.

Nous les connaissions, les adieux vulgaires,
15. Comme il s'en fait tant sur le grand chemin.
Le mot: «Pour toujours», je n'y croyais guères;
Tu songeais: «Cela va finir demain».

Mais nos cœurs, brisés en mainte aventure,
Furent recueillis morceau par morceau.

<hr>

Ri. tü me Bl Ri; tü m J Ro. prĭs Ro; prīs J; prįs Bl Ri. —
11. slạ Ri. puvę n Bl; puvę n(e) Ro. — 12. lạvœ̨:glə J Ro;
·lạvœ̨:gl Bl Ri. dęzīr Ri. sęm Ro Ri. le J Bl Ri. kạprīs J;
kạpris Ro Bl Ri. — 13. œ̃′ Ro. flœ̨ri Ro Ri. ăn Ri. — 14. le J Ri. lez
J Ri. — 15. sür l Bl Ri. šmẽ Ri; š(ə)mẽ Ro. — 16. mọ Ri.
ž ni Ri. — 17. səla J. va Ro Ri; vạ Bl. fịnīr J. — 18. kœ:r
Ri. brize Ro. mẽ:t Ro. — 19. rəkœ̨l̃i Ri.

pur nə pa viçiir.

se tü kə voalą diz ã, mą sẽsêr,
kə nu nuz ẹmõ si fǫrt e si bįẽ?
e sę, pur mą rųt(ə), œ̃ poą nesęsêr,
5. tõ brą kõfį̣ä poze sįr lə mi̯ẽ.

lə šąrmə prǫfõ pąr ki tü mątīr,
pųr žąmę, mą dus, a sü mə fįkse,
dəpų̈i lə mǫmät u no dœ surīr
sə sõ kõfõdü(z) ąn œ̃ sœl bęze.

10. žə mǫfręz ąlôr pur kə tü m(ə) prîs(ə);
mę səlą puvę nə düre kœ̃ žūr.
ląvœ̣:gl(ə) dezir sęmə lę kąprîs;
ą pęn œ̃ sür sã flœ̣rit ąn ąmūr.

nu lę kǫnęsi̯õ, lęz ądįœ vü̈lgêr,
15. kǫm i̯l sã fę tã sür lə grã šəmẽ.
lə mo : «pur tužūr», žə ni kroąi̯ę gêr;
tü sõžę̣ : «səlą vạ finīr dəmẽ».

mę no kœ̣:r, brizez ã mẽt ąvätü:r,
fü:r rəkœ̣įi mǫrso pąr mǫrso.

<hr>

1. viçiir *Ro*; vie̯iir *Bl*; viê̯lir *Ri*. — 2. sé *Ro*. vųąlą *J.*
— 3. êmõ *J.* fǫr *Ro Bl Ri*. — 4. se *J Bl*. rųt(ə) *Ro*; rųt *J*;
rųt *Ri*; rut *Bl*. pųą *J*. nęsęsêr *Ri*. — 5. bra *J Ro Ri*. sįr 1
*Ri*. mi̯ẽ *Bl*. — 6. šąrm *Bl Ri*. prǫfõ *J*. — 7. žąmę *J Ro*. dūs
*Ro Ri*. sü m *Ro Bl Ri*. fīkse *J*. — 8. dəpų̈i 1 *Bl Ri*. mǫmã *Bl
Ri*; mǫmã *ou* məmã *Ro*. surīr ∽ *Ro*. — 9. kõfõdü *Ro*; kõfõdüz
*J Bl Ri*. ăn *Ro Ri*. sœl *Ro Bl Ri*. bęze *Ro*; beze *Ri*. — 10. pur k

> Notre amour fragile, et qui pourtant dure,
> Est fait de débris comme un nid d'oiseau.
>
> Sur lui nous veillons tous deux, ma jolie!
> Mais, les jours brumeux, je me dis à part,
> 5. Avec un soupir de mélancolie,
> Que tout ce bonheur est venu bien tard.
>
> Je vieillis, hélas! je descends la rampe,
> Et la lassitude alourdit mes pas.
> Regarde: L'hiver a mis sur ma tempe
> 10. Son premier flocon qui ne fondra pas.
>
> Et toi, dont le cœur dans les yeux se montre,
> Tu n'es déjà plus l'enfant d'autrefois;
> Et, depuis le jour de notre rencontre,
> Dix ans sont passés. Compte sur tes doigts.
>
> 15. Mais, quand un amour est tel que le nôtre,
> Qu'importe, après tout, qu'on se fasse vieux!
> Nous pouvons rester jeunes l'un pour l'autre,
> En nous aimant plus, en nous aimant mieux.
>
> Vois ces deux époux dont la tête tremble,
> 20. Assis côte à côte, heureux sans parler.
> A force de vivre à toute heure ensemble,
> Vois, ils ont fini par se ressembler.

---

notr *Ro Bl Ri.* răkõ:tr *J Ro Bl.* — 14. díz *Ro.* pase *J Ro*; pạse *Bl.* kõ:t *Ro Bl Ri.* te *Bl Ri.* — 15. ün *Ro.* tẹl *J*; tĕl *Bl Ri.* nôtr *Ri.* — 16. kõ s *Ro Bl.* fạsᵊ *J*; fãs *Bl*; fạs *Ri*; ɬaz *Ro.* — 17. žọẹ:n *Ro*; žœn *J*; žœ:n *Bl Ri.* — 18. plü *Ro Bl.* — 19. vụạ *J.* epu *J Bl.* tẹt *Ro Bl.* — 20. kõt *J Ro Bl*; kọt ạ kôt *Ri.* œrœ *J Ro Ri*; œrœ *Bl.* — 21. fọrsᵊ *J*; fọrs *Bl Ri.* œ:r *Ri.* — 22. vụạ *J Ro.* par s *Ro Bl.*

nǫtr ąmur frą́žil, e ki purtã dü:r,
ę fę də debri kǫm œ̃ ni doązo.

sür lįi nu veįö tu dœ, mą žǫlī!
mê, lę žur brümœ, žə m(ə) dīz ą pār,
5. ąvęk œ̃ sụpir də melãkǫli,
kə tu sə bǫnœr ę vənü bįë̃ tār.

žə vįéįi(z), ęlās! žə dəsã lą rã:pə,
e lą ląsitüd ąlụrdi mę pa.
rəgąrd : livêr a mi sür mą tã:p
10. sõ prəmįe flǫ́kö̃ ki nə födra pa.

ι tụą, dõ lə kœ:r dã lęz įœ sə mõ:tr,
tü nę dežą plü lãfã dotrəfụą;
e dəpụi lə žūr də nǫtrə rã:kõtr,
diz ã sõ pąse. kõtə sür tę dụą.

15. mê, kãt œ̃n ąmūr ę têl kə lə nõtr,
kẽ́pǫrt, ąprę tu, kõ sə fasə vįœ!
nu puvõ ręste žœ:n lœ̃ pur lõtr,
ã nuz ęmã plüs, ã nuz ęmã mįœ.

voą sę dœz ępu dõ lą tętə trã:bl,
20. ąsi kot ą kot(ə), œrœ sã pąrle.
ą fǫrsə də vīvr ą tụt œr ãsã:bl,
voą, įlz ö̃ fįni pąr sə rəsãble.

---

1. notr *Ri.* frąžil *Ro Bl.* pụrtã *J.* — 2. e *Bl Ri.* — 3. vęl̊ö *Ri.* — 4. le *J Bl Ri.* mə *J Ro Bl Ri.* di *Ro.* — 5. supīr *Ro Bl Ri.* melãkǫli *Bl.* — 6. tu sz *Ro*; tu s *Bl Ri.* ę *Ri*; e *Bl.* — 7. vięįi *J Ro*; vięįiz *Bl*; vįęl̃i *Ri.* elās *Ro Bl.* rã:p *J Ro Bl Ri.* — 8. lasitüd *Bl.* ąlụrdi *Ro Ri*; alụrdi *Bl.* me *J Bl.* — 9. rəgą˞də *Bl.* — 10. flǫkõ *J Bl Ri.* ki n *Ri*; ki n(ə) *Ro.* pą *Ri.* — 11. dõ l *Ri.* ləz *J Bl Ri.* s mõ:tr *Bl Ri.* — 12. ne *J Bl.* dǫtrəfụą *Ri.* — 13. dəpụi l *Bl.*

Descendons comme eux la pente insensible,
Laissons naître et fuir les brèves saisons.
En ne nous quittant que le moins possible,
Nous ne verrons pas que nous vieillissons.

5. C'est la récompense; on peut la prédire.
Les amants constants gardent, et très tard,
Sur leur lèvre pâle un jeune sourire,
Dans leurs yeux fanés un jeune regard.

Au fond du foyer, braise encore vivante,
10. Toujours la tendresse en eux brûle un peu.
L'habitude, honnête et bonne servante,
Ne laisse jamais s'éteindre le feu.

Leurs derniers printemps ont pour hirondelles
Les souvenirs chers de l'ancien bonheur.
15. Pour ne pas vieillir, soyons-nous fidèles,
Tendre et simple amie, ô cœur de mon cœur!

---

*J Ro Bl Ri.* žœn *J Ro*; žœn *Ri*; žœn *Bl.* — 9. bręz *Ro.* vivã:t
*J Ro Ri.* — 10. tųžūr *Ri.* tãdręs *J.* ăn *Ri.* — 11. lạbitüd *Ro
Bl Ri.* ǫnêt *Ri.* bǫn *J Bl Ri.* — 12. lęsə *J Ro Ri.* — 13. dęrnįe *J.*
prĕ′tã *Ri.* irŏdęl *Ro Ri*; irŏdĕl *J Bl.* — 14. le *Bl Ri.* — 15. pur n
*Ro Bl.* vįelīr *Ri.* fidęl *Ro Ri*; fidĕl *J Bl.* — 16. tã′dr *Ro.*

dəsãdõ kǫm œ lą pät ẽsãsibl³,
lǫsõ nêtr e fṵ̈ir lǫ brêvə sǫzõ.
ã nə nu kịtä kə lə moẽ pǫsībl,
nu nə vǫrõ pa kə nu vi̯ǫi̯isõ.

5.  sǫ lą rekõpä:s; õ pœ lą predīr.
lǫz ạmä kõstä gąrd, e trǫ tär,
sür lœr lǫvr päl œ̃ žœ:n³ surīr,
dã lœrz i̯œ fą́nǫz œ̃ žœnə rəgär.

   o fõ dü foai̯e, brǫz äkọr vivã:tə,
10.  tužūr lą tädrês ạn œ brïil œ̃ pœ.
lạbitüd³, ǫnǫt e bǫnə sǫrvä:t,
nə lǫs žą́mǫ setẽ:dr lə fœ.

   lœr dǫrni̯e prẽtä õ pur irõdêl
lǫ suvənir šêr də lãsi̯ẽ bǫnœ:r.
15.  pur nə pa vi̯ǫi̯ir, su̯ai̯õ nu fidǫlə,
tädr e sẽpl ạmi, o kœ:r də mõ kœ:r!

1.  də′sãdõ *Ro*; desãdõ *Bl*; dǫ́sãdõ *Ri*. ẽsãsībl *J Ro Bl Ri.*
— 2.  lǫ́sõ *Ro*; lǫsõ *Bl Ri.* le *Bl.* brǫvf *Ro*; brêv *Bl Ri.* — 3.
kə l *Bl.* mụẽ *J Ro Bl.* pǫsịbl *Ri.* — 4.  nu n(ə) *Ro.* verõ *Bl.* vi̯ǫ̃lisõ *Ri.*
— 5.  sǫ *J Bl.* rekõ:päs *J.* pǫ *Ro.* prédīr *Bl*; prǫdīr *Ri.* —
6.  lǫz *Bl Ri.* — 7.  sür *J.* žœn ǀ *J*; žœ:n *Bl Ri*; žœ:n *Ro.* — 8.  fą́ne

# SULLY-PRUDHOMME.

M. Sully-Prudhomme, né à Paris, en 1839, ne se croit pas un bon déclamateur. Il s'excusa en m'assurant que, comme l'un sait bien dessiner ce qu'il a vu, l'autre moins bien ou pas du tout, ainsi l'un sait bien exprimer, par la déclamation, ce qu'il sent et ce qu'il pense, tandis qu'à d'autres ce don est refusé. Mais M. Sully-Prudhomme est trop modeste s'il croit devoir se ranger dans le nombre de ceux qui sont dépourvus de l'art oratoire: en me lisant la poésie qui suit (le Lever du soleil), il a su parfaitement exprimer ce qu'il a pensé. Il n'a pas fait grand usage de ses forces vocales: mais ce ne sont pas seulement l'intensité et le timbre de la voix qui font l'orateur, le juste choix des mots sur lesquels il faut appuyer et l'harmonie de la déclamation avec le sujet ne sont pas d'une moindre valeur. Sur ces deux points, M. Sully-Prudhomme ne le cède à personne. Comme le «Lever du soleil» (Stances et Poèmes, p. 131) est une poésie grave, majestueuse, il demande une déclamation lente, calme, sans faste. M. Sully-Prudhomme l'a déclamé exactement comme il le fallait. Quant aux détails, M. Sully-Prudhomme supprime les *e* sourds, au milieu des vers, un peu plus fréquemment que M. Fr. Coppée (p. 143, l. 5, 11, 14, 15, 16; p. 145, l. 2, 6, 10, 11, 17); aussi chez lui, ils sont toujours remplacés par des allongements, dans nos exemples, toujours par l'allongement de la syllabe précédente. A la fin des vers, M. Sully-Prudhomme n'a fait entendre l'*e* muet qu'une seule fois (p. 143, l. 13), et encore bien faiblement. Comme M. Coppée, M. Sully-Prudhomme prononce *les, des, est* avec *e* ouvert; il ne fait pas grasseyer les *r*. Si dans les mots *royal* (p. 143, l. 2), *natal* (p. 145, l. 4) et *frappent* (p. 145, l. 10) l'*a* tonique est fermé, c'est là l'effet d'une prolongation oratoire de cette voyelle. — A noter la prononciation de *fils* comme *fi* (p. 145, l. 7).

Le Lever du Soleil.

Le grand soleil, plongé dans un royal ennui,
Brûle au désert des cieux.  Sous les traits qu'en silence
Il disperse et rappelle incessamment à lui,
5.  Le chœur grave et lointain des sphères se balance.

Suspendu dans l'abîme, il n'est ni haut ni bas;
Il ne prend d'aucun feu le feu qu'il communique;
Son regard ne s'élève et ne s'abaisse pas;
Mais l'univers se dore à sa jeunesse antique.

10.  Flamboyant, invisible à force de splendeur,
Il est père des blés, qui sont pères des races,
Mais il ne peuple point son immense rondeur
D'un troupeau de mortels turbulents et voraces.

Parmi les globes noirs qu'il empourpre et conduit
15.  Aux blêmes profondeurs que l'air léger fait bleues,
La terre lui soumet la courbe qu'elle suit
Et cherche sa caresse à d'innombrables lieues.

Sur son axe qui vibre et tourne, elle offre au jour
Son épaisseur énorme et sa face vivante,

<hr>

— 10. flăbụai̯ă *J*; flă‘boai̯ă *Ri.* ĕvizībl *Ro Bl.* fǫrs *Bl Ri.* —
11. e *J.* de *J Bl Ri.* de *J Bl Ri.* răs *Ro Bl.* — 12. pœplə *J*;
pœpl *Bl Ri.* imă:s *Ro Bl Ri.* — 13. trúpo *Bl.* d *Ri.* tị̈rbülă
*Ro Bl*; tị̈rbülăz *J Ri.* vǫrạs *J Ro Ri*; vǫrăs *Bl.* — 14. le *Bl Ri.*
glǫbə *J.* ăpụrpr *Ri.* — 15. blêmᵊ *J.* — 16. têrᵊ *J.* kụrb *Ro.*
kęl *Ro Bl.* — 17. šęrš *Bl.* kạręs *Bl*; kạrěs *J.* — 18. ạksə *J*; ăksᵊ
*Ro.* žūr ∽ *J.* — 19. cnǫrm *Ro Bl Ri.* fạs *Ro*; făs *J Bl*; fạs *Ri.*

lə ləve dü sǫlêi̯.

lə grã sǫlêi̯, plŏže dãz œ̃ roái̯āl ăni̯i,
brü:l o dęzęr dê si̯œ.  su lę trę kã silä:s
i̯l dispęrs e rąpĕl ēsęsąmãt ą lüi̯,
5. lə kœ̨r grāv e lu̯ătē dę sfêr sə bą́lä:s.

süspã́dü dã ląbim, i̯l nę ni o ni ba;
i̯l nə prã dokœ̃ fœ lə fœ ki̯l kǫmų̈nik;
sŏ rəgār nə sęlêv e nə sąbês(ə) pa;
mę lünivêr sə dôr ą są žœnęs ätîk.

10. flãboái̯ã, ĕ̀vizībl ą fǫrsə də splãdœ̨:r,
i̯l ę pêr dę ble, ki sõ pêr dę rąs,
męz i̯l nə pœplə pu̯ĕ sǫn imã:sə rŏdœ̨r
dœ̃ trupo də mǫrtęl tų̈rbülã(z) e vǫrąs(ə).

pąrmi lę glǫb nu̯ār kil ãpų̨rpr e kŏdų̈i
15. o blêm prǫfŏdœ̨:r kə lęr leže fę blœ,
lą têr lüi̯ sumę lą kų̨rbə kęlə sų̈i,
e šęršə są ką̨rês ą di̯nŏbrãblᵊ li̯œ.

sų̈r sǫn ăks ki vībr e tų̨rn, ęl ǫfr o žūr
sǫn epęsœ̨:r enôrm e są fąsə vivã:t,

<hr>

1. sǫlęi̯(χ) *Ro*; sǫlęî *Ri.* — 2. sǫlęi̯ *Ro*; sǫlĕi̯ *J*; sǫlęî *Ri.*
plŏže *Bl Ri.* roái̯al *Ro*; ru̯ái̯al *J*; roái̯ăl *Bl*; róai̯al *Ri.* ąni̯i
*Bl.* — 3. dəzęr *Ri.*  de *J Bl.* lĕ *J Bl Ri.* — 4. dispĕrs
*Ro.* rąpęl *J.* — 5. grav *Ro.* lu̯ĕtẽ *Bl.* de *J Bl Ri.* bąlä:s *Ro Bl*;
bálä:s *Ri.* — 6. süspãdü *Ro Bl.* ląbim *Ro Bl.* ne *J.* — 7. kǫmünik
*Bl.* — 8. rgār *Ri*; ɹgār *Bl.* sélêv *J*; selêv *Bl*; səlêv *Ri.* ę n
*Bl.* sąbês *Ro Ri*; sąbęs *J Bl.* — 9. žœnĕs *J Bl.* ätik *Bl*; ätik *Ri.*

Et les champs et les mers y viennent tour à tour
20.  Se teindre d'une aurore éternelle et mouvante.

Mais les hommes épars n'ont que des pas bornés,
Avec le sol natal ils émergent ou plongent:
Quand les uns du sommeil sortent illuminés,
Les autres dans la nuit s'enfoncent et s'allongent.

5.  Ah! Les fils de l'Hellade, avec des yeux nouveaux,
Admirant cette gloire à l'Orient éclose,
Criaient : salut aux dieux dont les quatre chevaux
Frappent d'un pied d'argent le ciel solide et rose!

Nous autres, nous crions : salut à l'Infini!
10.  Au grand tout, à la fois idole, temple et prêtre,
Qui tient fatalement l'homme à la terre uni,
Et la terre au soleil, et chaque être à chaque être.

Il est tombé pour nous, le rideau merveilleux
Où du vrai monde erraient les fausses apparences,
15.  La science a vaincu l'imposture des yeux,
L'homme a répudié les vaines espérances.

Le ciel a fait l'aveu de son mensonge ancien,
Et depuis qu'on a mis ses piliers à l'épreuve
Il apparaît plus stable, affranchi de soutiens,
20.  Et l'univers entier vêt une beauté neuve.

---

*Bl.* idǫl *Ro*; idŏl *J.* — 13. fatąləmã *J Ro Ri*; fatąlmã *Bl.* —
14. sǫlęl *Ri.* šãk *J*; šak *Ro Bl Ri (bis).* — 15. e *Bl.* rído *Bl.*
męrvęiœ *Ro Bl*; męrvęlœ *Ri.* — 16. vrę *Bl.* ęrę *Ro.* fõsz *Ro Ri.*
— 17. sįã:s *J Ri.* vĕˈkü *Ro.* lĕpǫstü:rə *J.* dez *J Bl Ri.* — 18. lǫm
*J Ro Bl Ri.* repüdiįe *Ro Bl*; rępüdiįe *Ri.* le *Bl Ri.* vęnz *J Ro*; vênz
*Bl Ri.* — 19. sįęl *J Ro Bl Ri.* d sõ *Ri.* ãsįẽ *Ro Bl Ri.* — 20. se *J Bl Ri.*
pilįe *Ro.* eprǫ:v *J Bl*; ęprœ:v *Ri.* — 21. stãbl *J Ri*; stabl *Bl.* dt *Ro*;
t *Ri.* — 22. lünivêr *J Ro Bl Ri.* ün *Bl Ri.* botə *Ro.* nǫ:və *J Bl*; nœ:v *Ri.*

---

e lẹ šăz e lẹ mêr i vịẹn(ᵊ) tūr ạ tūr
sə tĕ:dr dün orôr etẹrnẹl e muvặ:t.

mẹ lẹz ọmez epār nŏ kə dẹ pa bọrne,
ạvẹk lə sŏl nạtāl ịlz emẹržət u plŏ:ž:
5. kặ lẹz œ̃ dü sọmêị sọrtət ịlümine,
lẹz ōtr dặ lạ nụị săfŏ:st e sạlŏ:ž.

A! lẹ fi də lẹlad, ạvẹk dẹz ịœ nuvo,
ạdmirặ sẹtə gloār ạ lọrⁱịặt eklōz,
krịẹ : sạlüt o d͡ịœ dŏ lẹ kạtrə šəvo
10. frặp dœ̃ pịe dạržặ lə sịẹl sọlīd e rōz!

nuz ōtr, nu krịịŏ : sạlüt ạ lĕ᾿fịni!
o grặ᾿ tu, ạ lạ fụạ idôl, tặ:pl e prêtr,
ki tịẽ fatạl(ə)mặ lọm ạ lạ têr üni,
e lạ têr o sọlêị, e šạk êtr ạ šạk êtr.

15. ịl ẹ tŏbe pur nu, lə rido mẹ̀rvẹịœ
u dü vrẹ̀ mŏd ẹ̀rẹ lẹ fōsəz ạparặ:s,
lạ siặ:s ạ vĕkü lĕpọstü:r dẹz ịœ,
lôm a rẹ̀püdiịé lẹ vênəz ẹsperặ:s.

lə sịêl ạ fẹ lạvœ də sŏ mặ:sŏ:ž ặ᾿sịẽ,
20. e dəpụị kọn a mi sẹ pilịez ạ lẹprœ:v
ịl ạparẹ plü stăbl, ạfrăši də sutịẽ,
e lünivêrz ătịe vêt ünə bòte nœ:v.

_______

1. le *(bis)* J Bl. vịẹn Ro Bl Ri; vịĕnᵊ J. tứr ạ tūr Bl.
tūr ∾ Ri. — 2. etẹrnĕl J Bl. — 3. lez J Bl. ọmz J Ro Bl Ri.
nŏ k Ro. de J Bl. — 4. nạtạl J Bl; nạtal Ro. emẹržt Ro Bl Ri;
emẹɹžt J. — 5. lez J Bl. sọmẹị Ro; sọmẹˆl Ri. sọrtᵊt J Bl; sọrt' Ri. —
6. lez J Ri. ôtr Ri. săfŏ:s Ro. — 7. le J Bl Ri. fiz J Ro Bl.
dez J Bl Ri. — 8. sẹt Ro Bl; sĕt Ri. lọrịặ Bl. eklôz Ri. — 9.
sạlü Ro. le J Bl Ri. kạtr Bl Ri. — 10. frạp Bl. sọlid Bl Ro. rôz
Ri. — 11. ôtr Ri. sạlü Ro. lĕfịni Ro Bl Ri. — 12. tut Ri. fụạz

# LECONTE DE LISLE.

Les idées de Leconte de Lisle (né le 23 octobre 1818 à Saint-Paul [île de la Réunion] et fixé à Paris en 1847) sur la lecture des vers français sont connues, en partie, par le rapport que Lubarsch a fait d'une conversation qu'il eut avec lui sur ce sujet, dans sa brochure: *Ueber Deklamation und Rhythmus französischer Verse* (Oppeln et Leipzig 1878, p. 27 ss.). Dans cette interview, Leconte de Lisle avait donné comme règles: il faut toujours faire sentir les *e* sourds (muets) au milieu des vers; mais ils sont absolument nuls à leur fin. Dans la lecture de la Vérandah, que M. Leconte de Lisle m'a faite deux fois, il a observé strictement ces règles, excepté dans le vers 19 où *reptile* avait un *e* sourd très distinct. Pour bien marquer le sommeil de la Persane et le repos de toute la nature, Leconte de Lisle lisait très lentement, presque sans aucun accent oratoire, mais en appuyant sur les syllabes de valeur et sujettes à l'accent d'intensité normal ou logique. Les césures et les rimes furent respectées et marquées par des pauses plus ou moins sensibles; l'harmonie imitative des vers, leur musique, furent mises en relief. Leconte de Lisle prononçait les mots *les, des,* etc. avec *e* ouvert, ne grasseyait pas, faisait entendre *oa* ou *o͝a* à côté de *u̯a* et ne trahit, du reste, dans les 35 vers du morceau qu'il lisait, aucune particularité individuelle de prononciation. Leconte de Lisle est mort en 1894.

La vérandah.

Au tintement de l’eau dans les porphyres roux
Les rosiers de l’Iran mêlent leurs frais murmures,
Et les ramiers rêveurs leur roucoulement doux,
5. Tandis que l’oiseau grêle et le frelon jaloux,
Sifflant et bourdonnant, mordent les figues mûres,
Les rosiers de l’Iran mêlent leurs frais murmures
Au tintement de l’eau dans les porphyres roux.

Sous les treillis d’argent de la vérandah close,
10. Dans l’air tiède, embaumé de l’odeur des jasmins,
Où la splendeur du jour darde une flèche rose,
La Persane royale, immobile, repose,
Derrière son col brun croisant ses belles mains,
Dans l’air tiède, embaumé de l’odeur des jasmins,
15. Sous les treillis d’argent de la vérandah close.

Jusqu’aux lèvres que l’ambre arrondi baise encor,
Du cristal d’où s’échappe une vapeur subtile
Qui monte en tourbillons légers et prend l’essor,
Sur les coussins de soie, écarlate, aux fleurs d’or,

*Bl.* ịmọbil *Ro Bl Ri.* rəpôz *Ri.* — 13. dẹrịêr *J Ro Bl Ri.* ku
(= cou *au lieu de* col) *Ri.* krụẹzã *Ro*; kroậzã *J Ri.* se *J Ri.* bẹl
*Ro Ri*; bĕl *Bl*; bĕlᵊ *J.* — 14. lẹr *J.* lodœ:r *Bl.* de *J Bl Ri.* —
15. le *J Bl Ri.* trẹ̃li *Ri.* dạržã *Ro Bl Ri.* verãda *Ro Bl Ri.* klôz *Ri.* —
17. krịstạl *J Ro Bl Ri.* sešạp *Ro.* ün *Ro Bl*; ịin *Ri.* sụ̈ptịl *J.*
— 18. tụrbĭlŏ *Ri.* leže *Ro Bl.* lesôr *Bl.* — 19. le *J Bl.* d sụạ
*Bl Ri*; dt sụạ *Ro.* ekạrlạt *J.* flœr *Bl Ri.*

la̧ verāda.

    o tĕ:təmā də lō dā lȩ po̧rfīrə rū
    lȩ rōzi̧ē də lirā mêlə lœ̧r frȩ mü̧rmü:r,
    e lȩ rà̧mi̧e rêvœ̧:r lœ̧r rūkūləmā dū,
5.  tādi kə lu̧azo grêl e lə frəlō žȧ̧lū,
    siflä e burdo̧nā, môrdə lȩ figə mü:r,
    lȩ rōzi̧e də lirā mêlə lœ̧r frȩ mü̧rmü:r
    o tĕ:təmā də lō dā lȩ po̧rfīrə rū.

    su lȩ trȩi̧i dâržā də la̧ verä′da̧ klōz,
10. dä lȩr ti̧ȩd ä:bōme də lo̧dœ̧:r dȩ žȧ̧s(z)mȇ,
    u la̧ splädœ̧:r dü žūr da̧rd ünə flȩšə rōz,
    la̧ pȩrsȧ̧nə ro̧a̧i̧al: i̧mo̧bilə, rəpōz,
    dȩri̧êrə sō ko̧l brœ̃ kro̧azā sȩ bȩlə mȇ,
    dä lêr ti̧ȩd äbōme də lo̧dœ̧:r dȩ žȧ̧smȇ,
15. su lȩ trȩi̧i dâržā də la̧ verä′da klōz.

    žṳsko lêvr kə lä:br a̧rõ:di bêz ȧ̃kôr,
    dü kri̧staḏl du sešȧ̆p ünə vapœ̧:r sṳ̧ptil
    ki mõ:t ã tu̧rbii̧õ ležez e prä lȩsôr,
    sür lȩ kusȇ də su̧a̧, ekȧ̧rlāt, o flœ̧:r dôr,

<hr>

2. tĕ:t(ə)mä *Ro.* le *J Bl Ri.* po̧rfīr(ə) *Ro.* — 3. le *J Bl Ri.* rozi̧e *J*; ro̧zi̧e *Bl Ri.* mêl *Ro*; mȩl *Bl.* — 4. rámi̧e *J*; ra̧mi̧e *Ro Bl.* ru̧kūləmä *Ri*; ru̧kūlmä *Bl.* — 5. grĕl *Bl.* e 1 *Bl Ri.* — 6. siflät *J.* mo̧rd *Ro Bl Ri.* le *J Bl Ri.* fig *Ro Bl Ri.* — 7. le *J Bl Ri.* ro̧zi̧e *Bl Ri.* mêl *Ro*; mȩl *Bl.* — 8. le *J Bl Ri.* — 9. le *Bl Ri.* trȩl̃i *Ri.* da̧ržä *Ro Bl Ri.* veräda *Ro Bl Ri.* klôz *Ri.* — 10. lodœ̧:r *J Bl.* de *J Bl Ri.* žȧ̧smȇ *Ro Ri*; žȧ̧zmȇ *Bl.* — 11. ün *Ro Bl Ri.* flȩš *Ro Bl Ri.* rôz *Ri.* — 12. pȩrsȧ̧nə *Ro*; pȩrsan

La branche du houka rode, comme un reptile,
Du cristal d'où s'échappe une vapeur subtile,
Jusqu'aux lèvres que l'ambre arrondi baise encor.

Deux rayons noirs, chargés d'une muette ivresse,
5.  Sortent de ses longs yeux entr'ouverts à demi;
Un songe l'enveloppe, un souffle la caresse,
Et parce que l'effluve invincible l'oppresse,
Parce que son beau sein qui se gonfle a frémi,
Sortent de ses longs yeux entr'ouverts à demi
10.  Deux rayons noirs, chargés d'une muette ivresse.

Et l'eau vive s'endort dans les porphyres roux,
Les rosiers de l'Iran ont cessé leurs murmures,
Et les ramiers rêveurs leur roucoulement doux.
Tout se tait.  L'oiseau grêle et le frelon jaloux
15.  Ne se querellent plus autour des figues mûres;
Les rosiers de l'Iran ont cessé leurs murmures,
Et l'eau vive s'endort dans les porphyres roux.

ãtruvêr *Ro.* dmi *Bl Ri.* — 10. dün *Ro Bl.* müêt *Ro Ri*; müęt *Bl.*
ivrĕs *J.* — 11. vīv *Ro Bl.* le *J Bl Ri.* — 12. le *J Bl.* rǫzįe *Bl Ri.*
sęsc *Ro*; sese *Bl Ri.* — 13. le *J Bl.* ramįe *Ri.* rukūləmä *Bl*;
rukūlmä *Ri.* — 14. tu s *Ri.* ę l *Ri*; c l *Bl.* — 15. nə s *Bl Ri.*
kręl *Ro*; kərĕl *Bl Ri.* plü *J Ro Bl.* de *J Bl.* fig *Ro Bl Ri.* —
16. le *J Bl.* rǫzįe *Bl Ri.* sęsc *Ro Ri*; sese *Bl.* — 17. vīv *Ro Ri*;
vīvə *Bl.* le *J Bl Ri.*

la̤ brä:šə dü huka roḍ, ko̦m œ̃ re̦ptilə,
dü kri̦stá̦l du sešăp ünᵊ va̦po̦e̦:r sṳ̈ptil,
žṳ̈sko lêvr kə lä:br a̦rŏdi bêz ăkôr.

dœ re̦i̯ŏ nu̯ār, ša̦rže dünə müêt ivrês,
5. sôrtə də se̦ lŏz i̯œ ätruvêrz a̦ dəmi;
œ̃ sŏ:žə lä:vəlo̦pə, œ̃ sūflə la̦ kârês,
e pa̦rsə kə le̦flü:v ĕvĕsiblə lo̦prês,
pa̦rsə kə sŏ bo sĕ ki sə gŏ:fl a fremī,
so̦rtə də se̦ lŏ:z i̯œ ätruvêrz a̦ dəmi
10. dœ re̦i̯ŏ nu̯ār, ša̦rže dünə mü̯êtə ivrês.

e lo vīvᵊ sădôr dä le̦ po̦rfīrə rū,
le̦ rōzi̯e də liră ŏ se̦se lo̦r mṳ̈rmü:r,
e le̦ ra̦mi̯e re̦vo̦e̦:r lo̦r rūkūləmă dū.
tu sə te̦. lu̯azo grêl e lə frəlŏ ža̦lu
15. nə sə kəre̦lᵊ plüz ōtūr de̦ fīgə mü:r;
le̦ rōzi̯e də liră ŏ se̦se lo̦r mṳ̈rmü:r,
e lo vīvə sădôr dä le̦ po̦rfīrə rū.

---

1. brä:š *Ro Bl.* uka *Ro Bl Ri.* rodᵊ *Ro*; rōd *Bl*; rôd *Ri.*
re̦ptil *Ro Bl*; re̦pti̦l *Ri*; re̦pti̦lᵊ *J.* — 2. ün *Ro Bl Ri.* sṳ̈pti̦l *J.*
— 4. re̦i̯ŏ *Ro Bl Ri.* ša̦rže *Bl.* dün *Bl.* müe̦t *Bl*; müĕt *J.* ivre̦s
*Bl*; ivrĕs *J.* — 5. se *J Bl Ri.* i̯œz *J.* ätruvêr *Ro*; ätruve̦rz *J.*
ḍmi *Bl Ri.* — 6. sŏ:ž *Ro Bl Ri.* lävəlo̦p *J Bl*; lävlo̦pə *Ri.* sūfl
*Ro Bl*; sūfl *Ri.* ka̦re̦s *Bl.* — 7. pa̦rs kə *Ro Bl.* leflü:v *Bl.* ĕvĕsibl
*Ro Bl Ri*; ĕvĕsiblᵊ *J.* lo̦prĕs *J.* — 8. pa̦rs kə *Ro Bl.* ki s *Bl Ri.*
frèmi *J*; fre̦mi *Ri.* — 9. só̦rt *Ri*; so̦rt(ə) *Ro.* se *J Bl Ri.* i̯œz *J.*

# APPENDICE.

Dans le livre de M. L. Brémont, *le Théatre et la Poésie, Questions d'Interprétation* (Paris 1894), p. 124 ss., on trouve le passage suivant:

C'est de la musique, qu'il faut mettre partout dans le rôle de *Grisélidis*, l'un des derniers grands succès de la Comédie-Française; l'oubli des syllabes longues, la suppression des *e* muets sont des trahisons constantes envers le poète harmonieux et caressant qui s'appelle Armand Silvestre.

Faites-en l'expérience sur ces vers:[1]

> Devant ce soleil qui monte aux cieux clairs
> Et rayonne au-dessus du calice des mers,
> Comme aux mains des prêtres l'hostie
> Je vous donne ma foi librement consentie.

Il est facile de voir que le mouvement large et solennel exigé évidemment par ces vers se trouvera naturellement accentué sur la syllabe longue du mot donne.

Je vous donne ma foi.

Si vous en faites une brève et si vous supprimez l'*e* muet qui suit, l'allure du morceau n'y est plus.

---

[1] Je marque d'un n° 1 l'*e* muet qui se prononce entièrement avec toute sa sonorité douce encore mais précise. Par le n° 2, j'indique celui qui se murmure plutôt qu'il ne se prononce et enfin je désigne par le chiffre 3 l'*e* muet qui ne se prononce pour ainsi dire pas, mais qui compte dans la mesure et que, par une sorte d'expiration vague du souffle, on met dans l'esprit de l'auditeur.

Continuons:

On est plus près de Dieu sur les collines vertes
1        — 3
Dans la solitude des soirs
2
Quand les roses encore ouvertes
2
Se balancent dans l'air comme des encensoirs!
— 2      3

Ne voit-on pas tout de suite que ce qu'il y a de suggestif en ces derniers vers se trouve ramassé dans la longue et la brève de ces mots: «*se balăncĕnt*».

. . . . . . . . . . . . . . . . . . . . . . . . .

Sourire de l'aube vermeille
— 2 1 — 2
Adieu du soir éblouissant
N'ont pour moi qu'une ombre pareille.
2

Il ne reste rien de ce premier vers si vous le réduisez à six pieds en disant:

Sourir' de l'aub' vermeille

il n'a de grâce que dans la plénitude de ses huit pieds.

. . . . . . . . . . . . . . . . . . . . . . . . .

Des voiles comme des oiseaux,
— 3  2
A la fois changeants et fidèles
Effleurent d'une blancheur d'ailes
— 3  1
La face tremblante des eaux.
2   2

Oppeln. — Erdmann Raabe, imprimeur.

$M$ . . . . . .

Permettez-moi de me rappeler à vos bons souvenirs. Tous mes soins seront toujours acquis aux commandes que vous voudrez bien me faire parvenir.

Vous savez que la vente de livres anciens ou d'occasion n'est pas ma seule spécialité, et s'il est vrai que nulle part en France vous ne trouveriez un fond plus important et aussi varié de **Livres d'occasion,** nulle part aussi vos

## COMMANDES DE LIVRES NEUFS

ne sauraient être exécutés avec plus d'exactitude. Mes relations avec les libraires et éditeurs de *tous les pays* me mettent à même de vous fournir, avec une égale facilité, dans les plus courts délais et aux conditions les moins onéreuses, les

## LIVRES ÉTRANGERS

anglais, allemands, italiens, espagnols, portugais, américains, orientaux, etc., ainsi que les

## ABONNEMENTS AUX JOURNAUX DU MONDE ENTIER.

Les relations que j'entretiens depuis dix ans avec près de 5.000 savants et bibliothèques de France et de l'Etranger sont basées sur une mutuelle confiance. Toute commande, d'où qu'elle vienne, est immédiatement exécutée sans demande préalable de références ni de garanties.

*Je laisse à l'appréciation de mes clients s'ils veulent se faire ouvrir un compte en m'envoyant de temps à autre des provisions de fonds à valoir sur des commandes à faire* (ce qui est le moyen le plus pratique), provisions de l'importance desquelles ils seront seuls juges, qu'ils sauront mesurer d'après leurs besoins et renouveler avant épuisement complet, *ou s'ils veulent régler leur compte une fois par trimestre* (et *non pas* une fois par semestre ou par an), **mais avec régularité et promptitude alors,** l'argent étant le *nervus rerum* de tout commerce.

Les *remises* ou *rabais* que vous trouverez indiqués plus loin dans une page spéciale, ou *la franchise des frais de poste qui peut* **remplacer** *la remise, ne peuvent être maintenues pour les factures que les Clients laisseraient impayées pendant plus de trois mois,* car à mesure que le crédit s'allonge, le bénéfice, *très faible,* dont je me contente, *se réduit* *ou disparaît.* Quelques clients ne se rendent pas compte de cela; je me permets donc d'inrister sur la nécessité du paiement dans les délais prévus par mes conditions de fourniture, qui sont:

### RÉGLEMENT DES FACTURES

*comprites dans une des périodes trimestrielles de Janvier à Mars, Avril à Juin, Juillet à Septembre, Octobre à Décembre,* sauf conventions contraires ayant précédé la fourniture, *motu proprio* dans le courant du mois qui *suit* la clôture du trimestre, c'est-à-dire en *Avril, Juillet, Octobre* et *Janvier.*

Différer les paiements sous prétexte que la somme due est minime et qu'on aura peut-être prochainement occasion de la grossir par une nouvelle commande, équivaut à me mettre dans la nécessité de faire des reports de trimestre en trimestre. Et puis 1.000, 1.500 ou 2.000 petites sommes en représentent ensemble une très considérable qu'il peut être pénible de ne pas voir se renouveler fréquemment.

Dans l'attente de vos fréquentes commandes, j'ai l'honneur d'être, M             , votre tout dévoué serviteur

## H. WELTER.

Adresse postale: Librairie Universitaire, H. Welter, rue Bonaparte, 59, à Paris.

Adresse télégraphique; Welter, Bonaparte, 59, Paris.

Maison à *Leipzig* (Allemagne) Salomonstrasse, 16.

Les mandats-poste étrangers doivent être libellés: *Payable au bureau 10, à Paris.*

---

Il est un fait acquis que plus on est éloigné de Paris, plus on paie cher les productions littéraires de la France.

Ainsi, le franc devient 1 fr. 10 en Suisse, 1 Mark = 1 fr. 25 en Allemagne, 1 sh. = 1 fr. 25 en Angleterre, 60 kr. = 1 fr. 25 en Autriche, 1 L. 25 en Italie, et ainsi de suite. Dans les pays lointains, surtout hors de l'Europe, le prix est quelquefois doublé. Je ne m'avance donc pas trop en affirmant qu'en me confiant l'exécution de vos ordres, le budget que vous consacrez annuellement à l'achat de livres français se trouvera *augmenté de 20 à 25 %* et davantage même selon les circonstances, ce qui vous permettra d'enrichir votre bibliothèque dans les mêmes proportions.

---

### Vient de paraître chez H. Welter

# L'ART D'ECRIRE UN LIVRE

## DE L'IMPRIMÉR ET DE LE PUBLIER

### Par Eugène Mouton.

1 beau volume in-8 carré de 450 pages. 1896. Prix **6** fr.

Livre très utile à tous ceux qui écrivent, pour faciliter leurs rapports avec les imprimeurs et les éditeurs.

LIBRAIRIE UNIVERSITAIRE
FRANÇAISE ET ÉTRANGÈRE | **H. WELTER** | 59, RUE BONAPARTE, 59
PARIS

# LES
# ÉPOPÉES FRANÇAISES

## ÉTUDE SUR LES ORIGINES ET L'HISTOIRE DE LA LITTÉRATURE NATIONALE

### Par LÉON GAUTIER
Membre de l'Institut.

**Ouvrage trois fois couronné par l'Académie des Inscriptions et Belles-Lettres.**

(GRAND PRIX GOBERT EN 1868).

SECONDE ÉDITION, ENTIÈREMENT REFONDUE.

---

Tome I. **Histoire externe des Chansons de geste.** 1 vol. in-8 de xii-564 p. 1878. Ne se vend plus séparément.

Tome II. — Idem, Suite. 1 vol. in-8 de viii-803 p. 1894. Prix **20 fr.**

Tome III. **Cycle de Charlemagne.** 1 vol. in-8 de xvi-808 pages. 1880. Prix . . . . . . . . . . . . . . . . . . . . . **20 fr.**

Tome IV. **Cycle de Guillaume.** 1 vol. in-8 de xii-576 pages. 1882. Prix . . . . . . . . . . . . . . . . . . . . . **20 fr.**

Tome V. **Bibliographie des Chansons de geste.** In-8. 1896. Prix . . . . . . . . . . . . . . . . . . . . . **15 fr.**

Les 5 volumes pris ensemble. Prix . . . . . . . . . **90 fr.**

La reliure en demi-chagrin bleu, tête jaspée, tranches ébarbées, se paye 3 fr. par volume.

Il a été tiré de chaque volume 75 *exemplaires sur papier vergé de Hollande*, au *prix double* de celui du papier ordinaire.

---

PRÉFACE DU IIᵉ VOLUME DES *ÉPOPÉES FRANÇAISES.*

Edouard Laboulaye, qui voulait bien m'honorer de quelque amitié, n'était point partisan des «éditions revues et considérablement augmentées», et encore moins des «éditions entièrement refondues». Il me le disait un jour avec sa verve habituelle et me mettait en garde contre cette tendance fatale de certains érudits à recommencer sans cesse leurs anciens livres: «Je compose les miens, me disait-il, en toute confiance et loyauté, et les abandonne ensuite à leur destinée. Quant à les refaire, je m'en défends, et préfère en publier de nouveaux.» Voilà certes d'excellents conseils et dont j'aurais dû m'inspirer, lorsque j'entrepris cette seconde édition des *Épopées françaises* qui m'a coûté un si long labeur et où (pour ne parler que du présent volume) je n'ai pas, en quatre cents pages, conservé cent lignes de la première édition.

Il est vrai que je ne suis pas sans excuse. L'Histoire littéraire du moyen âge est une science qui, depuis trente ans, a fait de belles enjambées et a parcouru rapidement un long chemin. Elle a même été si bien renouvelée qu'un livre de 1865, à force de paraître candide, ne serait pas fort loin de sembler ridicule. C'est ce qui m'a décidé, entre autres motifs, à entreprendre cette édition: œuvre assez ingrate après tout, et dont quelques érudits, peut-être, seront seuls à me savoir gré.

Ils sont vraiment douloureux, ces recommencements d'un vieux livre. On se heurte sans cesse à quelque erreur qu'il faut loyalement redresser. On s'aperçoit (je parle pour moi) qu'on a jadis été trop affirmatif et téméraire. Puis, l'âge est venu. On a plus d'expérience, et moins d'entrain. On n'est plus à la fête, mais au devoir. Une première édition, c'est le printemps; les autres, c'est l'automne.

Telle qu'elle est, cette nouvelle édition rendra peut-être quelques services. Je n'ai pas la prétention d'y avoir été partout original, et je me borne à réclamer, pour certaines parties de mon œuvre, le rôle modeste d'un vulgarisateur de bonne volonté, qui s'est tenu au courant et prend le soin d'indiquer, avec une précision loyale, toutes les sources auxquelles il est remonté. Il me sera sans doute permis d'ajouter que, dans le présent volume comme dans les autres, il y a des éléments vraiment nouveaux et que personne encore n'avait mis en œuvre. J'ai réuni sur les jongleurs un certain nombre de textes qu'aucun érudit, je pense, n'a connus avant moi, et je crois pouvoir, en toute sincérité, me rendre le même témoignage pour tout ce qui touche à l'exécution des chansons de geste, aux dernières chansons en vers, aux romans en prose, à la longue et triste histoire de notre décadence épique. Quand je mis pour la première fois la main à ce gros livre, je me proposais d'offrir au public une vaste synthèse sur les chansons de geste où j'ajouterais les résultats de mes recherches personnelles à ceux que mes devanciers avaient déjà conquis. Je n'ai jamais cessé de me proposer le même but : c'est au public de décider si je l'ai atteint.

Si long qu'ait été le chemin, j'ai eu la consolation d'y rencontrer des mains qui se sont tendues vers moi, des voix qui m'ont encouragé, et ce n'est pas sans quelque émotion que je prononce ici les noms de Guizot et de Natalis de Wailly. D'aussi grands noms ne sauraient me faire oublier ces jeunes amis — mes élèves d'hier — qui, notamment dans le présent volume, se sont fait une joie de venir en aide à leur ancien maître. Je croirais manquer à un devoir si je n'adressais ici mes re-mercîments à MM. Labande, Vernier et Le Grand. Je dois aux deux premiers la précieuse communication d'un certain nombre de textes inédits sur le fief de la jonglerie de Beauvais et sur le rôle des jongleurs à la cour des ducs de Bourgogne. Le troisième a bien voulu rédiger, sous ma direction, cette Bibliographie des chansons de geste qui est peut-être faite pour donner à mon œuvre un caractère plus marqué d'utilité pratique. C'est là une qualité que les érudits contemporains tiennent à bon droit en haute estime et qui les rend parfois indulgents pour les défauts des autres et pour les leurs.

Un de ces défauts dont il convient que je m'accuse et que l'excellent M. Laboulaye aurait eu quelque peine à me pardonner, c'est d'avoir fait attendre plus de dix ans la publication de ce tome II, et surtout de le publier si longtemps après les tomes III et IV. Je sens, mieux que personne, tous les inconvénients qu'entraîne une telle interversion. Il est certain que ce présent volume est scientifiquement en progrès sur les autres; qu'il est plus «au courant»; qu'il offre fatalement des répétitions plus ou moins heureuses, des raccords plus ou moins adroits, et, chose plus regrettable, que je me vois forcé d'y combattre plus d'une fois les thèses des volumes suivants et de me réfuter moi-même . . . par avance. J'expliquerais bien à mes lecteurs les causes d'un retard qui est en apparence inexplicable, s'ils pouvaient y prendre quelque intérêt. J'estime qu'il vaut mieux ne pas les importuner pas des excuses trop personnelles, et «battre ma coulpe».

Les *Epopées françaises* ont rempli dans ma vie près de vingt ans de travail.

Si j'ai fait un peu mieux connaître notre vieille poésie nationale, si je l'ai fait un peu mieux aimer; si j'ai contribué à lui ouvrir la porte si longtemps fermée des programmes et des examens universitaires et à faire enfin placer le *Roland* près de l'*Iliade* : *longo proximus intervallo;* si surtout, au lendemain de désastres sans nom, j'ai pu raviver un peu l'amour pour la chère patrie française, en montrant que tous les Roncevaux sont glorieusement réparables; si le nom de Roland — avec celui de Jeanne d'Arc qui est plus français encore — a pu servir de ralliement aux âmes éprises d'un véritable patriotisme; si je puis dire enfin, sans trop de vanité, que je n'ai pas été tout à fait étranger à cette magnifique et salutaire résurrection;

S'il en est ainsi, je n'aurai pas perdu ma peine et mon *ahan,* et ce n'est pas sans quelque consolation que je déposerai ma plume et prendrai enfin congé de mes lecteurs.

29 septembre 1892.                                        Léon GAUTIER.

---

VIENT DE PARAITRE

## LÉON GAUTIER

# LA CHEVALERIE

**TROISIÈME ÉDITION**
(Avril 1895).

Beau volume in-4, de 866 pages, avec 25 planches hors texte et près de 200 figures dans le texte.

**Prix 25 fr.**

En d.-mar., coins, t. d., 35 fr.

*Conditions pour les acheteurs des Parlers parisiens:*

## Remise de 50 pour cent,

SOIT:

*Exemplaires brochés:* **12** *fr.* **50** *net. La reliure en demi maroquin rouge, avec coins, dos orné, tête dorée, se paie* **10** *fr. net en sus.*

## Nouvelle acquisition.

# LACURNE DE SAINTE-PALAYE
# DICTIONNAIRE HISTORIQUE DE L'ANCIEN LANGAGE FRANÇOIS

*Depuis son origine jusqu'au siècle de Louis XIV. 10 volumes in-4.*
*Niort, 1877—1882.*

Papier ordinaire, au lieu de 200 fr., 60 fr. net.   Papier fort, au lieu de 400 fr., 100 fr. net

## PROSPECTUS.

Il n'est point de véritable ami des lettres qui ne connaisse Lacurne de Sainte-Palaye ; ce laborieux érudit est encore aujourd'hui lu avec intérêt et consulté avec utilité par tous ceux qui s'occupent de travaux d'histoire et de philologie. Toutefois, par une singularité à peu près unique dans notre littérature, le plus admirable ouvrage de Lacurne, celui qui, plus que ses nombreux travaux publiés de sont vivant, doit assurer à son nom une gloire impérissable, est précisément celui que l'on connaissait le moins jusqu'à présent. Demeuré inédit jusqu'à nos jours, le **Dictionnaire historique de l'ancien langage françois,** ce merveilleux monument de patience et d'érudition, serait encore inaccessible à tous les amis de notre langue, sans la courageuse entreprise formée si généreusement et si bien menée à bonne fin par M. L. FAVRE.

Lacurne de Sainte-Palaye, né à Auxerre en 1697, mort en 1781, membre de l'Académie des Inscriptions en 1724 et de l'Académie française en 1758, a consacré la plus grande partie de son existence à réunir les matériaux d'un **Dictionnaire historique de l'ancien langage françois.** *«Mes lectures, qui tendoient toutes au même but,»* dit-il dans le prospectus qu'il fit paraître en 1756, *«m'ont mis en état de rassembler une multitude immense de mots surannés. J'ai cru pouvoir en composer, je ne dirai pas un Glossaire aussi savant et aussi bien fait que celui de Du Cange; mais du moins un ouvrage de même nature qui auroit aussi son utilité. J'ai tâché, autant que je l'ai pu, de me former sur cet excellent modèle. En réunissant sous un même point de vue, dans l'ordre alphabétique, les vieux mots épars dans un grand nombre d'auteurs de tous les âges, j'ai voulu représenter fidèlement notre ancienne langue. Il m'a donc paru nécessaire de l'étudier dans tous ses rapports et dans toutes les variétés, pour me déterminer sur le choix des mots que je devois faire entrer dans cette collection, ou que je pouvois en exclure.»*

Dans ces quelques lignes, Lacurne de Sainte-Palaye expose le plan de son Dictionnaire. Son modèle a été Du Cange, et nous pouvons dire que, s'il ne l'a pas dépassé, au moins il l'a égalé. Il prend chaque mot de notre ancien français à son origine, il en donne l'étymologie, l'histoire, l'explication, et le fait suivre de nombreux extraits d'anciens auteurs poètes ou prosateurs qui l'ont employé.

Non seulement on suit ainsi chaque mot à travers les siècles, mais les citations font connaître, de la manière la plus exacte, les diverses acceptions dans lesquelles le mot a été pris. Cette méthode est excellente et ne laisse aucun doute dans l'esprit sur la signification vraie et réelle des mots de notre ancien français.

Nous ne serions pas quitte envers M. FAVRE si nous nous bornions à constater l'irréprochable exécution matérielle de l'immense livre qu'il à entrepris; il faut dans son ouvrage réserver une large part au savoir philologique, aux connaissances littéraires. On ne pouvait pas se borner à imprimer avec fidélité le manuscrit de Sainte-Palaye; il était indispensable d'y joindre des notes propres à indiquer les progrès et les transformations que la science philologique a réalisés depuis la fin du XVIII<sup>e</sup> siècle. En outre, la disposition de chacun des articles du Dictionnaire, le catalogue des variantes orthographiques traversées par chacun des mots, réclamaient quelque chose de plus que l'habileté d'un typographe consommé; il fallait un philologue, un homme familier avec les monuments de l'ancien idiome et avec toutes les questions que cette étude a successivement fait naître. M. FAVRE a été incontestablement à la hauteur de son entreprise. Il a donc moins fait œuvre d'éditeur, dans l'acception ordinaire du mot, que de philologue et de savant. Aidé par un spécialiste de grand mérite, M. Pajot, archiviste paléographe, il a pu triompher de maintes difficultés, et ce labeur immense et complexe n'a cependant été l'œuvre que de sept années. Quant à la condition matérielle du livre, elle est irréprochable; aucuns soins, aucuns frais n'ont été épargnés. On sent que l'éditeur n'a point voulu faire une simple spéculation, mais bien plutôt élever à notre langue un monument durable et digne de gagner les siècles à venir.

La notice biographique sur Lacurne de Sainte-Palaye, rédigée par L. FAVRE, est un document d'une réelle valeur historique et littéraire. Il y a joint diverses autres pièces non moins intéressantes, parmi lesquelles on ne peut se dispenser de citer les **Curiosités françoises,** ou recueil de plusieurs belles propriétez, avec une infinité de proverbes et quolibets, pour l'explication de toutes sortes de livres, par Antoine OUDIN. Rouen et Paris, Antoine de Sommaville, MDCLVI.

Cette espèce de dictionnaire du bas langage occupe les pages 204 à 373 du tome X et fait excellemment suite au *Glossaire* de Sainte-Palaye.

Enfin le dernier volume se termine par une bibliographie complète des ouvrages imprimés de La Curne et par une liste d'environ cent manuscrits de notre auteur conservés à la Bibliothèque nationale et à celle de l'Arsenal.

Il n'est pas un érudit, pas une personne s'occupant d'études historiques et philologiques, de recherches dans les archives, dans les cartulaires, dans les chartes en langue vulgaire du XI<sup>e</sup> au XVI<sup>e</sup> siècle, ou voulant connaître la signification et l'origine des termes employés par nos vieux chroniqueurs et nos anciens écrivains, qui ne soient desireux de posséder le *Dictionnaire* de Lacurne de Sainte-Palaye.

# RECUEIL DES HISTORIENS DES GAULES ET DE LA FRANCE

NOUVELLE ÉDITION GONFORME A L'ANCIENNE.

Paris, 1869 à 1894.

23 volumes in-folio brochés, au lieu de **1.150** fr., pour **575** fr. **net**

23 volumes in-folio reliés en *toile pleine*, au lieu de **1.300** fr., pour . . . . . . . . . . . . . . . . . . . . . . **675** fr. **net**

23 volumes in-folio reliés en bas. pl. ou demi-chag., au lieu de **1.400** fr., pour . . . . . . . . . . . . . . . . . . . **750** fr. **net**

Tous les volumes peuvent être obtenus séparément au prix de **50** à **200** fr. chacun, selon le degré de leur rareté.

---

# Histoire littéraire de la France

COMMENCÉE PAR LES RELIGIEUX BÉNÉDICTINS

*et continuée par les Membres de l'Académie des Inscriptions,*

31 vol. in-4 et table.

M. Palmé a publié les **16** premiers volumes (Tomes I à XVI) plus une *Table* (par RIVAIN) pour les tomes I à XV.

*J'ai reproduit,* **avec l'autorisation de l'Académie des In-scriptions et Belles-Lettres,** *autorisation qu'aucun autre ne possède, les tomes 17 et suivants, que je vends :*

Le tome **17** **18** **19** **20** **21** **22** **23** **24**

50 fr. 50 fr. 50 fr. 50 fr. 50 fr. 50 fr. 50 fr. 50 fr.

Les acheteurs des **8** *volumes* **(17** à **24)** les reçoivent *ensemble* au lieu de **400** fr., pour . . . . . . . . . . . . . . . . . . . . . . **200** fr. **net**

Les tomes 1 à 16, 25 à 31 et la table, peuvent également être ob-tenus de moi

*La collection complète,* 31 vol. et table, se vend . . . . **672** fr. **net**

---

# Revue des Questions historiques

PRIX DE LA COLLECTION :

De 1866 à 1888, **46** volumes, au lieu de **460** fr. . . . . **200** fr. **net**

*Les NUMÉROS, VOLUMES et ANNÉES SÉPARÉS,*

*jusqu'à 1888 inclusivement, sont en vente exclusivement à ma Librairie, au prix de* **6** *fr. la livraison trimestrielle.*

# EN VENTE

A LA

# LIBRAIRIE H. WELTER.

**Acta Sanctorum** (Édition Palmé). 64
vol. in-fol. (3900 fr.) . . net 2500 fr.
**Amélineau** (E.) Géographie de l'Egypte
à l'époque copte. In-8 1893 . . 35 fr.
**Amiaud et Scheil.** Les inscriptions de
Salmanasar II. 1890. . . . 12 fr. 50
**Analecta Liturgica,** publ. par Weale
et Misset. 3 vol. in-4. 1888-93 (75 fr.)
net 60 fr.
**Aruch completum,** hebr., ed. Dr. A.
Kohut. 10 vol. in-4, 1878-92. (200 fr.)
net 100 fr.
**Beaufort.** Dissert. sur l'incertitude des
5 prem. siècles de l'hist. rom. 1866 (15 fr.)
net 3 fr. 50
**Belfort.** Archives de la Maison-Dieu de
Châteaudun. 1881. (10 fr.). . net 4 fr.
**Bibliothèque grecque vulgaire,**
publ. p. E. Legrand. VI: Exploits de B.
Digénis-Acritas. 1892. , . . . 15 fr.
— VII. Docum. concern. les relations du
Patriarcat de Jérusalem avec la Rou-
manie. 1895. . . . . . . . 30 fr.
**Bladé** (J.-F.). Epigraphie de la Gascogne.
1885. . . . . . . . . 7 fr. 50
**Blanc.** Bibliographie italico-française. 2
vol. in-8. 1886 . . . . . . 30 fr.
**Blavignac** (J. D.). La cloche Gr. in-8.
1877. . . . . . . . . 10 fr.
— Hist. des enseignes d'hôtellerie, etc.
1878. . . . . . . . . 5 fr.
**Blondeaux.** Le Christianisme. In-8.
1887. (7 fr. 50). . . . . . net 2 fr.
**Boëns.** L'art de vivre. Traité d'hygiène.
1890 (5 fr.) . . . . . . net 2 fr. 50
**Bompois.** Sur quelques monnaies anépi-
graphiques. In-4. 1878. (6 fr.) net 3 fr.
— Les types monétaires de la guerre sociale. In-4, avec 3 pl. 1873. (15 fr.)
net 7 fr. 50
— Des monnaies frappées par la commu-
nauté des Macédoniens. In-4, 5 pl. 1876.
(15 fr.) . . . . . . net 7 fr. 50
**Buet** (Ch.). La Papesse Jeanne. In-16.
1876 . . . . . . . . . 1 fr.
**Burguy.** Grammaire de la langue d'oïl,
3e édit., 3 vol. 1882. (32 fr.) net 20 fr.
**Bury.** Philobiblion. Trad. fr. par Cocheris.
In-16. 1856. (12 fr.) . . . . net 4 fr.
**Caesar.** Texte latin, notes et comment.,
par Dubner. 2 vol. in-4. 1867. (40 fr.)
net 10 fr.
**Carbonel** (P.). Histoire de la philosophie.
In-8. 1882. (7 fr. 50) . . . net 4 fr.
**Carnandet** (J.) et **J. Fèvre.** Les
Bollandistes et l'hagiographie. In-8.
1866. (12 fr. 50) . . . . net 7 fr. 50

**Cartault** (A.). Terres cuites antiques
trouvées en Grèce et en Asie Mineure.
In fol., avec 85 pl. 1892. (120 fr.) net 70 fr.
**Catalogue des incunables de la
Bibliothèque Mazarine,** par
Marais et Dufresne de St-Léon. 1893. 40 fr.
**Catalogue** des thèses soutenues en
France depuis 1805.
I. — Pharmacie (Paris), p. le Dr Dor-
veaux. 1889 . . . . . . . 5 fr.
II — Sciences physiques et naturelles, par
A. Maire. 1891. . . . . . . 10 fr.
III. — Pharmacie (Province), par le Dr
Dorveaux 1894. . . . . . 7 fr. 50
IV. — Thèses de lettres, par H. Welter.
1896. . . . . . . . . 10 fr.
**Catulle.** Texte, trad. p Rostand, et
comm. p. Benoist et Thomas. 2 v. 1882-
1890. (20 fr.) . . . . . net 10 fr.
**Cavagnis** (F.). Notions de droit public,
naturel et ecclésiastique. In-8. 1890.
(6 fr.) . . . . . . . . net 3 fr. 50
**Champier** (S.). Le Myrouel des Appo-
thiquaires. 1895. . . . . . 4 fr.
**Charles d'Orléans.** *Poésies,* publ. par
Champollion-Figeac. In-8. 1848. (15 fr.)
net 6 fr.
**Coffinet et Baudot.** Armorial des
Evêques de Troyes et de Dijon. av. 53
blasons. In-4. 1869. (6 fr.) . net 3 fr
**Combefis** (F. Fr.). Bibliotheca Patrum
Concionatoria. I. In-4. 1861. (15 fr.) net 6 fr.
**Combes** (F.) Les Libérateurs des nations.
In-8, rel. toile. 1874. (7 fr. 50) net 2 fr. 50
**Costa de Beauregard.** Les habitat.
lacustres d lac du Bourget. In-4. 1870.
(5 fr.) . . . . . . . . net 3 fr.
**Courrier de Vaugelas.** (Etudes de
grammaire). 11 vol. in-4. (85 fr.) net 30 fr.
**Dante.** 3 trad. françaises des 15e et 16e
siècles, avec introduction par C. Morel.
In-8, avec 25 planches. 1895. . 35 fr.
**Du Cange.** Glossarium mediæ et infimæ
latinitatis. 10 vol. in-4 1883-87. (400 fr.)
net 225 fr.
— Sur Hollande. (600 fr.) . . . 350 fr.
**Encyclopædie der Naturwissen-
schaften** (en cours de publication,
éditée par E. Trewendt de Breslau.)
31 vol., in-8, illust., br. et neufs. 1879-96.
(530 fr.) . . . . . . net 250 fr.
Ou séparément : Botanik. 5 vol. (115 fr)
60 fr. — Mathematik. 2 vol. (48 fr. 75).
28 fr. — Zoologie. Tomes I à VI. (117 fr.
50) 55 fr. — Mineralogie, Geologie,
Palæontologie. 3 vol. (60 fr) 30 fr. —
Pharmacognosie (26 fr. 25) 12 fr. — Phy-
sik. Tome I. (30 fr.) 15 fr. — Chemie.
13 vol. et table. (275 fr.) . . . 165 fr.
**Estienne** (Henri). Deux dialogues du
nouveau langage françois italianizé (1578),
publ. par A. Bonneau. 2 vol. in-8. 1883,
(25 fr.) . . . . . . . . net 5 fr.

**Faguet** (E.). La tragédie française au 16e siècle (1550-1600). Nouv. éd. In-8. 1895. . . . . . . . . . . 10 fr.

**Fesch** (l'abbé). De l'ouvrier et du respect In-12. 1888 . . . . . . 1 fr. 50

**Foulché-Delbosc.** Grammaire espagnole complète. 2e éd. 1889. (4 fr.) net 2 fr.
— La même, rel. (5 fr.) . . net 2 fr. 50
— Abrégé de la gr. esp. . . . 2 fr. 50
— Exercices espagnols. . . . 2 fr. 50

**Gallia Christana.** Réimpress. Palmé. T. 1 à V, XI et XIII. Chaque vol. (75 fr.) net 50 fr.
Je me propose de réimprimer les tomes 6 à 10 et 12.

**Gautier** (Léon). Les Epopées françaises. 2e édit. 4 vol. 1878-94 . . . . 80 fr.
— Bibliog. de la chanson de geste (Suppl. aux Epopées). 1896. . . . . 15 fr.
— La Chevalerie. 3e éd. In-4, ill.1895.(25 fr.) net 12 fr 50

**Gazette anecdotique.** Collection complète. 1876-91. 32 vol. (288 fr.) net 88 fr.

**Graesel.** Manuel du bibliothécaire. In-8. 1896, relié. . . . . . . . . 12 fr.

**Guiraudon.** Manuel de la langue foule. 1895. . . . . . . . . . 7 fr. 50

**Harrisse** (H.) Excerpta Colombiniana. 1887. (35 fr.) . . . . net 25 fr.
— Le même sur Hollande (50 fr.) net 40 fr.
— Notes pour servir à l'histoire, la bibliographie et la cartographie de la Nouvelle-France (Canada). 1872. (30 fr.) net 20 fr.
— History of the Discovery of North America. In-4, avec 23 pl. 1892. (150 fr.) net 120 fr.
— Sur Hollande. (250 fr.) . . 200 fr.
— Sur Japon. (400 fr.) . . net 320 fr.

**Hérisson.** Relation d'une miss. archéol. en Tunisie. In-4, avec 9 pl. 1881. (25 fr.) net 8 fr.

**Histoire** littéraire de la France. 31 vol. in-4 et table . . . . . . 672 fr.
— Sépar. tous les vol. Prix divers.

**Holder.** Altceltischer Sprachschatz. 8 liv. parues 1891-95. (80 fr.) . net 64 fr.

**Journal de Micrographie.** 1877-92. 15 vol. et 5 livrais. (385 fr.) net 160 fr.

**Journal des savants.** Table générale, par Cocheris. In-4. 1861. (35 fr.) net 8 fr.

**Kastner,** Manuel général de musique milit. In-8, avec 7 pl. 1848. (20 fr.) net 3 fr.
— Sa vie (en allemand) par H. Ludwig. 3 vol, av. fac-sim. et portraits. 1886. (50 fr.) . . . . . . . . net 5 fr.
— Idem, relié. (61 fr. 50) . net 7 fr. 60

**Koerting,** Dictionnaire latin-roman. 1891. 27 fr. 50

**Koschwitz** (E.), Les parlers parisiens. Anthologie phonétique. relié. 1896 4 fr 50

**Laborde.** Athènes. 1851 . . 10 fr.

**Lacurne.** Dict. hist. de l'ancien langage françois. 10 vol. in-4. 1878-83. (200 fr.) net 60 fr.

**Lacurne.** Dict. historique de l'ancien langage français. Sur papier fort. (400 fr.) net 100 fr.
— Sur pap.de Hollande. (600 fr.) net 180 fr.

**Lajard** (F.) Rech. sur le culte du cyprès pyramidal. In-4. avec atlas de 21 planches in folio. 1854. (50 fr) . . net 30 fr.
— Rech. sur le culte de Mithra. In-4 et atlas in-fol. 1867. (260 fr.) net 180 fr.

**Lasteyrie** (F. de). Descript. du trésor de Guarrazar. In-4, av. 5 pl. col. 1860. (15 fr.) . . . . . . . . . net 5 fr.

**Leblois.** Les Bibles. 7 vol. 1883-89. (70 fr.) . . . . . . . . . net 20 fr.

**Legrand** (E.) Bibliographie hellénique. 2 forts vol. 1885. (60 fr.) . net 40 fr.
— Voyez Bibl. grecque. et Paléologue.

**Lemaître** (A.) Le Louvre. In-4. 1874. (15 fr.) . . . . . . . . . net 10 fr.

**Lescarbot** (Marc.) Hist. de la Nouvelle-France. 3 vol. av. 4 cart. 1866. (60 fr.) net 20 fr.

**Livet** (Ch.) Dict. de la langue de Molière comparée av. celle de ses contemporains. 3 vol. 1896-97 . . . . . . . 45 fr.
— Précieux et précieuses. 3e éd. 1895. 7 fr. 50
— Les intrigues de Molière et celles de sa femme. Pr. et notes par Livet. 1877. 12 fr.

**Loiseleur.** Les points obscurs de la vie de Molière. 1877. (12 fr.) . net 3 fr.
— Le même, sur papier de Hollande. (24 fr.) net 10 fr.

**Loret.** La Muse historique. 4 vol. (60 fr.) net 12 fr. 50

**Lot** (F.) L'enseignement sup. en France. 1892. (2 fr.) . . . . . net 1 fr. 50

**Ludolphe le Chartreux.** Vita Jesu Christi. In-fol. (75 fr.) . . net 20 fr.

**Lydus.** De ostensis, de mensibus, et Boethii de diis et praesensionibus, Graece ed., et lat. vertit C. B. Hase. 1823. (21 fr.) net 3 fr.

**Marchant** (l'abbé). Notes sur les Vestales. In-4. 1877. (8 fr.) net 2 fr. 50

**Mariette** (A.). Voyage dans la Haute Egypte. 2e éd. 2 vol. in-fol., avec 83 pl. 1893. (300 fr.) . . . . . net 200 fr.

**Martin** (F. R.). Les antiquités de l'âge du bronze de la Sibérie. In-4. av. 33 pl. 1893. (50 fr.) . . . . . . net 30 fr.

**Mas-Latrie.** Trésor de Chronologie. In-fol. 1889. (100 fr.) . . . net 60 fr.

**Maze.** Poteries et faïences. Avec marques et monogrammes. In-4. 1870. (7 fr. 50) . . . . . . . . . net 2 fr.

**Meyer-Lübke.** Grammaire des langues romanes. 1: Phonétique. 1890 . 20 fr.
— II: Morphologie. 1895. . . . 25 fr.
— III: Syntaxe, paraîtra prochainement.

**Mystère de la Passion,** par Arnoul Gréban, p. p. Paris et Raynaud. 1878. (25 fr.) . . . . . . . . . net 10 fr.

**Paléologue** (L'Empereur). Lettres (en grec) publ. p. E. Legrand. I: Texte. In-8 . . . . . . . . . . 12 fr. 50
— Idem. II: Notes, en préparation.

**Palermo** (F.). I manoscritti palatini di Firenze ordinati ed esposti. 4 vol. in-4. 1853-1869. (153 fr.) . . . . . 30 fr. Important pour l'hist. ecclés. et littéraire (surtout dantesque.)

**Paris** (Gaston). Le haut Enseignement. In-16. 1894 . . . . . . . 1 fr. 50

**Peintures de Pompéi.** Texte par R. Rochette. In-fol. av. un choix de 20 pl. 1867. (175 fr.) . . . net 25 fr.

**Pélissier** (Léon G.). Documents annotés; Lettres de La Condamine, au Magistrat de Strasbourg, de Suarez, de Nicaise, de Dom de Vic, de Bayle et Baluze, de Ménage; la Société populaire d'Aix; les papiers de Huet; le Tartuffe de Gigli; l'Escalade de Genève de 1802; quelques manuscrits d'Italie. 12 parties in-8 et table génér. 1887-92. (36 fr.) net 16 fr.

**Périn** (F. J.). Le petit rational liturgique. 1872. (6 fr.) . . . net 4 fr.

**Perrot et Chipiez.** Le Temple de Jérusalem. In-fol. avec 12 gr. pl. 1880, (100 fr.) . . . . . . . . net 48 fr.
— Sur Japon. (200 fr.) . . . net 65 fr.

**Pétrarque.** Sonnets, trad., av. intr. p. Philibert-le-Duc. 2 vol. 1877, (16 fr.) net 5 fr.
— Le même, sur pap. Whatman. (50 fr.) net 10 fr.

**Picot** (M. J. P.) Mém. p. serv. à l'hist eccl. pendant le 18e siècle. 3.éd. 7vol. in-8.. 1853-1857. (35 fr.) . . . net 15 fr.

**Poésies gasconnes,** publ. p. Tross. 2 vol. 1867-79. (60 fr.) . . net 10 fr.

**Ponton d'Amécourt.** Vie de Ste. Geneviève, St-Adalard, St-Oyen. In-4. 1870. (6 fr.) . . . . . net 4 fr.

**Possesse.** La faïence de Rouen; — et *Bizemont.* Les faïences d'Orléans, in-4. 1869. (4 fr.) . . . . . . net 3 fr.

**Poydenot.** Découverte d'un cimetière antique à Garin. In-4. 1869. (3 fr.) net 2 fr. 50

**Rabiet** (E.). Le patois de Bourberain (Côte-d'Or). 2 vol. 1890-91. (10 fr.) net 6 fr.

**Rangabé** (A. R.) Histoire littéraire de la Grèce moderne. 2 v. in-8. 1877. (7 fr.) net 3 fr. 50

**Reboud.** Recueil d'inscriptions lybico-berbères, avec 25 pl. et carte. In-4. 1870. (12 fr.) . . . . . net 8 fr.

**Recueil des historiens des Gaules.** 23 vol. in-fol. 1869-94. (1150 fr.) net 575 fr.

**Règlement** eccl. de Pierre le Grand, en russe et en français, publ. par C. Tondini. 1874. (10 fr.) . . net 4 fr.

**Reiss et Stübel.** La Nécropole d'Ancon (Pérou). Texte anglais. 3 vol. in-fol. avec 141 pl. en chromolithogr. 1880-1887. (525 fr.) . . . . . net 200 fr.

**Revelationes Gertrudianae** et Mechtildianae. 2 vol. 1875-77. (40 fr.) net 20 fr.

**Revue des Archives,** des Bibliothèques et des Musées. Paraît depuis 1895 et forme tous les ans 1 vol. de 600 pp. gr. in-8. Abonnement annuel . 20 fr.

**Revue des questions historiques.** 1866-88 et tables. 46 vol. (460 fr.) net 200fr.

**Revue des patois gallo-romans.** Collection complète. 1887-93. (105 fr.) net 50 fr.

**Rivière.** L'Antiquité de l'homme dans les Alpes-Maritimes. In-4 (sans les planches). 1887. (60 fr.) . . . . . net 8 fr.

**Robert** (Ulysse). Docum inéd. concernant l'hist. littér. de la France. In-4. 1875. (5 fr.) . . . . . . . . . net 3 fr.

**Rocher** (E.). La province chinoise de Yün-Nan. 2 vol. 1879-80. (25 fr.) net 10 fr.

**Ronsard.** Oeuvres inéd., publ. p. Blanchemin. In-fol. 1855. (25 fr.) net 10 fr.

**Rougé** (de). Moïse et les Hébreux. — De Saulcy. Les prédications du Christ. In-4. 1869. (5 fr.) . . . . net 2 fr.

**Roussey.** Glossaire du parler de Bournois (Doubs). 1894. . . . . . 15 fr.

**Rozières et Chatel.** Table des Mémoires de l'Académie des Inscriptions et de l'Académie des Sciences morales. In-4. 1856. (25 fr.) . . . . net 8 fr.

**Ruelle** (Emile). Bibliographie générale des Gaules. 1880-86. (40 fr.) net 20 fr.

**Sagard.** Le grand voyage au pays des Hurons. 2 vol. (50 fr.) . . net 25 fr.

**Saulcy** (de). Voyage autour de la mer Morte. Texte (2 v. in-8) et atlas in-4 de 71 planches. 1853. (180 fr.) net 70 fr.
— Les monnaies datées des Séleucides. 1871. (5 fr.) . . . . . . . net 3 fr.
— Les livres d'Esdras et de Néhémie. 1868. (5 fr.) . . . . . net 2 fr. 50

**Scheil.** Inscr. assyr. de Samsi Ramman IV. In-4. 1889. . . . . . . 8 fr.

**Schilling-Vogel.** Grammaire espagnole, avec clef. 2 vol. (7 fr.) net 3 fr. 50

**Société française de numismatique et d'archéologie.** Annuaire et comptes rendus. 21 vol. 1866-91. (630 fr.) . . . . . . . net 150 fr.
    Nombr. vol. sépar., variant de 15 à 30 fr. chacun.
— Mém. de la même Société. 11 vol. in-8. et in-4. (86 fr.) . . . . . net 25 fr.

**Sorel** (E.). Contrib. à l'étude de la Bible. 1889. (7 fr. 50) . . . . net 2 fr.

**Souhart.** Bibliographie des ouvrages sur la chasse. 1886. (25 fr.) . . net 10 fr.

# DISCOUNT-TABLE. — RABATT-TABELLE.
## Remises sur les livres neufs parus à Paris
*conformément au Tarif officiel de librairie*
ADOPTÉ PAR LE SYNDICAT DES ÉDITEURS

*Port à la charge des clients, en sus des prix nets du tarif.* La remise peut, au choix de l'une ou de l'autre des parties, être remplacée par l'affranchissement (port à *ma charge*). Dans ce cas, le prix *fort* (sans remise) est seul dû et le client n'a point à payer les frais de poste ou de transport qui sont supportés alors par *moi*, et qui, pour le client, représentent ou remplacent la remise ou le rabais. Les *romans nouveaux* de 3 fr. 50 sont, jusqu'à nouvel ordre, vendus 2 *fr.* 75 *net.* (port en sus). Un certain nombre de *classiques français* (Molière, Racine, Corneille, etc.) peuvent être obtenus pour 2 fr. 25 net par volume au lieu de 3 fr: et 3 fr. 50. Le *port* pour un vol. de 3 fr. ou de 3 fr. 50 est de 50 à 60 centimes.

| TARIF A. Livres de littérature | | | | TARIF B. Livres de Droit, de Sciences, de Médecine et d'Erudition. (Philologie, Archéologie, etc.) | | | |
|---|---|---|---|---|---|---|---|
| Prix fort | | Prix net | | Prix fort | | Prix net | |
| » | 50 | » | 45 | | | | |
| » | 60 | » | 55 | | | | |
| » | 75 | » | 70 | 0 | 50 | 0 | 50 |
| 1 | » | » | 90 | 1 | » | 1 | » |
| 1 | 25 | 1 | 10 | 1 | 25 | 1 | 10 |
| 1 | 50 | 1 | 35 | 1 | 50 | 1 | 35 |
| 1 | 75 | 1 | 55 | 2 | » | 1 | 80 |
| 2 | » | 1 | 75 | 2 | 50 | 2 | 25 |
| 2 | 25 | 2 | » | 3 | » | 2 | 70 |
| 2 | 50 | 2 | 25 | 3 | 50 | 3 | 15 |
| 3 | » | 2 | 50 | 4 | » | 3 | 60 |
| 3 | 50 | 3 | » | 4 | 50 | 4 | » |
| 4 | » | 3 | 50 | 5 | » | 4 | 50 |
| 5 | » | 4 | 50 | 6 | » | 5 | 25 |
| 6 | » | 5 | 25 | 6 | 50 | 5 | 75 |
| 7 | » | 6 | » | 7 | » | 6 | 25 |
| 7 | 50 | 6 | 50 | 7 | 50 | 6 | 75 |
| 8 | » | 7 | » | 8 | » | 7 | » |
| 9 | » | 8 | » | 9 | » | 8 | » |
| 10 | » | 8 | 75 | 10 | » | 9 | » |
| 12 | » | 10 | 50 | 11 | » | 10 | » |
| 13 | » | 11 | 50 | 12 | » | 10 | 75 |
| 14 | » | 12 | » | 12 | 50 | 11 | » |
| 15 | » | 13 | » | 13 | » | 11 | 50 |
| 16 | » | 14 | » | 14 | » | 12 | 50 |
| 18 | » | 16 | » | 15 | » | 13 | 50 |
| 20 | » | 17 | 50 | 16 | » | 14 | 50 |
| 22 | 50 | 20 | » | 18 | » | 16 | » |
| 25 | » | 22 | » | 20 | » | 18 | » |
| 30 | » | 26 | » | 21 | » | 19 | » |
| 35 | » | 34 | » | 22 | » | 19 | 75 |
| 40 | » | 35 | » | 22 | 50 | 20 | » |
| 45 | » | 40 | » | 24 | » | 21 | 50 |
| 50 | » | 44 | » | 25 | » | 22 | 50 |
| au-dessus 15 % | | | | au-dessus 10 % | | | |

Il va sans dire qu'à toute règle il y a des exceptions, et que les livres imprimés aux frais du gouvernement (généralement fournis sans remise ou avec un escompte insignifiant aux libraires) ainsi que les rares publications pour lesquelles les éditeurs stipuleraient un prix expressément *net*, les *journaux français et publications périodiques de toute espèce*, et enfin certains livres classiques qui, malgré leur prix minime, ont un poids considérable (tel par exemple le Petit Dictionnaire de Larousse) ne sont *pas* fournis avec remise, et doivent le port en sus du prix fort.

Les remises ci-dessus ne sont applicables, j'insiste sur ce point, qu'aux *livres neufs.* Quant aux prix demandés pour des ouvrages d'*occasion*, ils sont toujours *nets* et le client doit pour ceux-là le port en *tout cas.*

# BINDING-TARIFF. — EINBAND-TARIF.
# Extrait de notre Tarif de Reliures.

| Formats des Volumes | in-18 | in-12 | in-8 carré | in-8 raisin | in-8 jésus | in-4 carré | in-4 raisin | in-4 jésus |
|---|---|---|---|---|---|---|---|---|
| Dimensions en Centimètres — Hauteur | 15 | 18 | 22 | 25 | 28 | 28 | 33 | 38 |
| Dimensions en Centimètres — Largeur | 9 | 11 | 14 | 16 | 18 | 23 | 25 | 24 |
| **DEMI-RELIURES** | | | | | | | | |
| ½ basane, tranches jaspées | » 85 | 1 » | 1 50 | 1 75 | 2 25 | 2 50 | 2 75 | 3 75 |
| ½ chagrin, tranches jaspées, plats papier | 1 25 | 1 50 | 2 » | 2 50 | 3 25 | 3 50 | 4 50 | 5 50 |
| ½ **chag. poli, tête jaspée, côtés ébarbés ou non rognés mais fendus,** papier fantaisie (reliure recommandée de préférence) | 1 50 | 1 60 | 2 25 | 2 75 | 3 50 | 3 75 | 5 » | 6 » |
| ½ chagrin, tranches jaspées, plats toile | 1 50 | 1 75 | 2 25 | 2 75 | 3 75 | 4 » | 5 » | 6 » |
| ½ chagrin, plats toile, tranches dorées | 2 » | 2 50 | 3 » | 3 75 | 5 » | 6 » | 7 50 | 9 » |
| ½ veau, plats papier, pièces couleurs, tranches peignes | 1 75 | 2 » | 2 50 | 3 25 | 4 50 | 5 » | 6 » | 8 » |
| ½ veau, plats papier, pièces couleurs, tranches jaspées | 1 50 | 1 75 | 2 25 | 2 75 | 3 75 | 4 » | 5 » | 6 » |
| ½ chagrin, plats papier, tête dorée, ébarbé | 1 75 | 2 25 | 2 75 | 3 25 | 4 25 | 5 50 | 6 50 | 8 » |
| ½ chagrin, avec coins, plats papier, tête dorée | 2 50 | 3 » | 3 50 | 3 75 | 5 25 | 6 » | 7 50 | 10 » |
| ½ maroquin, plats papier, tête dorée | 3 50 | 3 75 | 4 75 | 4 75 | 8 50 | 11 « | 13 » | 16 » |
| ½ maroq., avec coins, plats papier, tête dorée, ébarbé | 4 50 | 5 » | 6 » | 8 » | 11 » | 13 » | 16 » | 22 » |
| **RELIURES GENRE BRADEL** | | | | | | | | |
| ½ toile grain de soie, ébarbé | 1 » | 1 25 | 1 60 | 1 75 | 2 25 | 2 75 | 3 50 | 4 50 |
| ½ toile grain de soie, avec coins, ébarbé ou rogné | 1 40 | 1 50 | 1 75 | 1 25 | 2 75 | 3 50 | 4 50 | 5 50 |
| **RELIURES PLEINES** | | | | | | | | |
| Basane pleine, tranches jaspées | 2 » | 2 50 | 3 50 | 4 » | 5 » | 7 » | 9 » | 12 » |
| Basane pleine, tranches rouges ou dorées | 2 50 | 3 » | 4 50 | 5 50 | 6 50 | 8 50 | 12 » | 15 » |
| Veau plein, tête dorée | 4 50 | 6 » | 8 » | 9 » | 15 » | 18 » | 20 » | 28 » |
| Veau plein, tranches rouges on dorées | 5 50 | 7 50 | 9 50 | 12 » | 18 » | 22 » | 28 » | 35 » |
| Chagrin plein, tête dorée | 5 » | 6 50 | 8 » | 10 » | 15 » | 18 » | 25 » | 30 » |
| Chagrin plein, tranches rouges ou dorées | 6 » | 8 » | 10 » | 15 » | 18 » | 22 » | 35 » | 40 » |
| Maroquin plein, janséniste, tête dorée | 10 » | 15 » | 20 » | 25 » | 30 » | 40 » | 55 » | 65 » |
| Maroquin plein, janséniste, tranches dorées | 12 » | 18 » | 25 » | 35 » | 40 » | 50 » | 65 » | 75 » |
| Pour la couture sur nerfs, en plus | » 75 | 1 » | 1 50 | 2 » | 2 50 | 3 » | 3 75 | 5 » |

Le montage sur onglets des gravures et cartes se paie à raison de 5 centimes par onglet.

www.ingramcontent.com/pod-product-compliance
Ingram Content Group UK Ltd.
Pitfield, Milton Keynes, MK11 3LW, UK
UKHW021211140726
13695UKWH00002B/476